林語堂作品精選 7

林語堂

經典新版

吾土與吾民

林語堂 著

道不遠人；人之為道而遠人，不可以為道。

——孔子

吾土與吾民

目錄

引言 賽珍珠……9
自序 林語堂……14

上卷 基礎

開場白……19
第一章 中國人民……33
一、南方與北方……33
二、退化……41
三、新血統之混入……45
四、文化之鞏固作用……51
五、民族的童年……56
第二章 中國人之德性……59
一、圓熟……59
二、忍耐……62
三、無可無不可……64
四、老滑頭……68
五、和平……73
六、知足……77
七、幽默……81
八、保守性……87
第三章 中國人的心靈……90
一、智慧……90
二、女性型……93
三、缺乏科學精神……97
四、邏輯……99
五、直覺……103
六、想像……105
第四章 人生之理想……110
一、中國的人文主義……110
二、宗教……113
三、中庸之道……119

吾土與吾民

目錄

四、道教……125
五、佛教……133

下卷　生活

開場白……145

第五章　婦女生活……147

一、女性之從屬地位……147
二、家庭和婚姻……153
三、理想中的女性……159
四、我們的女子教育……163
五、戀愛和求婚……165
六、妓女與妾……169
七、纏足……175
八、解放運動……179

第六章　社會生活和政治生活……182

一、缺乏公益心……182
二、家族制度……186
三、徇私舞弊和禮俗……191
四、特權與平等……196
五、社會階級……199
六、陽性型的三位一體……202
七、陰性型的三位一體……204
八、鄉屬制度……211
九、「賢能政府」……214

第七章　文學生活……221

一、文學之特性……221
二、語言與思想……223
三、學術……229
四、學府制度……233
五、散文……236

六、文學與政治……240
七、文學革命……243
八、詩……246
九、戲劇……265
十、小說……275
十一、西洋文學之影響……285

第八章　藝術家生活……294
一、藝術家……294
二、中國書法……297
三、繪畫……304
四、建築……317

第九章　生活的藝術……327
一、日常的娛樂……327
二、居室與庭園……333
三、飲食……339
四、人生的歸宿……347

引言

賽珍珠

中國年輕知識分子探索他們自己的國家，無疑是中國當前最重要的一種趨勢。上一世代，他們父執輩中之極前進分子，對於他們自己的國家，已騷然心懷觖望。他們憬然自覺——實際上是被迫自覺，中國倘墨守故轍，勢將無法應付來自西方的危險和進步的現代文明。我所謂的現代文明，指的倒不一定是政治，更重要的是經濟、教育和軍事各項的進展。這些中國父老——中國當前這一代的父執輩——是真正的革命分子。他們推翻了古老的皇朝統治，他們用不可思議的速度更易了教育制度，他們用不屈不撓的精神，籌劃並建立了現代的共和政體。從未有帝皇統治下的古老政府能以這種加急特快的速度，完成這樣巨大的變革，在這樣偉大的國家裏！

中國現代的知識青年，就生長於這個大變革的環境裏頭。那時父兄們吸收了儒家的學說，習誦著孔教經書，卻舉叛旗以反抗之。於是新時代各種學說乘時而興，紛紜雜糅，幾乎扯碎了青年脆弱的心靈。他們被灌輸一些科學知識，又被灌輸一些耶穌教義，又被灌輸一些無神論，又被灌輸一些自由戀愛，又來一些共產主義，又來一些西洋哲學，又來一些現代軍國主義，實實在在什麼都灌輸一些。廁身乎頑固而守舊的大眾之間，青年知識分子卻受了各種極端的教育。精神上和物質上一樣，中國乃被動地鑄下了一大漏洞，做一個譬喻來說，他們乃從舊式的公路階段一躍而到了航空時代。這個漏洞未免太大了，心智之力不足以補苴之。他們的靈魂乃迷惘而錯失於這種矛盾裏面了。

這個缺陷的第一結果便是產生一批青年，男女二性都包括在內，但主要的是男性，他們老老實實不知道怎樣自存於自己的國家裏頭，或生存於他們的國家所滯留著的一個時代中，他們大部分係留學外洋，以致忘卻了他們自己民族的實際。這些游移不定的青年，自然很容易接受許多革命領袖的宣傳，認為所謂中國之落伍，乃出於外國的政治和物質勢力伸入之緣故，中國的守舊，卻把世界拿來做了替罪羔羊。倘不承認中國自身前進之遲緩，那很容易大聲疾呼：倘非外國的侵略，中國在物質條件上早已跟列強並駕齊驅了呢。

這樣的結果，便是一種新的革命情緒。後來果真解脫了兩樁束縛，那是治外法權和協定關稅。可是解脫以後有明顯的變遷足以表明改革的良果。事實瞭然，向之為弱點者依然為弱點，而此等弱點又生而存在於人民的觀念中。舉例以明之，一個革命領袖往往當他地位一旦鞏固，即變成保守而腐敗起來，不殊於舊式的官僚，別種史實，其情形亦復如是。中國具有如許誠實而智慧之青年，豈竟忽略了這個實情；要知中國歷來之時局變動，實與外國不甚相干，而過去倘有任何關係，亦很容易阻止而免除之，只消中國能及早減少一些惰性，而她的領袖減少一些顢頇的自私心理。

於是繼之以一個失望而狂熱的時期，因而增加理想的崇拜西洋熱度。列強的發皇強盛，覺得是科學發達的直接結果。這是一個幼稚的複雜心理蔓延的時機，愛國青年乃分趨二途：其一抑鬱沮喪於國家之現狀，其一則欲掩蓋其實況於外人。關於他們的國是問題，卒無真理可得。他們於是懷恨而又艷羨外人。

倘西洋能繼續其繁榮而保持和平，中國人的心理又將若何，殊不易言。不過西洋卻未能如此順利持續，也就夠了！中國人好像狠著勁兒的欣賞世界大戰之爆發，企業繁榮之崩潰，不景氣，以及科學家嘗試挽救此等厄運之失敗，時而感到滿足，他們於是說，中國畢竟還是不壞。然而在我們的眼前，分明到處都是饑荒，遍地都有土匪，彼此彼此，誰也沒有比誰好了些，照這樣說來，或許古代中國倒是不錯的，不妨追溯前代，看看中國的古代哲理如何。至少它教導了人民以恬澹、知足、樂天的德性，它教導人民享樂少量的物質倘不得較大者，它調整了人生而奠下了相當的穩健與安全的礎石。近來西方研究中國問題之興趣，以及有些西方學者之羨慕中國型生活的穩健，歎賞中國藝術哲學的高明，益使中國青年堅其自信之心。

今日所顯現的結局，則又為古代經典格言的反覆重演，父老吃了酸果，致令兒孫為之齒軟。少年中國已經厭倦於父兄的革命熱情，方且退而有復古之傾向。看了他們勉為十足純粹中國人的不自然的決心，樣子很是有趣：他們要吃中國的土產，穿中國的土布，而服行中國原來的生活習慣。中國有許多歐化青年今日的欲行重返純粹中國式生活，差不多是一種流行的時髦風尚而為外觀的，恰如當初他們的父輩嗜尚西裝革履，刀叉大餐而欲往哈佛大學留學。這些現代青年曾經長期的穿過西裝，吃過西餐，而且曾經留學過哈佛，復精通英國文學遠勝於本國語言，現在他們對於這一切都感到頭痛，而欲重返其遠祖的懷抱。

這個傾向各方面都流露著，不限於服飾和禮俗的外觀。所見於藝術與文學者當遠爲重要。好像幾年前中國新小說的題材，大都描寫些戀愛問題，半西洋式的男女姦情，家庭革命，全部的調子是類乎病態的，絕非適合於中國國情。藝術和其他文學所表現的內容有過之無不及。但健全狀態終於漸漸抬頭了，這是出於樸素的平民生活的健全性。智識青年開始發掘自己的群眾的內容了。他們開始明瞭小市鎮中的生活，農村裏的生活，才是中國真實而原來的生活。這種生活，欣幸地尚未沾染駁雜的摩登習氣而能保持它純潔健全的天真。他們乃開始感到欣慰，知道自己的民族尚保有此偉大而結實的基礎，因而熱情地轉向這一條路線以求新的靈感。這對於他們是新穎的。它是怡情的、幽默的、值得保有的，要之，是純粹中國的。

他們取得這個新的觀點曾獲取旁人的協助。我想他們倘踽踽獨行而無所憑藉，不會有這麼優美的成績，而襄助他們的便是歐美。我們西洋人不獨消極地襄助他們，呈露我們文化的一種崩潰趨勢；我們卻積極地示以我們的根本生活力之傾向。歐美對於各種普羅運動的熱情，已使少年中國想起他們自己的普羅群眾，從而探討本國人民的非常美質，這些人民的生活，尚保持著他們固有的純潔生活而不受世界騷攘之牽動。天然，每當困惱俶擾之際，這樣的安穩恬靜將有力地上達於知識分子。

不過我們西方人倘要等待這些新興文藝的作家技巧成熟而能清晰正確地說明中國，怕需要漫長的等待——不是我們這一世等待得到的。可喜尚有少數作家的例外，他們的精神偉大足以保持其純潔而不致迷茫於時代的紛擾中。利用歷代積累的詭辯與學識，幽默足以觀察人生的本來面目，精明足以瞭解自己的文化，更能瞭解別人的文化。智慧足以選擇他們原來固有的而為純粹真實的事物。我盼望了長久，這少數作家中或有一位替我們寫一本中國的自我說明，它必須要是一本有真價值的書，浸滿以本國人民的根本精神。屢次我翻開這一類著作，初時總是注滿了熱情和希望，但終於失望地掩卷，因為它是不真實的，是誇張的，蓋由於太殷勤以辯護那些偉大而毋庸辯護的特點。它是專為對外人做宣傳而寫的，所以不稱於中國的真價值。

一本闡述中國的著作，它的價值足以當得起闡述中國者，不能犯上述任何一點毛病。它必須坦白而無愧，因為真實的中國人是宏偉的人民。宏偉足以坦白而稱無愧於其生活言行；它必須敏慧而明達，因為中國人彼此內心的靈悟，敏慧明達過於其他民族：它必須是幽默的，因為幽默是中國人民天生的根性，這機敏、愉快、慈和的根性是基於慘愁的經歷和樂天的觀念而產生的；它必須用流利恰當而美麗的辭句來表現，因為中國人常重視精細和恰當的美。只有中國人才能寫這麼一本書。可是我不免又想：就是中國人好像也還沒有能寫這麼一本書者。因為去尋找一位現代英語著作的中國作家而不致跟本國人民隔膜太遠有若異國人然，而同時又須立於客觀的地位，其客觀的程度足以領悟全部人民的旨趣，這樣的人才，不是輕易找得到。

可是出乎不意，與歷來的偉大著作的出世一樣，《吾土與吾民》不期而出世了。它滿足了我們一切熱望的要求，它是忠實的，毫不隱瞞一切真情。它的筆墨是那樣的豪放瑰麗，巍巍乎，煥煥乎，幽默而優美，嚴肅而愉悅。對於古往今來，都有透徹的瞭解與體會。我想這一本書是歷來有關中國的著作中最忠實、最鉅麗、最完備、最重要的成績。尤為可貴者，作者是一位中國人、一位現代作家，他的根柢鞏固地深植於往昔，而豐富的鮮花開於今代。

自序

林語堂

在這一本書裡頭，我只想發表我自己的意見，這是我經過長時間的苦思苦讀和自我省察而獲得的。我並不想與人論辯，也不想證明我與人相左的論點；但是我願承擔對此書的一切辯解和責難，一如孔老夫子說過的：「知我者其爲《春秋》乎！罪我者其惟《春秋》乎！」中國是一個龐大的國家，而她的民族生命，涵括了太多面向，對她難免有許許多多牴牾歧異之見解。任何欲持相反之論旨者，鄙人隨時可提供材料，方便他利用。但是真理終歸是真理，它一定會壓倒巧黠之見。人之領悟真理，只在難得的一刹那，永存的是這領悟的一刹那而不是一己之見。是以大排場地滙集證據，經常僅能使人得到荒謬之結論。人要有此領悟，須有較爲簡純的風格，亦即真正清明的風格。因爲真理絕無法去證明，只能去領會。

顯而易見的，寫了這本書，我也會冒犯許多中國問題的作家，尤其是我自己的同胞和一些大愛國家。此輩大愛國家——鄙人與之素無淵源，因爲他們的神明不是我的神明，他們的愛國思想也不是我的愛國思想。說不定我也同樣愛我的國家，可是當著他們的面，我都不露聲色；

中外皆然，人是可能把愛國主義的外衣穿到破爛不堪，甚至到死都披著此一破爛招搖過市的。

我敢坦白，是因爲——與這些大愛國家不同——我不以我的國家爲恥。我敢揭露她的困境，是因爲我未嘗放棄希望。中國比她的這些藐小的愛國者可大得多了，不需要他們的粉飾。一如過去，她會再度修正自己的。

我也不是爲了西方的愛國分子而寫這一本書，因爲，比起遭自己同胞誤解，我更害怕他們——承他們抬愛——引用了我的話。我只單純寫給淳樸的人看，淳樸是古中國會如此高明的原因，而今則幾乎成爲絕響。我這一本書只能以這種單純的觀點來理解。我只跟基本人性尚未泯滅的這些人說話。因爲，只有他們才理解我。

我首先應該感謝賽珍珠女士，她自始至終給我親切的激勵，付印之先，還替我通篇審閱原稿。其次應感謝李君，他在排印期中，給我很有價值的批評。其次應感謝麗琳潘菲小姐，她替我排定格式，校對校樣，又做了索引。葛恩夫人、弗立茨夫人和史登堡夫人，她們三位給我不少精神上的幫助。我應該說明這一次寫作，叨光於內人之力者實屬不淺，她耐心地幫助我完成全部工作，此中況味只有作家的妻子才體會得到。

一九三五年六月於上海

上卷　基礎

開場白

一

人居中國，勢必對之有所感想。此等感想，常常出之於憐憫，偶爾也有出之於失望者，至若真知灼見，能洞察而明瞭中國者，恐如鳳毛麟角。固不問其人本爲愛中國者抑爲憎中國者。即令其人實未身臨中國，有時亦免不了頗涉遐想，覺得中國是一個遙遠飄渺的老大國家，一若不甚與此世界相連屬者。而此飄渺遙遠的存在物，似頗具一種引誘魔力，及至親履是邦，轉覺迷惑無從逞其思考，因遂不復有所意擬，只覺得世界上有這麼一個國家，她是一個龐大的存在，龐大至於超越人類心靈所能包容之限度。她好像是荒亂而不測的深淵，遵守著她固有的生存律，搬演著她自己的雄偉人生戲劇：有時是悲劇，有時是喜劇，但總是如此有力而緊張的真實。於是人乃不免重起驚愕與詫異之思潮。

於是所生之反動，乃爲感情作用的，僅足以表徵其人爲一浪漫的大同主義者，抑爲自負自大之小丈夫者流，其人爲愛中國者抑爲憎中國者，其愛憎之主見已先定，然後以事實遷就其私意，進而申辯其愛憎之理由。對中國之愛與憎，實無關乎宏旨，蓋吾人既欲加以評論，固必須採取一種態度，庶不愧為其理智之人類。吾人今方盲目摸索論據，始則彼此閒談趣聞逸事，家常瑣碎，甚至信口雌黃，海闊天空，不意此等不經意之談論，倒也頗關重要，蓋其印象足以左右思考，一般批評中國之大哲學家，便由此養成。故使人們縱極平心靜氣，亦可構成嚴酷的批評。此輩對中國從不置一許可之辭，總是百無一是。反之，亦可變成中國之熱情的擁護者。當然，此等推論，未免愚拙，蓋因普天之下，人類意見都是如此構成，不可避免。繼之彼此試進而辯論，有幾位仁兄於辯論結局，十足自滿於本人見解之正確，自己保證對於中國及中國人民，已有一種公平主見。抱這樣的見解之人是握世界統治權的幸福之人，他們是貿遷有無的商人，是大老闆，因之他們的主見總是對的。有些人則陷於疑惑與迷惘的煩惱中，生有一種畏縮與混亂之感覺，或竟是畏縮與神秘之謎的感覺，他們的思索就停止於其出發點。不過大家都感覺到有這麼一個中國，一個神妙莫測的「狐大仙」。

中國實為現世界中一最大之「不可思議」，是一大迷惘之因素，原由倒並非僅僅因為她的年齡之老大與境域之遼廣。中國在現存國家中年齡最高，而且保持著賡續一貫的固有文化：她挾有世界最大的人口：她曾經是雄視全球的強大帝國，是異民族的戰勝者：她貢獻給世界幾個重要發明：她涵育有完全自己的生活智慧，自己固有的文學與哲學；在藝術的境界中，當別個民族方拍翅學飛的時候，她已經振翮高翔了。可是，今日，她無疑是地球上最糟亂最失政的國家，最淒慘最無告，最不能和衷共濟以排萬難而奮進。上帝——假使真有上帝——願意她成為寰宇人群中第一等民族，可惜她在國際聯盟中，恰恰揀定了與瓜地馬拉（中美洲一小國）相比鄰的末座：整個國際聯盟出其最熱忱之好意也不能幫助她——不能幫助她整頓政務，不能幫助她制息內戰，不能幫助她自拔於政客、文人、軍閥、叛逆者之深淵。

同時——這差不多是最稀奇的現實——就是她最不講求自救。好比是賭場中的老手，她把喪失一塊領土、幅員與德意志全國相埒一回事，泰然處之，不動聲色。當湯玉麟將軍在熱河神速退兵，打破世界紀錄，八天之內，喪地五十萬方哩之時，四川方面叔姪二大將軍卻正鬥得興高采烈，大比其武：未免令人惶惑。上帝能否達到其最後目的，抑只有上帝自身出場，才能匡助中國，使成為第一流民族！

另有一個疑竇起於人們心中：中國的命運將怎樣？她是否能生存下去一如已往之光榮？能否不蹈其他古老民族之覆轍？上帝是否真願意她成就為第一流民族，還是僅僅為「地球太太的流產兒」呢？

她曾經握有至尊的權威，曾經是戰勝的豪雄。而今日，她的舉世最偉大之基業，幾乎是文化綿邈的國家中碩果僅存者。人們因是必須信仰她一定有一種能力，足使此種基業存續下來。吾人當能憶及希臘文化之燦爛，羅馬功業之彪炳，今乃久已銷聲匿跡：又必能憶及中國怎樣同化外來民族之思想行為，怎樣吸收外來民族之血胤。此種競存的事實，此種悠久之歷史，很明顯值得吾人之深思。對於一個古老的國家，似應相當致其尊敬之忱。好比社會對於銀髯白髮之敬意，應適用於國家，一如個人與個人之間。甚然，即對其悠久之歷史，即對其綿永的生存，應致相當之尊敬。

無論中國的一切都是缺點，她有一種優越的生活本能，一種戰勝天然之非凡活力，是不可否認的。她已盡量發展其生活之本能；隨時局之變遷而適應其自身之經濟、政治、社會的環境。假令種族機構不及其強韌者處此，要將不免於殞滅。她接受了天然恩施，依附其優美的花鳥山谷，資爲靈感與道德之營養。就是這種天然環境，保持她的心靈之健全、純潔，以免於種族的政治社會之退化。她無寧生活於大自然的曠野，晝則煦浴於陽光，晚則眺賞於霞彩，親接清晨之甘露，聞吸五穀之芬芳：憑藉她的詩，她的生活習慣的詩與辭藻的詩，她熟稔了怎樣去頤養她那負傷太頻數的靈魂！說得明瞭些，她的獲享此耆壽高齡，乃彷彿一般個人之健身法，多過戶外生活，俾接受大量之日光與清鮮空氣。她經歷過艱難困苦的時期，反覆循環之戰爭與癘疫，以及其他種種天災人禍。她總能秉一種可怕的幽默，與近乎獷野的沈毅氣度，冒萬難而前進：千辛萬苦，最後卒能撥亂誅暴，以自復於常軌。不差，她是民族之耆艾；就只是民族之耆艾，已該是值得歎賞之所在。

現在她已達到了期頤之齡，超越乎精神與肉體之痛苦，但往往也有人認爲這意義就是失卻希望，失卻挽救的機會。因爲人們疑惑著；高大的年齡是一種力量呢？還是腐朽弱質呢？中國好似頗蔑視這個世界，她拿一種冷淡的態度對待它。這是她高大的年齡實有以致之。不論如何遭遇，她平靜的生命，永遠無擾而長流，不辭痛苦與憂愁，亦不震撼於虛榮與屈辱——細小之情感只足以激動幼稚的心靈——即如過去兩百年中，立即毀滅與立即崩潰之威嚇，亦未曾稍爲所懾。勝利與失敗，已不復能彈動她的心弦，困阨與死亡失卻了它們的刺激力，而連綿數百年的民族生命之暗影，亦遂失去任何嚴重的意義。彷彿尼采哲學專家（Nietzcschean）所類推之大海，它大過棲存於它體內的魚類、介類、軟體動物類，大過於謬泥，故能兼容並蓄，不致拒卻它們的投入。同樣，中國是大過於她的一切留學生之鹵莽而殘缺不全之宣傳，大過於貪官污吏、倒戈將軍、騎牆革命家、假道學者之貪婪無恥，大過於戰爭叛亂，而大過於一切污玷、貧窮與饑饉。因能一一度過此等難關而永生。廁身乎叛亂戰禍之間，圍繞著貧苦的兒孫，愉快而龍鍾老態的中國，閒逸地吮啜著清茶，微微笑著；在她的淺淺笑渦之中，我偶爾看出她那絕無僅有地懶於改革的惰性，和那別有風味地高傲的保守性，惰性乎？高傲乎？倒也不甚清楚。不過在她的心靈上，好像狙伏著某種老犬之機警，就是這種機警，便玄妙地動人。何等玄妙地高齡的心靈啊！何等偉大地高齡的心靈啊！

二

但是偉大能值得多少呢？卡萊爾（Thomas Carlyle）好像在什麼地方說過，真正偉大藝術之第一個印象，常常令人失神至於感痛苦的程度。是以「偉大」之命數注定該為人所誤解的，中國之命數亦即如此。中國曾偉大而烜赫地被人誤解過。「偉大」往往是一種特別的名詞，專指吾人所不瞭解而願意享用的事物。介乎願意為人所熟悉瞭解與被稱為偉大，中國寧願被人所瞭解，倘能被每個人所瞭解，那才再好沒有。可是怎樣能使中國被瞭解？誰將充當她的傳譯者？她具有那樣悠長的歷史，其間出了那麼許多聖皇雄主、賢哲詩人、名師學者，以至勇敢母親、才幹婦女；她有她固有的文藝哲學、繪畫戲劇，供給一般平民以分辨善惡的道德意識；加以無盡藏之平民文學，民間謠俗以助美德。可是這些寶藏未能直接受外人之瞭解，因為語言之不通，已夠掘成無法踰越的鴻溝。中國能不能利用洋涇濱英語來促使瞭解呢？所謂「中國通」者，是否將從廚子阿媽口中，採取對中國精神之認識呢？能不能經由僕歐，經由買辦，經由薩勞夫，或誦讀《字林西報》的通信以達到瞭解呢？這一類主意分明是失當的。

的確。想要嘗試去瞭解一個異民族及其文化，尤其像中國那樣根本與自己不同的文化，此種工作殆非常人所堪勝任。因爲此種工作，需寬廣之友情，需要一種人類博愛之情感。他必須循依心臟之每一次搏躍，用心靈的視覺來感應。此外，他必須擺脫一切自己的潛意識，一切兒童時代所已深植的意識，和成年時代所得深刻印象，一切日常爲人所著重的字義，「共和政體」「繁榮」「資本」「成功」「宗教」「利息」等等。又不能讓他與研究下的國家生隔閡。他一方面需要超越的觀念，一方面也需要一個淳樸的心地。此種淳樸的心地，大詩人羅伯特·彭斯（Robert Burns）是很好的典型，這位詩人赤條條裸裎了吾人的靈魂，揭露了一般人的性格，情愛並憂鬱。只有秉此超脫與淳樸的心地，一個人始能明瞭一個異性民族的內容。

然則誰將爲此傳譯者呢？這一問題，殆將成爲不可解決之懸案。那些身居海外而精通中國學術之學者，以及圖書館管理員，他們僅從孔氏經籍所得的感想中觀察中國，自然絕非肩荷此等工作之適當人物。一個十足的歐洲人在中國不說中國語言。而道地的中國人不說英語。一個歐洲人說中國話說得十分流利，將養成同化於華人的心理習慣，此等人將被其國人目爲古怪人物，中國人說英語說得太流利而養成了西洋人的心理習慣，將被削除國籍。又有一種說英語的特種華人，或者係根本不會講本國語言的，或者用英語發音來說中國語的。這些人當然也不可靠。像這樣逐項排除，吾人勢必忍受所謂「中國通」的調度，而將傳譯責任大部依託於他的一知半解的認識。

此種中國通，讓吾們且慢著描繪他，因爲他是你在中國問題上唯一的權威者。蘭塞姆先生（Mr. Arthur Ransome）曾這樣精細描寫過一個人物。但照我想來，他是一個活潑的人物，吾人很容易把他描繪出一個印象來。可是切莫把他弄錯了。他或許是傳教士的兒子，或許是一個船主或水手，或者爲領事館裏的書記，亦可以是大腹賈，對於他，中國最好作爲沙丁魚和花旗蜜橘的銷售市場。他不一定是未受過教育者，其實他或許是個出色的新聞記者，一面注視著政治顧問的活動，一面照顧些借款佣金，他在他的能力限度以內，或可蒐集很詳細的情報：這個限度是他不能講三個以上綴音的中國語言，而依賴他的會講英語的中國朋友以供給材料，但是他總能繼續他的事業。好在閒來玩玩高爾夫球，高爾夫球總能使他舒服。有時喝喝利普頓紅茶，讀讀《字林西報》，亦頗閒逸，不期此時卻激動了他的肝火，他對於土匪、綁票、內戰，那些清晨不快意的報導，不免惹氣，這一氣把他剛下肚的早餐消耗個乾淨。

他的鬍子居常刮得煞光，服裝整潔，遠勝他的中國伴侶，皮鞋又擦得分外閃亮，遠勝他在英國時，這於他所費無幾，因爲中國的僕歐是最好的皮鞋擦手。每晨從寓所上寫字間，則駕一輛跑車，疾駛三四英里，然後自信有光顧史密斯夫人的茶點之需要。他的脈管中未必環流著縉紳先生的血胤，他的客廳裏也沒有祖先的油繪像，可是他常能遠溯上古歷史以至原始森林時代，以證明他的遠祖確係貴族，這才使他的心境寬悅，而研究中國事物的一切煩慮也得以輕鬆了。可是他還有不舒服的時候，每次有事使他必須穿過中國街道，那裏就有許多異族人的視線，千千萬萬集射而來。他掏出一條手帕，胡亂掩著鼻子嗆一陣鼻涕，硬著頭皮苦挺一下，免不了抱著掃興而畏怯的神情。若泛泛地流盼一下那些穿藍褂子的人浪的波動，則覺得這些人的眸子倒並不像廉價小說封面上所描繪的乜斜之甚。這些人是否會從背後暗算人呢？明亮的日光下，怕不會有這等事情，可是誰也不能預料！他在棒球場鍛鍊出來的運動家氣概一股腦兒離別了他。他寧願叫腦袋吃一下球棍的猛擊，卻不願再度通過這些彎曲的街道了。不差，這是一種畏怯，是一個陌生人最初的畏怯。

但是他的心理並不單純至此，他的「仁慈」，使他不忍睹視貧愁的光景，不忍安坐黃包車上而目睹可憐的「人獸」拖沉重的負擔——他因是必得坐一輛汽車。汽車的作用不光是代步的工具，它是一座活動的碉堡，從寓所把他載到寫字間，沿途庇護著他，使他與中國社會相隔離。他不願離開他的汽車，也不願離開他的文明的自傲。在進茶點的時候，他告訴史密斯小姐，一輛汽車在中國不算是奢侈品，而是必需品。每天三英里的驅車工作，把他深鎖的心掩藏於玻璃箱籠裏，從寓所裝到寫字間：僑居中國二十五年，未始一日有例外。雖然，當他重返英吉利，固絕未提及此等情形，而在寄給倫敦《泰晤士報》通信中卻自署「二十五年僑華老旅居」，至於日常生活的實況則亦諱莫如深。他的通信寫得很動人，當然，他一定會知道他自己所寫的是什麼。

同時，他所馳驅的這日常三英里幅徑，倒也不大肯超越範圍，除非偶爾玩玩越野賽馬，這才勞他玉趾賁臨，踐踏上中國農田。可是這一來，必得讓他爬出碉堡而拋頭露面於日光空氣之下，於其際，他也不會疏忽怎樣去防衛自身的。不過這種猜想又弄錯了，原來他從未下鄉，只當他戶外玩球時，如此說說罷了。

這一種秘密，一定是他肚皮裏明白。他從不光臨中國家庭，復小心翼翼以規避中國旅館，也從未讓中國報紙見一個面。到了晚上，電炬初明，他踱進世界最華貴的酒吧間，吮啜著他的冰燒酒，掇拾一些街談巷議，無稽讕言，喝得開懷，同座間大談其中國海岸山海經，無非傳聞遺說，一鱗半爪，其材料可遠自十七世紀葡萄牙航海者流傳而來。當他察覺上海非是蘇塞克斯（Sussex）風尚，不能盡如其在英國時之習慣，未免掃興，及聞中國人民也來祝度耶誕聖節，不覺大快，不過中國人民之不懂英語，終屬可怪。至若他走在路上，則趾高氣揚，目無華人，倘或踏痛了同行者足趾，雖用英語說一聲sorry，也屬無例可援。不差，他從未學習過一個旅客應用的幾句客套華語，卻不斷抱怨華人之排外思想；可憾庚子拳匪之役的火燒圓明園，竟不夠好好給中國人一頓教訓，怎不失望。喔，你們西洋人固握有權威以鎮臨中國，以促進人道上之普通義務啊！

上面所寫的種種，都是你所知道也很平淡無奇的，假使不是爲了西方人對華人觀念之構成，與此等事實息息相關，我固毋庸在此多費篇幅。你必須仔細想想兩方言語上之隔閡，中國文字之極度難學，以及中國政治、學術、文學、藝術之紛淆現狀，並中西兩方風俗習慣上之廣大差異，始足與言瞭解中國。

這一本書可說是對一般誤解中國者之一篇答辯，它將根據較高理解基點而覓取較善諒解。不過一般「中國通」倘欲繼續寫他討論中國事務的書本或短文，也難以僅爲他不懂華文而遽干涉其著作之自由。總之，此等書本與短文，只配藉作茶坊酒肆的閒談資料而已。

不過事情總有例外——譬如赫德（Sir Robert Hart）與羅素（Bertrand Russell）——他們能從

一個絕對不同於自己者的生活方式中觀察內在的意義。但是有了一個赫德卻有一萬個吉爾伯特（Rodney Gilbert），有了一個羅素卻有一萬個伍特海特（H. C. W. Woodhead）。結果不斷產生輕蔑華人的戲劇式故事。它的內容幼稚歪曲，卻為西方人所樂道，它也可以說是前代葡萄牙航海者野史的承繼者，不過削除了當年水手們的下流口吻，而保存著此輩水手的卑污意志。

中國人時而自起惶惑：中國海岸因何只值得吸引一班下流航海者和探險者呢？要明白解答這個疑問，最好先讀一讀摩斯（H. B. Morse）的幾種著作（**譯者按：摩斯氏歷任我國各地海關幫辦，所著研究中國之書籍甚多。其中《中國之國際關係》一書最為著名**），然後探溯此輩航海者的傳家法寶與現代結合之線索，並審察早期葡萄牙人與現代「中國通」二者眼界之共通性，再仔細檢閱他們的利害關係，天然淘汰過程，和驅使他們不遠千里而來的環境壓力，其間二者之異同如何，再質詢他們，何為乎飄流異域，更絡繹不絕巴巴的趕到地球的這一角來，其目的難道不是黃金與投機（**載運貨物往外洋試銷**）！黃金與投機的第一個例子便是驅使哥倫布——在他們全部當中最偉大的航海冒險家——探索到中國的航線。

一個人於是始明白此種嗣續的史實，明白哥倫布式航海者的傳統觀念何以能堅定而平衡地發展下來，於是更感覺到一種憐憫中國的意念；可憐那不是中國的社會美德，而是中國的黃金和她被作為「購買畜生」的購買力，才吸引西洋人到此遠東海岸來。那是黃金與利益才把西洋人與中國人連鎖起來，而投入卑污齷齪的漩流，實質上未嘗有絲毫人道精神之結合。他們本身，中國人和英國人，都不認識此種現實；因而中國人曾質詢英國人，假使他厭惡中國社會，為何不離開中國；而英國人也反問中國人，為何不退出租界：結果雙方均不知所答。故英國人蓋並未勞神使自己被瞭解於華人，而忠誠的中國人尤從不念及使自己被瞭解於英人。

三

然則中國人能否瞭解自己呢？他們能否充任中國最好的傳譯者呢？第「自知之明」人盡知其比較的困難，在缺乏健全而清明的批評之環境內尤然。語言的困難，在受有較高教育的華人是斷乎不存在的；倒是悠長的中國歷史卻相當難以整理；中國之藝術、哲學、詩文、戲劇也不易於精通而獲得優美的認識：至若昔日之知己同伴，電車上常遇之同車乘客，以至幼時同窗，今日膽敢擅握一省政權，於他亦屬難以寬容。

若夫種種前提條件，足以困頓一外國研究家者，同樣也足以困頓一中國摩登青年，或許摩登青年的冷靜超越態度，還比不上外國研究家，亦未可知。在他的胸膛中，隱藏著一種或不止乎一種頑強的苦悶的掙扎。在他理想中的中國與現實之中國，二者之間有一種矛盾。在他原始的祖系自尊心理與一時的傾慕外族心理，二者之間尤有更有力之矛盾。他的靈魂給效忠於兩極端的矛盾所撕碎了。一端效忠於古老中國，半出於浪漫的熱情，半為自私；其一端則效忠於開明的智慧，此智慧渴望社會的革新，欲將一切老朽、腐敗、污穢乾癟的事物，做一次無情的掃蕩。有時矛盾起於羞恥心理與自尊心理之間，則此種矛盾更為重要，蓋此矛盾介乎單純的家族效忠心與事物現狀的嚴重羞恥性，這是優良本能，頗足以自動的刺激福利之增進。有時他的祖系自尊心理占了優勢，而正當的自尊心理與無意義的復古熱，只隔著一線之差，則甚危險。有時則他的羞恥本能占了優勢，而真切的革新願望與膚淺的摩登崇拜，又只隔著一線之差，當亦不妥。要避免此等矛盾，確非輕易之工作。

然則將怎樣始能把握住這個瞭解的統一觀念呢？真誠之批評態度，配合以精密之鑑定眼光，用心靈來觀察，用精神來思慮，心靈與精神合而爲一，這樣神妙的境界，也不是寫寫意意所能達到的。因爲它的工作，至少應包括救濟「古老文化」那種艱巨事業；有如整理家傳珍寶，雖鑒識家之眼光，亦有被欺矇之虞，而手指有時有躊躇不決之患。它需要勇氣，更需要一種稀有的德性——誠懇，更需要一種更爲稀有的德性——心靈不斷辯論之活力。

但以中國青年比起外國研究家來，在便利方面究占一種顯明之優勢。因爲他自身是中國人，因爲是中國人，他不獨能用心靈來觀察，更能用精神來思慮，他知道，在他脈管裏挾著自尊與羞恥的洪潮而奔騰環流的血，是中國人的血。這是在他的生物化學機體中運轉著中國之過去與未來的神秘之神秘，而負荷著中國一切尊榮與恥辱，功業與罪惡之負擔者；過去與未來，其命運真是千變萬化。何一而非切身之關係？至是，所謂整理家傳珍寶之譬喻，因而覺得頗不完全，亦不正確，蓋不自覺的民族遺傳性含存於他的血管內，亦即構成他的身體之一部。故其本身亦即爲骨董一分子，而非獨立之鑒識家。

他或許會玩玩英國式足球，其實非真愛好足球；他或許會讚美美國式效率，而衷心實反對效率：他或許在餐桌上使用餐巾，心裡卻討厭餐巾；所有他聽過的舒伯特（Schubert）的旋律與布拉姆斯（Brahms）的歌曲，都帶著弦外之音，像東方古老的民謠與牧歌的回響，誘引他魂歸故國。他發掘了西方文化的優美與榮華，但他還是要返回東方，當他的年齡將近四十歲，他東方的血液便征服了他。他瞧見了父親的畫像，戴一頂瓜皮緞帽，不由脫下他的西裝，換上一套長袍與平底鞋，嗚呼噫嘻，不圖竟乃如此舒服，如此適意，如此雅逸，蓋套在中國式長袍和平底鞋裏，他的靈魂得到了休息。於是他不復能明瞭西方的「狗項圈」有何意義，不識當初何以竟忍受了那麼長時間。他從此不再玩足球，而動手練習中國健身法，遨遊桑田竹林之間，憩息松影柳蔭之下，如此行動，非如英人所知之鄉村散步，而為東方別有意義之遨遊，有益於肉體，亦有益於心神。

他甚至討嫌「體操」（exercise）這個字。操練什麼呢？這完全是可笑的西方意義。嗟吁，就只消看看那些威儀棣棣的成年小夥子，竟會在廣場之上豕突狼奔，橫衝直撞，爭逐一顆小小皮球，現在想來，怎不可笑；至若炎夏天氣，運動之後，把身體裏以熱潑潑的法蘭絨和羊毛線衫，更覺可笑。營營擾擾，所為何來？他回想一下，記起當年自己嘗樂此不倦，那時他還年輕，還沒有成熟，那時的他，不是他自己，只能算一瞬之幻覺，而非真有愛好運動之本性。蓋他所生長的環境決然不同，他生長於磕頭、閒逸、文雅的環境，而非生長於玩足球、套狗項圈、抹餐巾、講究效率的環境，真不應該東施效顰。他有時把自己看作一隻豬而把西洋人看作一條狗。狗往往喜歡咬弄豬，而豬只能報之以「唔思」。此一「唔嗯」，還恐怕是滿足之「唔嗯」。哇！他甚至想當一隻豬，一隻真正的豬，因為牠實在有夠舒服，不必羨慕狗的項圈、狗急的效率和狗娘的妖狐式成功。他所要的僅僅是：狗不要來惹他。

當其縱覽中西兩方文化，發現現代中國便該是這個樣兒。要考察並認識東方文化，只有取這個樣兒的態度。因為他的父親是中國人，母親也是中國人，每當他談到中國，總得念及他的父親、母親，或追想他們的遺容遺行。那是一個活躍的生命，他們共同的生命，充滿著興奮、忍耐、痛苦、快樂和毅力，此等生命。未曾接觸過現代文化的影響，可是他們的偉大、尊貴、謙和、誠信，未見稍有遜色。這樣，他真認識了中國了！

我以爲觀察中國之唯一方法，亦即所以觀察其他任何各國之唯一方法，要搜索一般的人生意義，而不是異民族的舶來文化，要滲透表面的古怪禮貌而覓取誠意的謙德；要從婦女的艷裝異服下面，尋求真正的女性與母型；要留意男孩子的頑皮而研究女孩子的幻想。此等男孩子的頑皮，女孩子的幻想，以及嬰兒之笑渦，婦人之哭泣，丈夫之憂慮——都是全世界各處相同的表象。是以吾人只有經由丈夫之憂慮與婦人之哭泣，始可真確地認識一個民族，差異處蓋只在社會行爲之形式而已。這是一切健全的國際批評之基點。

第一章　中國人民

一　南方與北方

研究任何一時代的文學或任何一時代的歷史，其最終和最高之努力，往往用於覓取對該時代之「人物」的精詳瞭解。因為文學創作和歷史事蹟之幕後，一定有「人物」，此等人物及其行事畢竟最使吾人感到興趣。當吾人想起馬可．奧理略（Marcus Aurelius）或盧西安（Lucian），便知適當羅馬衰落時期。又或想起弗朗索瓦．維永（Francois Villon）便知適當中古世紀。想起一個時代的重要人物，馬上感覺到那個時代很熟悉，也很明瞭。像「十八世紀」那樣的名稱，還不如稱為「約翰遜（Johnson）時代」來得有意義。因為只稍提醒約翰遜的一生行事；他常出入的倫敦四法學院怎樣，他常與交談的友儕怎樣，整個時代便覺得生動而充實起來了。設使有與約翰遜同時代而文名不足道之一人物，或一普通倫敦市民，其一生行事也許有同樣足資吾人矜式者，然一普通倫敦市民終不足引起吾人之興趣，因為同一時代的普通人並無二致。普通人不論喝燒酒，或利普頓紅茶，都只算是社會上無足輕重之偶發事件，毫無特色可言，因為他們是普通人。

若為約翰遜，則他的抽煙和時常出入倫敦四法學院，倒也是於歷史上具有重要價值的史料。偉人的精神用一種特具方法反映於當時社會環境而垂其影響於吾人。他們的優越天才，能影響他所接觸之事物，亦能接受此等事物之影響。他們受所讀書本之影響，亦受所與交際之婦人的影響。若令較為低能的人物與之易地而處，則不會有什麼特徵可以發現。是以在偉人的生命中，生活著整個時代的生命。他們吸收一切所可吸收之事物，而反射以最優美最有力之敏感。

可是論及一個國家，便不可忽略一般人。古代希臘並非人人都是索福克勒斯（Sophocles），而伊莉莎白時代的英國，也不可能到處都是培根（Bacon）和莎士比亞。談論希臘只想到索福克勒斯、伯里克利斯（Pericles）和阿斯佩西亞（Aspasia），就會弄錯雅典人之面貌。吾人尚須附帶看一看索福克勒斯的兒子，他曾控訴乃父無力理家；還有阿里斯托芬（Aristophanes）的品格，他並不全然愛美，也沒有一心一意地追求真理；而是終日酗酒、狂飲暴食、與人爭吵不休，且見錢眼開、反覆無常，與一般雅典人民無異。說不定反覆無常的雅典人，有助於吾人瞭解雅典共和邦所以顛覆之理，適如伯里克利斯與阿斯佩西亞有助於吾人瞭解雅典人之所以偉大。倘個別地看，他們毫無價值，但整體地看，他們影響國事之趨向則至為巨大。在過去的時代裏，他們可能是難以改造的，但在當今的國家中，普通人可是一直與我們相處在一起的。

但是誰為普通人民？而普通人民又是怎樣一個形象？所謂「中國人民」，在吾人心中，不過為一籠統的抽象觀念。撇開文化的統一性不講——文化是把中國人民結合為一個民族整體之基本要素。南方中國人民在其脾氣上、體格上、習慣上，大抵異於北方人民，適如歐洲地中海沿岸居民之異於北歐民族。幸而在中國文化之軌跡內，只有省域觀念之存在，而未有種族觀念之抬頭，因而在專制帝政統治下，賡續數世紀之久，得以相安無事。共同的歷史傳統和書寫文字，以至為簡單的方法，解決了中國語言統一上之困難。中國文化之融合性，因能經數世紀之漸進的安靜播植，而同化比較溫順之土著民族。這替中國建立下「四海之內皆兄弟」的友愛精神，雖歐洲今日猶求之而不得者。就是口說的語言所顯現之困難，亦不如今日歐洲分歧錯雜之甚。一個滿洲籍人倘旅經西南邊境如雲南者，雖略費麻煩，仍可使其意思表達而為人所懂。語言的技巧在中國使其拓植事業逐漸擴展，其大部蓋獲助於書寫之文字——中國統一明顯可見的表徵。

此種文化上之同化力，有時令吾人忘卻中國內部尚有種族歧異、血統歧異之存在。仔細觀察，則抽象的「中國人民」意識消逝，而浮現出一種族不同之印象。他們的態度、脾氣、理解各各不同。顯然有跡可尋。假使吾們用一個南方籍貫的指揮官去駕馭北方籍貫的軍隊，吾們就會突然發覺其中的差異。因為一方面，吾們有北方人民，他們服習於簡單之思想與艱苦之生活，個子結實高大，筋強力壯，性格誠懇而忭急，喜啖大蔥，不辭其臭，愛滑稽，常有天真爛漫之態，他們在各方面是近於蒙古族的，而且，腦筋比聚居於上海附近之人民來得保守，因之他們對於種族意識之衰頹，如不甚關心者。他們便是河南拳匪、山東大盜，以及篡爭皇位之武人的生產者。此輩供給中國歷代皇朝以不少材料，使中國許多舊小說之描寫戰爭與俠義者均得應用其人物。

循揚子江而至東南海岸，情景便迴然不同，其人民生活之典型大異。他們習於安逸，文質彬彬，巧作詐僞，智力發達而體格衰退，愛好幽雅韻事，靜而少動。男子則潤澤而矮小，婦女則苗條而纖弱。燕窩蓮子，玉碗金盃，烹調極滋味之美，飲食享豐沃之樂，懋遷有無，則精明伶俐，執戟荷戈，則退縮不前，詩文優美，具天賦之長才，臨敵不鬥，呼媽媽而蹌仆。當清廷末季，中國方屏息於韃靼民族盤據之下，挾其詩文美藝渡江而入仕者，固多江南望族之子孫。

復南下而至廣東，則人民又別具一種風格，那裏種族意識之濃郁，顯而易見，其人民飲食不愧爲一男子，工作亦不愧爲一男子；富事業精神，少掛慮，豪爽好鬥，不顧情面，揮金如土，冒險而進取。又有一種奇俗，蓋廣東人猶承受著古代食蛇土民之遺傳性，故嗜食蛇，由此可見廣東人含有古代華南居民「百越」民族之強度混合血胤。至漢口南北，所謂華中部分，居住有狂噪咒罵而好詐之湖北居民，中國向有「天上九頭鳥，地下湖北佬」之俗諺，蓋湖北人精明強悍，頗有胡椒之辣，猶不夠刺激，尚須爆之以油，然後煞癮之概，故譬之於神秘之九頭鳥，至湖南人則勇武耐勞苦，湘軍固已聞名全國，蓋爲古時楚國戰士之後裔，具有較爲可喜之特性。

因往來貿易而遷徙，與科舉時代應試及第之士子被遣出省服仕之結果，自然而然稍稍促進異種人民之混合，省與省之差異性乃大見緩和，然大體上仍繼續存在著。蓋有一頗堪注意之事實，即北方人長於戰鬥，而南方人長於貿易，歷代創業帝王，幾從無出自大江以南者。相傳食米之南人，無福拱登龍座，只有讓那啖饃饃的北方人來享受。實際上除卻唐朝和周朝的創業帝王，出自甘肅東北部，有突厥族之嫌外，其餘各大皇朝的帝王，蓋莫不起自隴海鐵路附近比較險阻的山區；此地帶包括東部河南，南部河北，西部山東，和北部安徽。這個開業帝王的產生地帶，倘以隴海鐵路爲中心點，它的幅徑距離不難測知。漢高祖起於沛縣，屬現在之徐州，晉室始祖起於河南，宋室始祖起於南部河北之涿縣，明太祖朱洪武出生於安徽之鳳陽。

直到如今，除了蔣介石將軍出身於浙江——他的家族譜系尙待考——大半將帥，多出自河北、山東、安徽、河南，也以隴海鐵路爲中心點。山東產生了吳佩孚、張宗昌、孫傳芳、盧永祥；河北產生了齊燮元、李景林、張之江、鹿鍾麟；河南產生了袁世凱；安徽產生了馮玉祥、段祺瑞。江蘇不出大將，而產生了幾位出色的旅館侍者。五十年前，中國中部湖南省出了一位曾國藩，這個好像是例外，但適足以證明上述之定律；因爲曾國藩是一位第一流學者，同時也是第一等大將，但他既係出生於長江之南，是以爲食米者而不是啖饃饃者，從而他的命運注定應爲貴顯大臣，而不能爲中華民族開創一新的皇朝，因爲開創帝業這種工作，需要一種北方典型的粗厲豪放的態度，要具備一種淳樸而令人可愛的無賴漢之特性，要有愛好戰爭、不厭勞動而善於自利的天分——藐視學問與孔教倫理學，直至大局底定，南面稱皇，那時孔教的尊皇思想始有用於他，然後大模大樣大講其尊孔之道。

粗暴豪邁之北方，與柔荏馴良之南方——二者之異點，可以從他們的語言音樂與詩歌觀察而得。你可以把陝西的歌曲跟蘇州的歌曲做一對比，立可發覺其截然不同之差異。一方面陝西歌曲聲調鏗鏘，樂器用擊筑拊嗒板而和歌，音節高而瞭亮，頗類瑞士山中牧歌，歌聲動則迴風起舞，似在山巔，似在曠野，似在沙丘。另一方面則有那耽安淫逸之蘇州的低音歌曲，其聲調嗚咽哽抑，似長太息，似久困喘哮病者之呻吟，因其勉強哼噓而成顫抖之音律。即從尋常對話中，亦可以察覺明朗清楚之北平宮話，其聲調輕重之轉變分明，令人愉悅；而蘇州婦女甜蜜柔軟之喋喋瑣語，多圓唇元音，抑揚波動，著其重處不用高朗之發聲，而徒拖長其柔悅婉轉之綴音以殿於句末。二者之差異固甚顯然。

關於南方與北方語言腔調之不同，曾有一段有趣故事，據說有一次一位北籍軍官，嘗南下檢閱一連蘇籍之軍隊，當這位團長大聲喝令「開步走！」的時候，全體士兵屹立不動，屢次喝令，均屬無效；正無計可施之際，其連長係久居蘇州，習於蘇俗者，乃稟請軍官准其另行發令，軍官准之，連長乃一反軍官之清楚明朗的「開步走！」的急促腔調，而出以婉轉誘惑之蘇州口音，「可步……則……呢……啊……」果然，全體軍隊應聲而前進了。

詩歌裏面，像這樣歧異的色彩，表顯於第四第五第六世紀者，尤爲濃厚，當時北部中國初次經韃靼民族之蹂躪，漢人之受有教育者相率渡江而南下。值此時抒情詩方發皇於南朝，而南朝統治階級頗多爲抒情詩能手。民間復通行一種體裁別致之戀情小曲，名爲「子夜歌」。把這種熱情的小詩，與北方新興的富有朝氣的質樸詩做一對比，二者情調之歧異是深刻而明朗的。吾們且看那時候南朝歌曲的作風：

讀曲歌

打殺長鳴雞，

彈去烏臼鳥。
願得連瞑不復曙，
一年都一曉。

子夜歌

路澀無人行，
冒寒往相覓。
若不信儂時，
但看雪上跡。

南宋之際，又有一種韻律長短錯綜之活潑的抒情詩，稱為「詞」。其內容大抵描寫婦女之深閨幽怨，繡闥傷春，或者吟詠黛眉粉頰，素抹濃妝，或者吟詠紅燭朱欄，絲幃錦屏；道相思之苦、熱戀之情。紅燭自憐無好計，夜寒空替人垂淚；惜彎淺黛，長長眼。其幽韻多似此類。人民而習馭於此種戀情詩歌之委靡情緒，其被發表豪放質樸簡短詩歌情緒之北方民族所征服，固為自然之結果。北方之詩歌蓋直接取自荒涼北方之景色而不加潤色者。下面一首為很好的例子：

敕勒川，

陰山下。
天似穹廬，籠蓋四野。
天蒼蒼，地茫茫，風吹草低見牛羊。

看它一首小詩，倒是魔力非凡，相傳一位北朝大將，竟能藉此短短數句之力，於新敗之餘，收集餘眾，激勵將士，使軍心復振，重整旗鼓，殺回戰場。下面又一首小詩，爲另一北族將領所作，乃詠其新購之寶刀；其情緒風格，適與南方的戀情詩詞成一對比。

新買五尺刀，
懸著中梁柱。
一日三摩挲，
剎於千五女。

另一首則風格音調更見雄壯：

遙望孟津河，
楊柳鬱婆娑；
我是虜家兒，

不解漢兒歌。
健兒需快馬，
快馬需健兒；
蹕跋黃塵下，
然後別雌雄。

像這樣的詩歌——南北兩方作品的內容與技巧完全不同——對於吾人今日研究中華民族之構成分子，南北兩大血統之異同上，有很大貢獻，值得吾人玩味。吾人似可因此進而瞭解一個具有兩千年磕頭歷史，習於戶內生活，缺乏普遍運動的國家，何以能不追蹤埃及、羅馬、希臘之後塵而退化，而崩潰。然則中國究竟是如何辦到的？

二　退化

退化（degeneration）這個名詞，常易爲人所誤解，因爲它的意義只在比較上顯出來，而非是絕對的。自從有了艷麗的化妝品和真空吸塵器之發明，現代人類好像專拿一個人的清潔程度來判斷他品行的高下。因之有人覺得狗的文化業已增高，因爲牠現在每星期洗澡一次，而到了冬天，又穿上腹衣。著者曾聽到幾位富有同情心的友邦人士談起中國農夫的生活，說他們的生活是「非人類的生活」。欲謀救濟，第一步工作，似非把他們的茅舍和用具全消毒一下不可。

其實人類退化的信號，倒不在乎齷齪。而卻恰恰在乎畏懼齷齪，而且從一個人外表來批評他的體格和品行之健全與否，實在是危險的。徹底說起來，歐洲人生活於溫暖過當的公寓而享用奢華之摩托車，其適宜於生存，遠不如中國農夫之住居低矮而不知消毒之茅舍中。兇惡係天然生存於嬰兒與野人天性中之品性，也不是退化之徵象，倒是畏懼痛苦，才真是退化之標幟。一條狗倘只知道吠而不會咬，常被牽引遨遊於市街，給婦人們當作玩物，這種狗只能算是一條退化之狼。就令具有傑克·登普西（Jack Dempsey）式之勇猛，亦不足在競技場之外自誇人類之光榮，牠只能矜傲其工作之力量而享受舒適之生活。就是進化比較高等的幾種動物，牠們的身體組織，具備較為敏感而精密之機構，更具有特殊技能與較大之生活力而且有比較優良之意志，此等動物亦非必盡屬壯健與清潔之動物。體格及品行健全與否之真問題，人類與一般動物無異，乃在於他的工作能力怎樣，他怎樣善於享樂其生活，及他的怎樣適宜於繼續生存。

觀夫眼前的自然環境，就很可以明悉數千年來文化生命所生種種效果的明顯痕跡。中國人民業已使其生活適合於其社會文化的環境，而此環境所需要者，為一種持續的精力，一種抵抗的、消極的力量，因此他已喪失了大部分智力上體力上之進攻和冒險之才能，此種才能本為原始森林中祖先生活之特性。中國人發明炸藥之興致至為幽默，他利用此種發明物來製作爆仗以慶祝其祖父之生辰，僅此一端，可知中國人之發明力，乃係沿和平之路線而進行者。在美術上工尚精細過於活潑的筆觸，蓋出於活力較弱而性格較為溫和的本性。在哲學上他的愛尚情理過於攻勢的辯論，真可由他的圓頤而輪廓淺平的臉蛋兒見其特徵。

輕視體格上之勇武和活動，並普遍地怠於奮鬥生活，密切地影響於體力之退化。城市中之布爾喬亞階級感受此種影響尤為顯著。這樣的情形，倘遇擁擠於街車中或舉行競技會，彼時歐洲人與中國人比肩而立，則更易觀察。不衛生之生活方式與飲食過量之習慣，說明中國布爾喬亞階級何以多具萎垂之肩膀與無神之目光的外形；歐洲學齡兒童與中國學齡兒童之先天的差異，亦屬很易明瞭。在運動場上，總可以發現歐洲父親或歐洲母親所生的孩子，他的敏捷、活潑，和體力的充盈，一切皆較為優越；而忍耐力和學藝比賽則較為遜色。

許多住居上海的歐洲人，對於遭致中國友人冷落對待，常覺得詫異，而不知道其實原因很單純，只是中國人不耐煩過分冗長而激動的交談，須應用外國語言時尤其如此。許多中西夥伴關係——不論在婚姻上或商業上的，往往毀於歐洲人不耐煩中國人的我行我素、慢條斯理，與華人不耐煩歐洲人之躁急好動、靜不下來。對中國人來說，美國爵士樂隊指揮之搖膝抖腿，和歐洲旅客在輪船甲板上跑步健走，其行為都極其荒謬可笑。

除了蔣介石和宋子文是特例外，一般中國政治領袖大都不耐刻苦工作，他們的工作態度是不甘效牛馬之任重致遠，而欲享受高等文明人之生活，其人生觀即為不層「勞形役性以自疲」，故蔣先生宋先生之所以能成為最高領袖，即在其具有較高之堅定本能與耐勞苦之精力，宋先生曩年辭財政部長職時，曾引用中國俗語「力大如牛」以自喻其健康，而並未託詞於任何糖尿病、肝病，以至精力交瘁等等，以為辭職之口實。「稱病辭職」固為一般無恥官僚之慣技，中國官吏每當政治上發生困難，輒揚言舊病復發；至所何病，則精神上體質上之病恙，名目繁多，自腎弱胃傷以至頭昏腦瞶，倘欲開一名單，真可塞滿一新式醫院之全部病房。其實所患者皆屬政治病耳。

中國政治領袖又有一特性，即一登政治舞台，大都不復繼續求學生活，亦不復從事寫作——只有孫中山爲唯一之例外，而當其發揮議論，洋洋灑灑，則人人以第一流大學者自居。倘使中國領袖中會有《托洛斯基自傳》那樣鉅著出世，那算是超乎塵世可能的奇蹟。雖至孫中山逝世十二年後之今日，市上猶找不出一本中國人自寫而內容優美的傳記，也找不到正確信實之曾國藩、李鴻章和袁世凱等之傳記。

至於一般大人先生，走進衙門，則捧一杯清茶，談談無涯無岸之《山海經》；回到公館，則嗑嗑瓜子，優哉游哉，就此消磨了一輩子光陰，猶得謂之「學者的風度」。此等事實，又可說明爲何中國名家作品的集子中，所收的材料總是寶石樣的短詩、精細小品文、替友人著作捧場之短序、墓誌銘、簡短遊記等等，占去百分之九十五之篇幅。當一個人挨不上掌權勢，還是以文雅爲上策，當一個人談不到欺侮人，才非講情理不可。吾人曾能幾度遇到像司馬遷、鄭樵、顧炎武那樣的人物，他們的偉大著作，昭示我們一種不屈不撓的雨果（Victor Hugo）、巴爾扎克（Balzac）的精神。這是兩千年大磕其頭的奴隸生活所能給予一個民族的遺產。

試將人民之毛髮肌膚審察一下，也能告訴你數千年足不出戶的文明生活之結果。通常男人家臉上缺乏髭鬚，雖有亦極疏落，爲此種生活後果的一個示例，因此中國人一般即不知使用家常刮鬚刀。至如男人家胸膛上叢毛尨茸，在歐洲所在多有，在中國則未之前聞，更若婦女櫻唇之上而留些小髭，在歐洲數見不鮮，在中國目爲情理之外。非但此也，據醫家所說以及其他著作之記載，謂中國婦女之私處童山濯濯者，實繁有徒，俗謂之白虎。中國女人之毛孔較歐洲女人爲細，故其皮膚紋理較爲柔而美，而肌肉因亦較爲軟弱，實爲纏足制度所培育而成之結果，此纏足制度表現另一種女性美，鑒於此種實效，廣東新豐之養雞家，將雛雞自幼禁閉暗欄中，使一無盤旋之餘地，因是新豐雞以肥嫩馳名，其味殊美。中國人之腺分泌想來也必較爲稀少。因爲中國人覺得西洋人之所以養成每天洗澡之習慣，目的乃欲解除皮膚所散發之強烈臭氣。不過最堪注意之差異，當推中國人之聲音，蓋比之歐洲人頗覺失卻一種洪亮的共鳴特質。

關於感官之真相，固非作者所深知，但也沒有理由說我耳不聰目不明。中國人嗅覺之靈敏，可由其烹飪術和北平人把「親」娃娃叫作「聞」娃娃這件事看出來，因爲「嗅聞」才是實際上的動作。在中國文言文裏頭，亦有不少與法語odeur de femme同義的辭藻，如：香肌、軟玉溫香（**女人的身體**）。另一方面，對於冷、熱、痛楚、一般嘈雜噪音的感受，中國人則遠較白種人遲鈍。中國人在大家庭制度下生活，飽經磨鍊，才變得如此堅忍不拔。或許，能使西方人不得不嘆爲觀止的，就是我們的「神經」。雖然在一些特殊行業裏，經常可發現中國人的感覺十分敏銳——精美無比的一般手工藝品可爲明證；可是相對地，對於疼痛和一般的苦楚，其反應則至爲麻木遲鈍。中國人忍受痛苦的能耐真是巨大無比。

三　新血統之混入

但中華民族之得以繼續生存，非僅賴粗線條的神經之忍耐力，實在他們所以能生存以迄今日，卻有賴於吸收蒙古民族之成效。此乃一種系統發育的生理移植所發生之作用，你可以觀察每一次新血統的輸入，必繼之以文化上奇葩之開放。觀乎中國人民一般的體力情況，很容易發覺他們並未能全然逃免衰老的文化生命之定數，因而發生一種特徵，遇有較爲新興而好戰之民族向之進攻，輒無法自圖挽救。中華民族的生命，好像是在迂緩而安靜的向前蠕動著，這是一種沉著堅定的生活範型，不是冒險進取的生活範型；其精神與道德習慣亦相稱而具和平與消極之特徵。這就是歷史上常間歇的被北方民族所征服的根源。政治上，這個民族曾經數度被此等侵略者所滅亡。問題至此轉至「怎樣在此政治上被壓迫的環境下，保持其原來之民族」。不是她如何擋攔侵略之軍事煞星，有如圖爾戰爭（battle of Tours）中基督教國聯合抗拒回教軍之所爲；而是她如何在侵略魔手下維護其生存，而且，事實上反吸收了侵略民族的新血胤，轉以自榮，而能不喪失其民族特性並保持固有文化之存續。是以中華民族的生命，好似用一種特殊的範型鼓鑄出來的，故其祖先的奮鬥力的喪失，不致即陷於種族本質與抵抗力之喪失。此種種族本質的抵抗力存在之關鍵，即爲中華民族繼續生存之關鍵。

新血統之混入，很可以說明中國人民今日所具種族自存力之程度如何。歷史上，新血統的混入，往往巧遇於相間有定率的週期，大約每間隔八百年，爲一個轉變的週期，好像是中華民族革新所需的規定時期，而促起此種定期的大改革的，乃爲內部道德機構之腐化，而非外來之侵略。《中國科學美術雜誌》曾載有D. J. S. Lee的一篇論文，標題爲：「中國戰禍之週期循環」。內容係將中國歷代之戰亂，做一統計的研究，證明此等一治一亂的循環期，其前後距離大致有一種準確的定率，而非出於偶然。驟思之，如非人事演變中所可能的現象，而李博士則條分縷析，鑿鑿有據，不可不加以注意。

照李博士說來，中國歷史簡直很容易每八百年分成一段落，爲一個週期。每一個週期的開始，當為一祚命短促而軍威強盛的皇系，結束連綿不息的內戰而統一中國，此後繼之以四五百年之治平時代，過此時期，則朝代又將一易，而起伏不斷之內戰又起，馬上使京都自北南遷。然後形成南北對峙之局，除惡之形勢日甚一日，最後跌入異族統治的深淵而結束此一週期。歷此乃周而復始，重演過去循環，中國復重新統一而光復本族之統治權，此時期必開放文化上新的光彩。

每一個循環，其史蹟之演進，在它的時間上與前後的因果上，表現出一種不可理解的機械式合同性，故上一循環與下一循環，其形貌如出一轍。像李博士所說：每一循環的相當時期，大約適當文化發揚期之初期，總有一次偉大工程之興築，然每度必遭不幸之毀滅。第一週期中，有秦始皇雄偉的萬里長城，以及華麗的阿房宮，曾幾何時，阿房宮便燬於火，延燒綿亙三月之久；第二週期，則隋代有運河之開鑿，隋煬帝也建築過瑰偉的離宮，窮奢而極侈；第三週期，則有長城之改築，此改築之形式，即遺留至今之面目。當明代永樂皇帝之際，曾開鑿幾條新的運河，並興建水閘，著名的《永樂大典》，亦為這個時期的一大功業。

此等循環期包括：一、從秦代到六朝韃靼民族之入侵（紀元前二二一年—紀元五八八年），凡八百三十餘年；二、從隋朝至蒙古族入侵（五八九—一三八七），凡七百八十年；三、即目前之週期，自明初以迄今日，這一個週期還未屆結束的期限，但由過去六百年之史蹟觀之，其演進仍恪遵前期之軌跡，明清兩代之五百年太平，好像已完成了它的任務，一八五〇年之太平軍革命，掀起了第一陣內戰的大波，吾人現正處於荒亂與戰禍交進的上升階段上，此交進之進展，務求所以相稱於歷代遺傳之公式，一九二七年之遷都南京，便可見之。

它幾乎是在預先警告我們，未來這尙未兌現的兩百年，南北將分裂，華北將被異族所征服。

在這裏轉載這些圖表，一方面是因爲它們原本就有趣，另一方面則是因爲它們極其簡要，兩千餘年的中國政治史，只要兩頁，就能涵括。曲線代表中國本土發生戰爭的次數。

李博士又說，先於圖表第一週期之周代，其史蹟演進亦復相同。周代爲中國文化第一次大放光芒的時期，周室始祖踐祚於紀元前一一二三年，凡歷九百年而滅亡。第一個半期四百五十年，那時中國內部比較平靖而強盛，及至紀元前七七〇年，已受西北異民族之壓迫，京都不得不東遷洛邑。從那時起，戰爭不息，列國諸侯之併吞攘奪，糾紛日甚，中央政府漸失

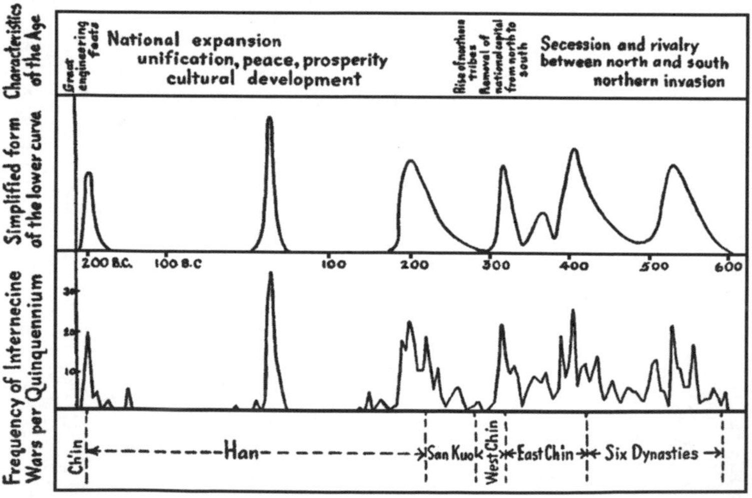

第一個循環(西元前221年至西元588年)

共約830年

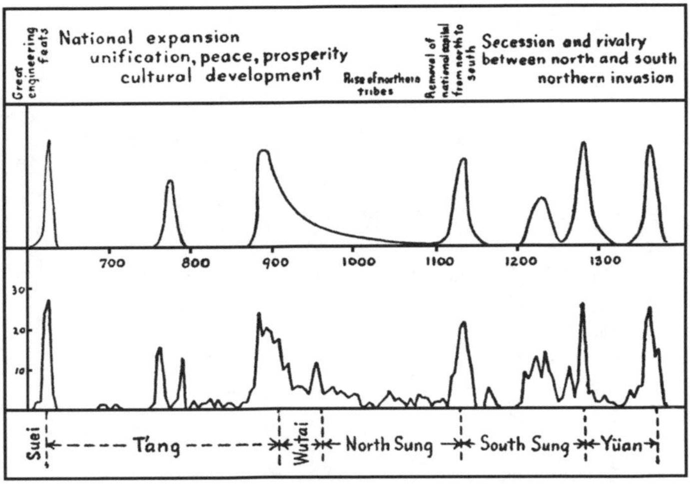

第二個循環(西元589至1367年)

共約780年

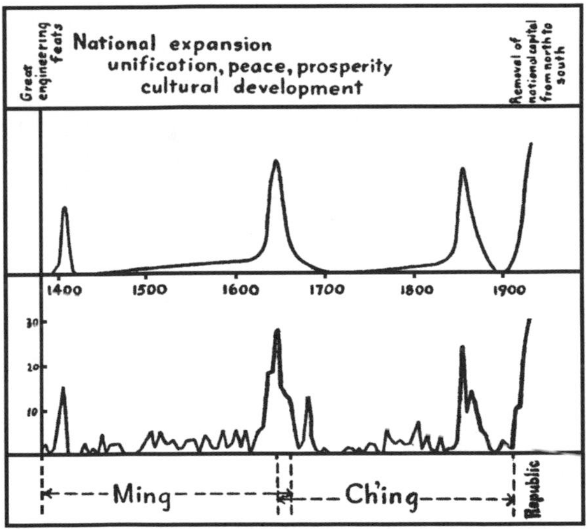

當前的循環(從西元1368年至現在)

其統御封建君主之權力。自紀元前七二二年至四八一年，爲孔子編年史《春秋》一書之斷代紀年，此時期因謂之春秋時代。自四〇二年至二二一年則謂之戰國時代，彼時楚國逐漸膨大，占有疆土幾包括中國南部開化居民區之全部。此週期至秦民族崛起，始皇帝併吞諸侯而統一中國，乃告結束。秦民族乃混合有未開化民族之血胤及外國風俗習慣之新興民族。

此一事實，引起了人種學上的、經濟上的或風土上的解釋。而人口過剩，似乎是主要原因，然在其自然法則下，大概可以維持四五百年之承平。世界任何國家，能保持和平及其文化連綿四五百年之久者，歷史上殆缺乏先例。中國何以能獨處例外，殆無理由可以解答。但試將中國文學史做一觀察，似可發現另一顯明之解釋。每當南北分裂，擾攘紛紜之際，道德機構之崩壞，常反映於詩歌及其他文學作品，本章第一節所舉之幾首小詩，可見一斑，第一週期北方民族入侵時期，稱爲六朝，自東晉以迄隋室統一中國，此一時期中，華北完全被制於蠻族的戰勝者統轄之下；第二週期的北族入侵，始自南宋而迄蒙古民族建立之元朝，這一時期的社會風尚之女子氣，以及文學風格之卑下，適相當於六朝時之生活，六朝以其浮華綺靡之駢體文著稱，而宋元之際，則發育一種優柔色情之詞曲。此等詩文，其風格所以卑下，並非失於字面之貧乏，而失於字面之過於繁縟；凡鋪文陳辭，其字義之輕重深淺，分別務求精細工巧，不復涵蘊淳樸之田野風味，卻爲扭扭捏捏、穠艷細膩之閨閣氣。中國人在此等時期中，常顯出對某種文字聲韻上的新嗜好，一方面產生精細的文學藝術批評，並崇尚風雅的貴族生活習慣。

因爲那些時期中，吾們常見繪畫與書法之發達，貴族階級起而傳襲藝術之系統，中國文學批評至六朝時始第一次抬頭，而中國第一個大書法家王羲之，出身於貴族家庭；亦適當於這個時期，政治的萎弱和恥辱，往往與藝術之纖巧並存，而此時期之南朝各君主，在政治上無力自保其皇位之安全，卻能寫得一手好詩。帝皇詩人如梁武帝、南唐李後主、南朝陳後主，皆為短祚之君皇，亦是情詩的聖手；南宋徽宗則為出色的畫家。

不過種族對抗的細菌，卻也在這種時候下種，因為北朝之雄主，只在朝廷的權力上把握住勝利者的地位，其下層基體仍為漢族。雄武的北魏統治階級屬於鮮卑族，不但接受漢族文化，且公開相互通婚；南宋時代之金（滿族）情形亦復相同；其機體內容，大部仍為漢人。如此史蹟之演化，實為一種醱酵作用之進行。此等時代又為文化上接受異族影響的時代，第一週期末之佛教及印度雕刻之傳入，第二週期末之蒙古戲曲及音樂之傳入，均為歷史上不可忽視之例證。至於人種混合的最清楚的實效，可發現於今日北方人語言與體格上之特性。他們那含有粗澀的變音的言語，高巍的體格，有趣而質樸的性情，都為其特徵。異族血胤的混合與文化之交織，即為中華民族所以長存之一大原因。

四　文化之鞏固作用

但上面所述，猶不足以解決全部問題，問題乃在中華民族如何始能挨過此等定期的政治危機，而不致滅亡於侵略者鐵蹄之下，如羅馬之消失於郎巴特人；他們的民族持續力及其吸收異族之性能苟藏於何種特點？只有將此等問題做深切之觀察，始能對於今日之情況，獲得一真實之認識。

所謂民族本質及民族持續力，可以說一部分是先天的，一部分是文化教育的結果，至中國布爾喬亞階級之倒退的特性，實有助於使漢族挨過政治災禍，而吸收異族血胤以漸達於革新，乃爲另一問題。在鞏固民族持續力的文化力量中，最有價値者，當首推中國之家族制度，蓋其組織既已十分完密，原則闡明又至爲詳細，故任何人均不能忘卻本人祖系之所屬。此種綿賡萬世而不絕之社會制度，中國人視爲超越現世一切之珍寶，這樣的心理，實含有宗教意味，加以祖先崇拜之儀式，益增宗教之色彩，故其意識已深入人心。

如此組織完善而含宗教性之家族制度，一旦與家族意識脆弱的異族人民相接觸，便發揮宏偉的效用。野蠻民族或其混血兒，必樂於加入家族，而分享家族世系延續之一部名分，並沉醉於一種美妙的理想，覺得一個人的軀殼雖死而其靈魂不滅，仍能生存於家族生命之巨川中。家族制度亦爲量產之直接誘因，蓋欲令林氏禋祀不絕，勢須降生許多林氏子孫也。

或許中國之能吸收河南猶太種人，端賴於家族制度之作用。現在河南的猶太種人，已全部同化於中國，他們不食豬肉之傳統留下來的只是記憶。猶太人之民族意識，早經埋沒於維繫著家族組織之中國人的較大民族意識中，結果在人種變化的園地上獲得一偉大的新收獲。至於種族意識比猶人爲弱，自尊觀念比猶人爲低的民族，例如韃靼民族，若侵入中國疆域，土著的漢族常保有超越乎侵略者的優勢，其理固甚明顯。故不問政治下之變化果將伊於胡底，中國的家族制度將永遠結合中華民族爲一個整體。

另一鞏固中國社會機構的文化力量，爲中國社會上固定階級之完全不存在。因是地位升晉之機會絕對公開，人人得經由考試制度以取功名。家族制度的存在，使子孫蕃育，擴大民族之量，而考試制度之施行，則選拔才智，鼓勵求學，提高民族之質，二者相輔而行，使中華民族永久長存，不可滅息。考試制度之確立，始自唐代。其雛形則脫胎於漢代之選舉制度。中國俗諺有云：「將相本無種」，實即為考試制度之基本原理。洎夫魏晉以後（第三至四世紀），選舉監督權的變更，演成一種新的制度，設立所謂「九品中正」，專司評定當地人物，供作政府用人的標準，各級中正係取本處人在諸府公卿及台省郎吏有德望者充任，中正既為官吏，多接近蒙門世族，評議人物因而往往有偏私之弊，殊有利於權勢之家而失選舉之實，致當時有諺：「上品無寒門，下品無世族。」於是高門華閥，有世及之榮，庶姓寒人，無寸進之路，故晉代曾產生特殊之貴族階級。

唐代確立之考試制度，所謂「科舉」，其內容雖不免經下代屢屢更改，制度本身則延至一九〇五年壽終正寢，一直維持仕途上開放之門戶，使人人得由貧賤進取功名。不過科舉制度在性質上不免近於機械化，不足以吸引天生的奇才，只適宜於選拔中等的幹才，故可視為智識考試。此種制度使鄉村的才幹之士不斷向城市移入，藉以補充上層階級之種族精力之消耗，一面復維持內部人才再生之週期循環，此種作用，於社會的健全至關重要。吾人概觀千數百年來之史蹟，深信此種考試制度對於統治階級之品質，定已發生汰劣存優之效用，故能維護社會之鞏固機體。

然其作用有更重要於此者，則為統治階級不獨來自農村，他們且復歸於農村，因為鄉村典型的生活，常被視為最理想的優美生活。農村的理想表現於藝術哲學及生活者，如此深植於一般中國人之意識中，應亦為今日民族健康之一大因素。中國生活典型之創始者能於原制的生活習慣與文明二者之間維持一平衡，其手段豈非巧妙？豈非此健全的本能，導使中國人崇尚農耕文明而厭惡機械技巧，並採取一種單純的生活？豈非此健全的本能，發明人生的愉快而能使人不致勞形役性，因而在繪畫中、文學中，一代一代的宣揚著「歸田」思想？

因爲愈接近自然，愈能保持體格上與道德上之健康狀態。生活在鄉村裏的人不會腐化，生活在都市裏的人才會腐化。一般學者以及住居城市煩膩了的小康之家，自然而然不斷發生讚美田園生活的呼聲。著名學者之家書及家訓裏頭，隨處充溢著這樣的理想，不啻描繪出中國「文明的容貌」之一重要表情，它對於中華民族之長存，實有微妙而淵博之貢獻。著者暇時曾隨手選出一篇鄭板橋致其介弟之家書，內容天真可愛，堪列於世界偉大作品之林：

吾弟所買宅，嚴緊密栗，處家最宜。唯是天井太小，見天不大，愚兄心思曠遠，不樂居耳。是宅北至鸚鵡橋不過百步，鸚鵡橋至杏花樓不過三十步，其左右頗多隙地；幼時飲酒其傍，見一片荒地，半隄衰柳，斷橋流水，破屋叢花，心竊樂之；若得制錢五十千，便可買地一大陂，他日結茅有在矣。吾意欲築一土盧院子，門內多栽竹樹草花，用碎磚鋪曲徑一條，以達二門：其內茅屋二間，一間坐客，一間作房，貯圖書史籍筆墨硯瓦酒鍾茶具其中，為良朋好友後生小子論文賦詩之所。其後住家主屋三間，廚房二間，奴子屋一間。共八間。俱用草苫，如此足矣。清晨日尚未出，望東海一片紅霞，薄暮斜陽滿樹，立院中高處，便見煙水平橋。家宴客，牆外人亦望見燈火尚在。南距汝家百三十步。東至小園，僅一水，實為恆便。或曰：「此等宅居甚適，進盜賊。」不知盜賊亦窮民耳，開門廷入，商量分惠，有什麼便拿什麼去；若一無所有，便王獻之青氈亦可攜取，質百錢救急也。吾弟留心此地，為狂兄娛老之資，不知可能遂願否？

這一篇文字，可以說是中國文學的典型情緒。此種鄭板橋之田園思想基於其同情於貧苦農夫的詩意，此詩意天然趨合於道教精神。至於曾國藩之田園思想則基於保存家族的理想，故密切接近於孔教之家族制度。田園生活的思想，實即為社會制度之一部分，這社會制度使家族成為政治教育制度的一個單位，並為政治教育制度的一個分部，而政治教育制度又使鄉村成一單位。曾國藩身居顯要，手握兵權，而其致子姪輩的家書，輒復殷殷以奢侈生活為戒，勉以耕種菜圃，施肥養豬之務，此等勉勵樸素勤勞之勸告，蓋含有希望保守家族繁榮之目的，其意固甚明顯也。

假令樸素能令家族之繁榮持久，則同樣亦可使國家之繁榮持久。曾國藩的理想很容易明瞭，他以為：大抵仕宦之家，子弟習於奢侈，繁榮只能延及一二世；經商貿易之家，勤勉儉約，則能延及三四世；而務農讀書之家，淳厚謹飭，則能延及五六世；若能修德行，入以孝悌，出以忠信，則延澤可及七八世。

故曾國藩以養魚、養豬、種蔬、種竹，為內政四要，其致諸弟家書中云：

……家中種蔬一事，千萬不可怠忽。屋門首塘中養魚，亦有一種生機，養豬亦內政之要者。下首台上新竹，過伏天後有枯者否！此四者可以覘人家興衰氣象，亦所以恪守祖訓，示範兒孫，宜時時留意……

其著重淳樸蓋如此。

自顏之推（五三一—五九二）、范仲淹（九八九—一〇五二）、朱熹（一一三〇—一二〇〇）以降，以迄陳宏謀（一六九六—一七七一）和曾國藩（一八一一—一八七二），各家家訓不知何故，一致主張以勤勞節儉、生活淳樸作爲家族理想，而且認爲，它是民族最良善的傳統道德。家族制度總是把自己編排進田園形式的生活裏，且與生活不可分割。simplicity是希臘文中極偉大的字；Simplicity的中文「淳樸」，在中文裏也是極了不得的詞語。好像人類既知道了文明的利益，也瞭解了它的危險性。人類知道了生活快樂很幸福，同時也警覺它朝生暮死的本質，害怕遭神明所忌，故寧願得到的快樂較淳樸，但較持久。因爲享受了人生過多的美好事物，照中國人的說法，會「折福」——減損此生之大量福分。所以，「人當趨福避禍，兩加審慎！」明末有位學者曾說：「取其清福」，不知何故，中國人胸臆中，對此皆有共鳴。蓋人生禍福難料，以致返璞歸真乃成爲安身立命的最佳方法。中國人從直覺就知道，一定要這樣。他們欲求家族綿延長存，而民族卻也因之而長存。

五　民族的童年

由此看來，中國人民之避免政治墮落的危機，乃由於其天性之不信任文明而保持原始生活之習慣。因而中國人所謂之「文明」，似應用施以修改之意義去領會它。即一種文明，乃愛好原始狀態之文明，而非為與原始狀態脫離之文明。當然，這也不是一種萬應藥膏的文明，它非能永遠保證無流血暴亂的時期，亦不能使戰爭、饑荒、水災絕跡於人寰。

過了兩千年可稱為文明的生活，仍能產生這樣的生活史料，使文學家資以寫出一部出色的故事，像《水滸》，《水滸》的時代背景是那樣的惡劣腐敗，至有人肉可食之感，不啻揭露了文明大破壞的社會機構之謎，宋江、李逵，以及其他梁山好漢，雖距離孔子時代已歷千五百年，但是吾們不覺得他們是已式微文明的代表性人物，而寧可把他們看作逍遙自在的孩童，生長於文化初露曙光、生命尚無保障的年代中。這個民族好像未因孔教的洗禮而完全成熟，還在享受著綿長的童年生活。

於是不免引起民族機構上絕大的一個有趣問題：倘把中華民族當作一個人種學上的實體，她所表現的特性，果真不像老年人而像童年時代，遠未屆達民族的成熟期乎？這一點，可以分幾層說，中國在文化上是年老了，而種族的生命卻是還年輕。這一個理論，現代人類學者間已有不少同持此說。格里菲思．泰勒（Griffith Taylor）因而把中國列入人類進化之最幼層，哈夫洛克．埃利斯（Havelock Ellis）亦指亞細亞人民為民族的近於嬰孩之特性者，蓋鑒於亞細亞人民猶保存由兒童淳樸天性所發生的柔順、融合，而近於原始人民的本質，尚未達於特性的發展期。故「延長之童年」似較為適宜之名詞，若施以「幼稚性」「停止發展」「沉滯性」等等名稱，則易滋誤解。

中國的文化沉滯是一個人僅觀察外表而不明瞭內在生活所發生的錯誤概念。你只消想想近代中國瓷器的發達，它不是像西人所想像，以為是從孔子時代就發展而遺傳下來的，卻直至第十世紀，這種工藝才萌芽。隨後緩緩進步，迨十七世紀康熙乾隆年間，始達到完美之境地，這一個時期，離吾人不遠，宛似猶在目前。漆器、印刷、繪畫之進步，亦殊遲緩，但每一朝代，總能推進一步，大名鼎鼎的中國作風之繪畫，產生迄今，亦未滿千年，這是中國舊文化的晚近時期。在文學方面，你也只消看散文詩和奇情小說的發達之晚——《水滸》與《西遊記》應認作散文詩及奇情小說——它們的完成期，應在十四世紀後，距離孔子、老子之生卒年代幾及兩千年。

很可怪，中國古代未有散文詩，或許它們是遭了厄劫而散失了，竟未剩留一絲痕跡到現代。紀事詩至漢代始出現，且產品不多。戲曲發達於元代，時已第十一世紀，幻想小說如《西遊記》出於同時。那時中國人的理想受了佛教思想的刺激。像這樣的小說，僅至第九世紀始行萌芽，發達成熟猶爲十四五世紀（明代）事，清初，爲小說發達之最盛時期，《紅樓夢》即於此時出世，此書堪與《克拉麗莎》（Clarissa Harlowe）相匹敵，而適又爲同時期的作品。假令中國文化生命在孔子後數世紀便繁榮而萎謝，如希臘天才之命運，則所能遺留給吾人者，恐只少量之德行格言及民間歌謠而已，安復有偉大的繪畫、小說、建築以光耀此世界的藝壇？這樣的史實，聞之一若吾人所盼望者，不是像希臘與羅馬之文化，在他們年輕的黃金時代，發育成熟而達全盛期；而盼望民族的童年時代之延長，歷數千年而後達於全盛期，那時或仍興奮著以期精神上之進步。

第二章　中國人之德性

一　圓熟

德性「Character」是一個純粹英國典型的字，除了英國以外，在教育和人格的理想上，把「德性」看得像中國那樣著重之國家，恐怕是很少很少。中國人的整個心靈好像被它所控占著，致使他們的全部哲學，直無暇以計及其他。全然避免離世絕俗的思想，不捲入宗教誇耀的宣傳，這種建樹德性的中心理想，經由文學、戲劇、諺語勢力的傳導，穿透到最下層的農夫，使他有一種可憑藉以資遵奉的人生哲理。不過英語Character一字，尚表現有力量、勇氣、癖性的意義，有時更指當憤怒失望之際所現的抑鬱；而中文中的「德性」一語，使吾人浮現的意象則是一個性情溫和而圓熟的人物，他處於任何環境，皆能保持一顆鎮定的心，清楚地瞭解自己，亦清楚地瞭解同儕。

宋代理學家深信「心」具有控制感情的優越勢力，並自負地斷言，人苟能發明自己的本心並洞悉人生，則常能克勝不利之環境。《大學》爲孔教的入門書籍。中國學童初入學，常自讀此書始，它把「大學之道」定義為「在明明德」，這樣的意義，殆不可用英語來解釋，只可以說是智識的培育發展而達於智慧的領悟。人生和人類天性的圓熟的領悟，常為中國德性的理想；而從這個領悟又抽繹出其他美質，如和平、知足、鎮靜、忍耐，這四種美質即所以顯明中國人德性之特徵。德性的力量實際即為心的力量，孔門學者作如是說：當一個人經過智育的訓練而養成上述的德行，則吾們說，他的「德性」已經發育了。

往往此等德性的修進，得力於孔教的宿命論。宿命論乃和平與知足之源泉，適反乎一般所能置信者。一位美麗而有才幹的姑娘，或欲反對不適合之婚姻，但倘值一個偶然的環境使她與未婚夫婿不期而遇，則可使她信以為這是天意欲牽合此一對配偶，她馬上可以領悟她的命運而成為樂觀知足之妻子，因為她的心目中，丈夫是命中注定的冤家，而中國有句俗語，叫作「冤家路窄」。有了這樣的理解，他們會相親相愛，又時時會吵吵鬧鬧，扭作一團，打個不休，所謂歡喜冤家。因為他們相信頂上三尺有神明，而這神明卻監臨下界，有意使他們免不掉此等吵吵鬧鬧玩把戲。

吾們倘把中華民族加以檢討，而描繪出他們的民族德性，則可以舉出下列種種特徵：（一）穩健，（二）淳樸，（三）愛好自然，（四）忍耐，（五）無可無不可，（六）老滑頭，（七）生殖力高，（八）勤勉，（九）儉約，（十）愛好家庭生活，（十一）和平，（十二）知足，（十三）幽默，（十四）保守，（十五）好色。大體上，此等品性為任何民族都可能有的單純而重要的品性。而上述所謂德性中之幾項，實際乃為一種惡行，而非美德，另幾項則為中性品質，它們是中華民族之弱點，同時亦為生存之力量。心智上穩健過當，常削弱理想之力而減損幸福的發皇；和平可以轉化為懦怯的惡行；忍耐也可以變成容納罪惡的病態之寬容；保守主義有時可成為遲鈍怠惰之別名，而多產對於民族為美德，對於個人則為缺點。

但上述一切性質都可以統括起來包容於「圓熟」一個名詞裏頭。而此等品性是消極的品性，它們顯露出一種靜止而消極的力量，非是年輕的活躍與羅曼斯的力量。它們所顯露的文化品性，好像是含有以支持力和容忍力為基礎之特質，而沒有進取和爭勝精神的特質。因為這種文化，使每個人能在任何環境下覓取和平，當一個人富有妥協精神而自足於和平狀態，他不會明瞭年輕人的熱情於進取與革新具有何等意義。一個老大民族的古老文化，才知道人生的真價值，而不復虛勞以爭取不可達到之目的。中國人把心的地位看得太高，以致剝削了自己的希望與進取欲。他們無形中又有一條普遍的定律：幸福是不可以強求的，因是放棄了這個企望，中國常用語中有云：「退一步著想」，故從無盲進的態度。

所謂圓熟，是一種特殊環境的產物。實際任何民族特性都有一有機的共通性，其性質可視其周圍的社會、政治狀況而不同，蓋此共通性即為各個民族所特有的社會政治園地所培育而發榮者也。故「圓熟」之不期然而出產於中國之環境，一如各種不同品種的梨出產於其特殊適宜的土地。也有生長美國的中國人，長大於完全不同的環境，他們就完全不具普通中國人之特性；他們單純的古怪鼻音，他們粗率而有力的言語，可以衝散一個教職員會議。他們缺乏東方人所特具之優點：柔和的圓熟性。中國的大學生比之同年齡的美國青年來得成熟蒼老，因為初進美國大學一年級的中國青年，已不甚高興玩足球、駕汽車了。他老早另有了別種成年人的嗜好和興趣，大多數且已結過了婚，他們有了愛妻和家庭牽掛著他們的心，還有父母勞他們懷念，或許還要幫助幾個堂兄弟求學，負擔使得人莊重嚴肅，而民族文化的傳統觀念亦足使他們的思想趨於穩健，早於生理上自然發展的過程。

但是中國人的圓熟非自書本中得來，而出自社會環境，這個社會見了少年人的盛氣熱情，會笑出鼻涕。中國人有一種輕視少年熱情的根性，也輕視改革社會的新企圖。他們譏笑少年的躁進，譏笑「天下無難事」之自信，所以中國青年老早就被教導在長者面前縮嘴閉口，不許放肆。中國青年很快理會這個道理，因此他們不肯憨頭憨腦，硬撐革新社會的計劃，反而附從譏評，指出種種可能的困難，不利於任何新的嘗試。如此，他踏進了成熟的社會。於是留學生自歐美回國了，有的亘亘赫赫地製造牙膏，叫作「實業救國」；或者翻譯幾首美國小詩，叫作「介紹西洋文化」。又因他們須擔負大家庭生活，又要幫助堂兄弟輩尋覓位置，假使他任職教育界，勢不能常坐冷板凳，必須想個方法巴求飛黃騰達，譬如說做個大學校長，這才不失為家庭的好分子。這樣向上攀爬的過程，給了他一些生命和人性上不可磨滅的教訓。假使他忽略了這種種經驗，仍保持其年輕熱血的態度，到了三十歲還興奮地主張改進革新，那他倘不是徹底的獃子，便是搗亂分子。

二　忍耐

讓我先來談談三大惡劣而重要的德性：忍耐、無可無不可、老滑頭。它們是怎樣產生的？吾相信這是文化與環境的結果，所以它們不必是中國人心理狀態的一部分。它們存在迄於今日，因為我們生存於數千年特性的文化與社會的勢力下。倘此等勢力除去，其品性亦必相當地衰微或消滅，為天然之結論。忍耐的特性為民族謀適合環境之結果，那裏人口稠密，經濟壓迫使人民無盤旋之餘地，尤其是家族制度的結果，家庭乃為中國社會之雛形。無可無不可之品性，大部分緣於個人自由缺乏法律保障，而法律復無憲法之監督與保證。老滑頭導源於道家之人生觀——老滑頭這個名詞，恐猶未足以盡顯這種品性的玄妙內容，但亦缺乏更適當的字眼來形容它。當然，上述三種品性皆源導於同一環境，其每一品性列舉一原因者，乃為使眉目較為清楚耳。

忍耐為中國人民之一大美德，無人能猜想及有受批駁之虞。實際上它所應受批駁的方面，直可視為惡行。中國人民曾忍受暴君、虐政、無政府種種慘痛，遠過於西方人所能忍受者，且頗有視此等痛苦為自然法則之意，即中國人所謂天意也。四川省一部分，賦稅預徵已達三十年之久，人民除了暗中咒罵，未見有任何有力之反抗。若以基督徒的忍耐與中國人做一比較，不啻唐突了中國人，中國人之忍耐，蓋世無雙，恰如中國的景泰藍瓷器之獨步全球，周遊世界之遊歷家，不妨帶一些中國的「忍耐」回去，恰如他們帶景泰藍一般，因為真正的個性是不可摹擬的。吾們的順從暴君之暴斂橫徵，有如小魚之游入大魚之口，或許吾們的忍苦量假使小一些，吾們的災苦倒會少一些，也未可知。可是此等容忍磨折的度量今被以「忍耐」的美名，而孔氏倫理學又諄諄以容忍為基本美德而教誨之，奈何奈何。吾不是說忍耐不能算是中國人民之一大德性。基督說：「可祝福哉，溫良謙恭，惟是乃能承受此世界。」吾不敢深信此言。中國真以忍耐德性承受此半洲土地而守有之乎？中國固把忍耐看作崇高的德性，吾們有句俗語說：

「小不忍則亂大謀。」由是觀之，忍耐是有目的的。

訓練此種德性的最好學校，是一個大家庭，那兒有一大群媳婦舅子、妹倩姊夫、老子和兒子，朝夕服習這種德性，竭力互相容耐，在大家庭中，即掩闥密談，亦未免有忤逆之嫌，故絕無個人迴旋之餘地。人人從實際的需要以及父母的教訓，自幼受了訓練使互相容忍，俾適合於人類的相互關係。深刻而徐進的日常漸漬之影響於個性是不可忽視的。

唐代宰相張公藝以九代同居爲世所豔羨。一日，唐高宗有事太山，臨幸其居，問其所以能維持和睦之理，公藝索一紙一筆，書「忍」字百餘爲對，天子爲流涕，賜縑帛而去，中國人非但不以此爲家族制度之悲鬱的注解，反世世羨慕張公之福，而「百忍」這句成語，化成通俗的格言，常書寫於硃紅箋以爲舊曆元旦之門聯。只要家族制度存在，只要社會建立於這樣的基礎上，即人不是一個獨立個體，但以一個分子的身分生活於和諧的社會關係中，那很容易明瞭忍耐何以須視爲最高德性，而不可免地培育於這個社會制度裏頭。因爲在這樣的社會裏頭，「忍耐」自有其存在之理由。

三　無可無不可

中國人的忍耐雖屬舉世無雙，可是他的無可無不可，享盛名尤爲久遠。這種品性，吾深信又是產生於社會環境。下面有一個對照的例子，故事雖非曲折，卻是意味深長，堪爲思維。吾人且試讀英國古典文學裏湯姆·布朗（Tom Brown）母親的臨終遺訓：「把頭抬高，直接回答。」再把中國母親的傳統遺囑來做一對比，她們總是千叮萬囑的告誡兒子：「少管別人閒事。」她們爲什麼這樣叮嚀，就因爲生存於這一個社會裏，個人的權利沒有一絲法律的保障，只有模稜兩可的冷淡消極態度最爲穩妥而安全，這就是它的動人之處，此中微妙之旨固非西方之所易於理會。

據吾想來，這種無可無不可態度不會是人民的天生德性，而是我國文化上的一種奇異產物，是吾們舊世界的智慧在特殊環境下熟籌深慮所磨練出來的。泰納（Taine）說過，罪惡和美德有如糖與硫酸之產物。使非採取這種絕對的見解，你不難同意於一般的說法，謂任何德性，如容易被認爲有益的，則容易動人而流行於社會，亦容易被人接受爲生命之一部。

中國人之視無可無不可態度猶如英國人之視洋傘，因爲政治上的風雲，對於一個人過於冒險獨進，其險惡之徵兆常似可以預知的。換句話說，冷淡之在中國，具有顯明的「適生價值」。中國青年具有公衆精神不亞於歐美青年，而中國青年之熱心欲參與公共事業之願望亦如其他各國之青年，但一到了二十五至三十歲之間，他們都變得聰明而習於冷淡了（吾們說：「學乖了」）。中國有句俗話說：「各人自掃門前雪，莫管他人瓦上霜。」淡淡之品性，實有助於圓熟和教育。有的由於天生的智質而學乖了，有的因干預外事惹了禍，吃了一次兩次虧而學乖了。一般老年人都寫寫意意玩著不管閒事的模稜兩可把戲，因爲老滑頭都認識它在社會上的益處，那種社會，個人權利沒有保障。那種社會，因管了閒事而惹一次禍就了無興致。

無可無不可所具的「適生價值」，是以含存於個人權利缺乏保障，而干預公共事務或稱爲「管閒事」者太熱心即易惹禍之事實。當邵飄萍和林白水——吾們的兩位最有膽略之新聞記者——一九二六年被滿洲軍閥槍斃於北平，曾未經一次審訊，其他的新聞記者自然馬上學會了無可無不可之哲理而變得乖巧了。中國最成功的幾位新聞記者便是幾位自己沒有主張的人。像中國一般文人紳士，又像歐美外交家，他們方自誇毫無成見。不論對於一般的人生問題或當前轟動的問題，他們都沒有成見。他們還能幹什麼呢？當個人權利有保障，人就可變成關心公益的人。而人之所以兢兢自危者，實爲誹謗罪之濫施。當此等權利無保障，吾們自存的本能告訴我們，不管閒事是個人自由最好的保障。

易言之，無可無不可本非高値之德性而爲一種社交態度，由於缺乏法律保障而感到其必要，那是一種自衛方式，其發展之過程與作用，無以異於忘八蛋之發展其甲殼。中國出了名的無情愫之凝視，僅不過是一種自衛的凝視，得自充分之教養與自我訓練。吾們再舉一例證，則此說尤明。蓋中國之盜賊及土匪，他們不須依賴法律的保障，故遂不具此種冷淡消極之品性，而成爲中國人心目中最俠義、最關心社會公眾的人。中國文中俠義二字幾不可區別地與盜匪並行：《水滸》一書，可爲代表。敘述草莽英雄之小說，在中國極爲風行，蓋一般人民樂於閱讀此等英雄豪傑的身世及其行事，所以寄其不常之氣焉。格林（Elinor Glyn）之所以風行，其緣由亦在乎此，蓋美國實存有無數之老處女在焉。強有力之人所以多半關心公眾社會，因爲他力足以任此，而構成社會最弱一環之大眾懦弱者流，多半消極而冷淡，蓋彼等須先謀保護自身也。

觀之歷史，則魏晉之史蹟尤足爲此說之證明，彼時智識階級對國事漠不關心，意氣至爲消沉，乃不旋踵而國勢衰微，北部中國遂淪陷於胡族。蓋魏晉之世，文人學士間流行一種風氣，縱酒狂醉，抱膝清談，又復迷信道家神仙之說，而追求不死之藥。這個時代，自周漢以後，可謂中華民族在政治上最低劣的時代，代表民族腐化過程中之末端，浸漸而演成歷史上第一次受異族統治之慘禍。此種清靜淡漠之崇拜，是否出於當時人之天性，假若不是，則何由而產生演變以成。歷史所予吾人之解答，極爲清楚而確鑿。

直至漢代以前，中國學者的態度並不冷淡而消極，反之，政治批評在後漢盛極一時，儒生領袖與所謂大學生達三千人，常爭議當時政弊，訐揚幽昧，膽敢攻擊皇族宦官，甚至涉及天子本身，無所忌諱。只因爲缺乏憲法保障，此種運動卒被宦官整個禁壓而結束。當時學士二三百人連同家族，整批的被處死刑或監禁，無一倖免。這樁案件發生於一六六至一六九年，爲歷史上有名之黨錮，且刑獄株連甚廣，規模宏大，辦理徹底，致使全部運動爲之夭折，其所遺留之惡劣影響，直隔了百年之後，始爲發覺。蓋即發生一種反動的風尚而有冷淡清靜之崇拜。與之相輔而起者，爲酒狂，爲追逐女人，爲詩，爲道家神學。有幾位學者遁入山林，自築泥屋。不設門戶，飲食關一窗口而授入，如此以迄於死，或則佯作樵夫，有事則長嘯以招其親友。

於是繼之又有竹林七賢之產生，此所謂竹林七賢，均屬浪漫詩人。如劉伶者，能飲酒累月而不醉，嘗乘鹿車，攜一壺酒，使人荷鍤而隨之，曰：死便埋我。當時人民不以爲忤，且稱之爲智達，那時所有文人，流風所披，或則極端粗野，或則極端荒淫，或則極端超俗。似另一大詩人阮咸，嘗與婢女私通，一日方詣友人處宴飲，賓客滿座，其妻即於此時伺隙遣此婢女去，咸聞之，索騎追蹤，載與俱歸，不避賓客；可謂放誕。而當時受社會歡迎的乃即是這般人。人民之歡迎他們，猶如小烏龜歡迎大烏龜之厚甲殼。

這裏我們好像已經指明了政治弊病之禍，因而明瞭無可無不可之消極態度之由來，此冷淡之消極態度亦即受盡現代列強冷嘲熱諷之「中國人無組織」之由來。這樣看來，醫治此種弊病的對症良藥，很為簡單，只要給人民的公民權利以法律之保障。可是從未有人能見及此。沒有人巴望它，也沒有人誠意熱切地需要它。

四　老滑頭

不妨隨便談談，中國人最驚人的品性是什麼？一時找不出適當的名詞，不如稱之為「老滑頭」。這是向西方人難以傳達而最奧妙無窮的一種特性，因為它直接導源於根本不同於西方的人生哲學。倘拿老滑頭的人生觀與西方文明結構做一比較，則後者似乎就顯得太稚嫩而未臻成熟。假設九月的清晨，有一位年輕小夥子，想把正在烤火爐的老祖父拖出去一同洗海水浴，而老人家卻不願意，那時少年可能會顯得怒氣衝天，而那老年人則僅僅好玩地笑一笑。這一笑便是老滑頭的笑，不過很難說哪一個才對。這一切少年性情的匆促與不安定，將招致怎樣的結果呢？而一切興奮、自信、掠奪、戰爭、激烈的國家主義，又將招致怎樣的結果呢？一切又都是為了什麼呢？對這些問題一一加以解答，也是枉費心機，強制一方面接受另一方面的意見，也是同樣徒然，因為這一切的一切，都是年齡的問題。

老滑頭是一個閱歷豐富的人，他既現實，又漠不關心、不求上進。就其長處而言，老滑頭給你圓融而和悅的脾氣，這就是許多小姑娘樂於下嫁老頭兒的原因。假使人生值得什麼，那就是它教了我們和氣慈祥這一課。中國人早已體會出此中三昧，不過並非因為發覺它有什麼宗教上的報償，而是得自深奧廣博的觀察與對人生無常的理解。這個極爲狡黠的哲學觀念可以下面兩位唐代詩僧的對話作爲代表：

一日，寒山謂拾得：「今有人侮我，辱我，慢我，冷笑笑我，藐視目我，毀我傷我，嫌惡恨我，詐譎欺我，則奈何？」拾得曰：「子但忍受之，依他，讓他，敬他避他，苦苦耐他，裝聾作啞，漠然置他。冷眼觀之，看他如何結局。」

此種老子的精神，以種種形式，時時流露於吾國的文詞、詩、俗語中；欲舉例子，俯拾即是；如「負一子而勝全局」，「三十六著，走爲上著」，「好漢不吃眼前虧」，「退一步著想」，都是出於同一根源的態度。此等應付人生之態度，滲透了中國思想的整個結構。人生於是充滿了「三思」，充滿了「三十六著」；人的稜角磨平了之後，就能達到中國文化特徵的真正圓熟的境地。

就其弊病而言，老滑頭——中國智慧的終極產物——妨礙了理想和行動。它粉碎了一切革新的願望，它譏誚人類的一切努力，認爲是枉費心機，它使中國人失卻思維與行動之能力。它用一種神妙的方法，減弱一切人類的活動至僅敷充饑及單純維生所需之程度。孟子是一個大滑頭，因爲他宣稱人類的主要願望爲飲食和女人——或養與生，所謂食色性也。已故大總統黎元洪也是一個大滑頭，因爲他宣布將以一己服膺的中國政治格言「有飯大家吃」來解決中國的黨爭。黎總統不知道自己是一位冷酷的現實主義者，他說的話比他所知道的高明，因爲他從經濟的觀點解釋了中國的現代史。拿經濟的眼光來解釋歷史，對中國人而言並不新奇，亦猶如左拉（Émile Zola）學派之拿生物學來解釋人生。在左拉，這是智識的嗜好，而在中國，則是民族的自覺。現實主義者之在中國，非學而能，乃生而能者。黎元洪從未以深思熟慮著稱，但是因爲他是中國人，就本能地覺得一切政治問題無非是飯碗問題；做爲一個中國人，他給中國政治下了一則我所知最精深的解釋。

此冷淡而又實利的態度，基於極爲巧妙的人生觀，這種人生觀只有耆艾的老人和耆艾的民族始能體會其中三昧，不滿三十歲的年輕人還不夠瞭解它，所以歐美的年輕民族也還不夠瞭解它。故《道德經》著者老子之所以名爲「老子」，似非偶然。有些人說，任何人一過了四十歲，便成壞騙子，無論怎樣，吾們年紀愈大，愈不要臉，那是無可否認的。二十左右的女孩，不大會爲了金錢目的而嫁人，四十歲的女人，不大會不爲金錢目的而嫁人——她們或許稱之爲穩當。希臘神話中講過這麼一件故事，不能謂爲想入非非；故事講年輕的伊加拉斯因爲飛得太高，直讓蠟質的翅翼都融化了，致撲落跌入海洋了。至於那老頭兒譚達拉斯則低低的飛著，安安穩穩地飛到了家中。當一個人年紀長大了，他發展了低飛的天才，而他的理想又揉和之以冷靜慎重的常識，加之以大洋鈿之渴念。實利主義因是爲老頭兒之特性，而理想主義則爲青年人之特性。過了四十歲，他還不能成爲壞坯子，那倘不是心臟萎弱者，便該是天生才子。才子階級中便多有「大孩子」，像托爾斯泰（C. L. N. Tolstoy）、史蒂文生（Robert Louis Stevenson）、巴萊（SirJames Barrie）。這些人具有天性的孩子脾氣，孩子脾氣和合以人生經驗，使他們維持永久的年輕，我們稱之爲「不朽」。

這一切的一切，徹底說一說，還是純粹的道家哲學，無論在理論上或實際上；因爲世界上收集一切人生的滑頭哲學者，沒有第二部像老子《道德經》那樣短小——僅五千言——精深的著作。道家哲學在理論上和實際上皆有一些圓滑冷漠，和是非不分、不求上進的懷疑主義的意味，它訕笑所有人爲干預的徒勞，也嘲笑一切制度、法律、政府、婚姻之失敗；它也有一些不相信理想主義的意味，其原因，出於缺乏毅力者少，出於缺乏信心者多。它是一種與孔子實驗主義相對立的哲學，同時亦爲補救孔教社會之缺點的工具。因爲孔子之對待人生的眼光是積極的，而道學家的眼光則是消極的，由於這兩種根本不同的元素的鍛冶，產生一種永生不滅的所謂中華民族德性。

因是當順利發皇的時候，中國人人都是孔子主義者，失敗的時候，人人都是道教主義者。孔子主義者在吾們之間努力建設而勤勞，道教主義者則袖手旁觀而微笑。職是之故，當中國文人在位則講究德性，閒居則怡情吟詠，所作固多爲道家思想之詩賦。這告訴你爲什麼許多中國文人多寫詩，又爲什麼大半文人專集所收材料最多的是詩。

因爲道家思想有如嗎啡，含有神秘的痲痺作用，所以能令人感覺異樣的舒快。它治療了中國人的頭痛和心痛毛病。它的浪漫思想，詩意，崇拜天然，際亂世之秋，寬解了不少中國人的性靈，恰如孔子學說之著功盛平之世。這樣，當肉體受痛苦的時候，道教替中國人的靈魂準備了一條安全的退路和一服止痛劑。單單道家思想的詩，已能使孔教典型的嚴肅人生稍微可忍受一些了；而它的浪漫思想又救濟了中國文學之陷於歌頌聖德、道學說教之無意義的堆砌。一切優美的中國文學，稍有價值爲可讀的，能舒快地愉悅人類的心靈的，都深染著這種道家精神。

道家精神和孔子精神是中國思想的陰陽兩極，中國的民族生命所賴以活動者。

中國人民出於天性的接近老莊思想甚於教育之接近孔子思想。吾們忝屬人民一分子，人民之偉大，具有天賦人權，故吾人基於本質的公正概念，足以起草法典，亦足以不信任律師與法庭。百分之九十五的法律糾紛皆在法庭以外解決。

人民之偉大，又足以制定精細之典禮，但也足以看待它作為人生一大玩笑，中國喪葬中的盛宴和餘興就近乎此類。人民之偉大，又足以斥責惡行，但亦足以見怪不怪。人民又偉大足以發動不斷之革命，但亦足以妥協而恢復舊有之政制。人民又足以細訂彈劾官吏的完備制度、交通規則、公民服役條例、圖書館閱覽章程，但又足以破壞一切章程制度條例，可以視若無睹，可以欺瞞玩忽，並可以擺出超越的架子。吾們並非在大學校中教授青年以政治科學，示之以理想的行政管理，卻以日常的實例示以縣政府、省政府、中央政府，實際上怎樣幹法。不切實的理想於吾人無所用之，因為吾們不耐煩空想的神學。吾們不教導青年使成為上帝子孫。但使他們以言行模擬聖賢而為正常現世的人物。這是我為什麼確信中國人本質上是「唯人主義者」，而基督教必須失敗於中國，非然者，它必先大大的變更其內容。基督教教訓中所能被中國人所誠信接受之一部分，將為基督訓誡之如下述者：要「慈和如鴿」，「機敏如蛇」。此兩種德性，如鴿之仁慈與如蛇之智慧，是滑頭的兩大屬性。

簡言之，吾們固承認人類努力之必需，但亦須容忍它的虛妄。這一個普通心理上的狀態，勢必有一種傾向，發展被動的自衛的智力。「大事化小事，小事化無事」，在這一個基本原則下，一切中國人之爭論都草草了事，一切計劃綱領大事修改，一切革命方案大打折扣，直至和

惹睡狗」。平而大家有飯吃。吾們有句俗語說：「多一事不如省一事」，它的意義等於「勿生事」，「莫

人的生活像是蠕動於奮鬥力極弱、抵抗力極微的生活線上，並由此而生出一種靜態的心理，庶使人堪以容忍侮辱而與宇宙相調和。它也能夠發展一種抵抗的機謀，它的性質或許比較侵略更為可怕。譬如一個人走進飯店，饑腸轆轆，可是飯菜久待不至，不免餓火中燒，此時勢必屢屢向堂倌催促，倘使堂倌粗魯無禮，可以訴之於帳房間以謀出氣；但倘令堂倌回答得十分客氣，連喊「來哉來哉」以應，而身體並不動彈一步，則一無辦法，只有默禱上帝，或罵他一二聲，還須出以較為文雅之口吻。像這樣的情形，總之，就是中國人的消極力量，這種力量誰領教得最多，誰就最佩服它，這是老滑頭的力量。

五　和平

前面吾們講過了三種惡劣的德性，它們麻痺了中國人的組織力量。此等德性出於一般的人生觀，亦機敏，亦圓熟，尤卓越於能容忍的冷酷。不過這樣的人生觀，很明顯不是沒有它的美德的價值的，這種美德是老年人的美德，這老年人並不是懷著野心熱望以求稱霸於世界的人物，而僅僅是目睹了許多人生變故的一個人，他對於人生並無多大希望，不問此人生之酸甜苦辣，他總是樂於容受，他抱定一種宗旨，在一個人的命運所賦予的範圍以內，必須快快活活的過此一生。

中華民族蓋老於世故，他們的生活沒有誇妄，不像基督徒自稱「為犧牲而生存」，也不像一般西方語言家之找求烏托邦。他們只想安寧這個現世的生命，生命是充滿著痛苦與憂愁的，他們知之甚稔；他們和和順順工作著，寬宏大度忍耐著，俾得快快活活的生活。至於西方所珍重的美德：自尊心、大志、革新欲、公眾精神、進取意識，和英雄之勇氣，中國人是缺乏的。他們不歡喜攀爬博朗山或探險北極；卻至感興趣於這個尋常平凡的世界，蓋他們具有無限之忍耐力，不辭辛苦的勤勉與責任心，慎重的理性，愉快的精神，寬宏的氣度，和平的性情，此等無與倫比之本能，專以適合於艱難的環境中尋求幸福，吾們稱之為知足——這是一種特殊的品性，其作用可使平庸的生活有愉快之感。

觀之現代歐洲之景象，吾們有時覺得她所感受於繁榮不足之煩惱，不如感受於圓熟智慧不足之甚。有時覺得歐洲總有一天會逢到急劇少壯性與知識繁榮發達過甚之弊，科學進步倘再過一世紀，世界愈趨愈接近，歐洲人將想到學取對於人生和人與人相互間比較容忍的態度，俾不致同歸於盡。他們或許寧願減少一些烜赫氣焰而增加一分老成的氣度。我相信態度之變遷，不緣於燦爛之學理，而緣於自存之本能而實現。至此，歐美方面或許會減弱其固執之自信心，而增高其容忍。因為世界既已緊密地聯繫起來，就罷不了相互的容忍，故西方人營營不息的進取欲將為之稍減，而瞭解人生之企望將漸增。騎了青牛行出函谷關的老子之論行宏見擴傳益廣。

從中國人之觀點觀之，和平非為怎樣高貴而應崇拜的德性，不過很為可取，僅因其為「習慣上共通的理性」，大家以為然，如是而已。假使這一個現世的生命是吾們一切所有的生命，那麼吾們倘要想快快樂樂地過活，只有大家和平一些。從這一個見解，則歐美人的固執己見與不安定的精神，只可視爲少壯的粗漢之象徵，如是而已。中國人浸漬於東方哲學觀念中，已能看透；這種不成熟性在歐洲的最近之將來是終究會消滅的。因爲萬分狡黠的道家哲學，或許叫你詫異，卻處處浮現出「容忍」這個連語。「容忍」是中國文化的最大品性，也將成爲現代世界文化的最大品性，當這現代文化生長成熟了以後，要磨練容忍這種工夫，你需要一些道家典型的陰鬱和輕世傲俗之氣概。真正輕世傲俗的人是世界上最仁慈的人，因爲他看透了人生的空虛，由於這個「空虛」的認識，產生了一種混同宇宙的悲憫。

和平，亦即爲一種人類卓越的認識。倘使一個人能稍知輕世傲俗，他的傾向戰爭的興趣必隨之而減低，這就是一切理性人類都是懦夫的原因。中國人是全世界最低能的戰士，因爲他們是理性的民族。她的教育背景是道家的出世思想揉和以孔教的積極鼓勵，養成一種和諧的人生理想。他們不嗜戰爭，因爲他們是人類中最有教養、最能自愛的民族。一個尋常中國兒童能知一般歐洲白髮政治家所未知之事，這事便是：戰爭的結果會使人喪其生命或殘斷其肢體，不問爲一國家抑爲個人。中國人雙方起了爭論，很容易促起此種自覺。此種斟酌的哲學誘導他們緩於爭論而速於妥協。此種圓熟、老練而俏皮的哲學，教導中國人以忍耐，臨困亂騷動之際則出之以消極的抵抗；更警戒以勿誇張一時之勝利。中國有一種流行的謙約箴，常說：「財錢不可用罄，福分不可享盡。」獨斷過甚或利用個人之地位過甚，俗稱爲「鋒芒太露」，鋒芒太露常被視爲粗鄙之行爲而爲顛覆之預兆。英國有句通行俗語，爲一般所信守的，叫作「勿打跌倒之人」，蓋出於尊重「堂堂正正之競爭」的心理。而中國與此相近的諺語卻說：「勿逼人太甚」，乃純粹爲修養關係，吾們叫它「涵養工夫」，是中國人之文化更進一步。

是以照中國人之眼光看來，凡爾賽和約不僅不公平，而且是粗野，缺乏涵養工夫。假令法國人在戰勝之日，染漬一些道家精神，也就不會硬訂凡爾賽和約，到今天，她的腦袋兒也可以稍稍安枕了。可是法蘭西還是少壯，德國當然也要同樣的幹，沒有一方面覺悟雙方都是愚拙的，而大家想永遠把對方鎮壓在鐵蹄之下。只因克里蒙梭（Clemenceau）沒有讀過《道德經》，希特勒亦然，致令兩方鬥爭不息，而老莊之徒袖手作壁上觀，莞爾而笑。

中國人的和平性情大部分亦爲脾氣關係，兼有人類諒解的意義。中國小孩子在街道中毆鬥的事情，遠較歐美孩子爲少。忝爲人民，吾們成年人也終鮮爭鬥，少於吾們應有之程度，雖然吾們尙有不息的內戰。把美國人置於同此弊政之下，在過去二十年中，至少要發生三十次革命，不是三次。愛爾蘭現在很平靖，因爲愛爾蘭曾經艱苦奮鬥；吾們目前還在繼續奮鬥，因爲吾們還沒有奮鬥得夠艱苦。

中國的內戰實在也夠不上戰爭這個名詞的真意義。內戰從未有任何價值。國民徵兵之義務向非所知，兵士挺身於戰場者是那些窮苦饑寒的人民。沒有其他糊口的方法。這樣的兵士從不感興奮於作戰。而軍閥則對戰爭興高采烈。因爲他們不致親臨戰場，歷次較大內戰總是大洋鈿操了勝算，儘管讓勝利的大帥在巨砲隆隆聲中威風凜凜的凱旋，內幕還不是託了大洋鈿的福不成。大帥凱旋時的隆隆砲聲乃是一種表示戰爭的聲浪，不失爲歷來一貫的典型，因爲中國私人間的爭吵或軍閥內戰，都是讓聲浪構成戰爭的元素。人們不大容易在中國目睹戰爭，只可耳聞戰爭，如是而已。著者曾耳聞過兩次這樣的戰爭，一次在北京，一次在廈門，對於耳官，那是滿足了。通常優勢的軍隊常威嚇退了劣勢軍隊，而在歐美可以延續長時期的戰爭，在中國只消一個月就可以結束了。失敗了的軍閥，根據中國祖傳的公平待遇之理想，讓他拿十萬大洋錙旅費做一次考察實業的歐遊，蓋戰勝者洞悉天道循環之三昧，下一次內戰或許尚有借重他的長才的地方，果然，下一次來一個轉局，十之八九你可以瞧見上次戰勝者和上次逃亡的軍閥共坐一車，如同盟兄盟弟。這是中國人涵養工夫的「妙」處，當此際，人民實實在在一無干係。他們痛恨戰爭，永遠的痛恨戰爭，好百姓從來不在中國戰爭。

六　知足

到了中國的遊歷家，尤其是那些任性深入的遊歷家，他們闖進了外人蹤跡罕至的內地，無不大吃一驚。那裏的農民群眾生活程度如此之低，卻人人埋頭苦幹，他們蓋興奮而知足。就像在大饑荒的省分，如陝西此種知足精神，普遍地廣播遐邇，除了極少數的例外；而且陝西的農民也還有能莞爾而笑的。

現在有許多爲局外人認爲中國人民之痛苦者，乃係衡以邪僻的歐美生活標準之故耳。若欲處處衡以歐美生活標準，殊無人能感受幸福，除非少數階級能住居於高溫的大公寓而自備一架無線電收音機者。這個標準假使是正當，那麼一八五〇年以前就未嘗有幸福之人，而美國之幸福人必尤多於巴伐利亞（Bavaria），因爲巴伐利亞地方很少迴轉輕便的理髮椅，當然更少開關和按鈕。在中國的鄉村裏頭，開關按鈕固然還是很少，可是在極端歐化的上海，那些老式理髮椅則已完全淘汰絕跡：其實這種老式理髮椅才是貨真價實的椅子，目前你仍可在倫敦的King's

Way和巴黎的蒙馬特區發現，照筆者想來，一個人要坐還是坐一把名副其實的椅子，要睡還是睡在名副其實的床上（而不是白天用的沙發），才覺得幸福些。倘使以每天按鈕的次數做爲測量一個人文明程度的標準，那一定是不可靠的標準。故許多所謂中國人知足之神秘，乃出自西方人之揑造耳。

然無論如何，倘把中國人和西洋人分門別類，一階級歸一階級，處之同一環境下，則中國人或許總是比西方人來得知足，那是不錯的。此種愉快而知足的精神流露於智識階級，也流露於非智識階級，因爲這是中國傳統思想的滲透結果。可以到北平去看看著勁兒而多閒話的洋車夫，他們一路開著玩笑，最好讓同伴栽個跟頭，好叫他笑個痛快。或者可以上牯嶺去看看氣喘喘汗流浹背抬你上山的轎夫；或者可以到四川去看看挽航船逆急流而上行的拉縴夫，他所能獲得以維持每天生活的微薄報酬，僅足敷一天兩頓菲薄而滿意的苦飯。照中國知足原理上的見解，倘能夠吃一頓菲薄而安逸的苦飯，吃了下肚不致擔什麼心事，便是大大運氣。中國有位學者說過：「人生但須果腹耳，此外盡屬奢靡。」

知足又爲「慈祥」「和氣」的代名詞，此等字眼到了舊曆新年，大家用硃紅箋寫在通行的門聯裏，這是一半爲謙和的箴訓，一半爲人類智慧，明代學者即以此意勸人「惜福」。老子有句格言，現已成爲普遍口頭禪，叫作「知足不辱，知止不殆」。在文學裏頭，這個意識常轉化而爲田園思想，爲樂天主義，吾人可於詩及私人書翰中常遇此等情緒。著者於明人尺牘選集中隨意揀出一篇陸深致其友人書爲例，信中陸深對他朋友寫道：

> 晚將有佳月，別具畫舫，載鼓吹同泛何如？昨致湖石數株，西堂添卻一倍磊塊新涼，能過我信宿留乎？兼製隱居冠服，待旦夕間命下，便作山中無事老人矣！

此種情緒當其滲入流行的學者思想，使他們安居茅舍之中而樂天知命。人類的幸福是脆弱的物體，因爲「神」老是嫉妒人類的幸福。幸福問題因而是人生不可捉摸的問題。人類對於一切文化與物質進步雖盡了全力，幸福問題畢竟值得人類一切智慧的最大關心以謀解決。中國人竭盡了他們的常識下過最大毅力以謀求此幸福。好像功利主義之信徒，他們常熱心於幸福問題，勝於物質進步問題。

羅素夫人曾聰慧地指出：「快樂的權利」在西方是一個被遺忘了的權利，從前和現在，一向未有人注意及之；西方人的心靈常被次一等的權利觀念所支配著，他們注意於國家預算的表決權，宣戰投票權，和被逮捕時應受審訊的私權。可是中國人從未想到逮捕時應受審訊的權利，而一意關心著快樂的幸福，這快樂不是貧窮也不是屈辱所能剝奪他們的。歐美人的處理幸福問題常取積極的態度，而中國人常取消極的態度，所以幸福問題最後可以收縮爲個人的欲望問題。

可是一講到欲望問題，吾人就感覺到茫無頭緒，吾們真正所需的是什麼呢？爲了這個緣故，第歐根尼（Diogenes）的故事常令吾人發笑，同時也著實又羨又妒，因爲他宣稱他是一個快活人，原因是他沒有任何欲望，當他見了一個小孩子雙手捧水而飲，索性把自己的飯碗也摔掉，現代的人們，常覺得自己困擾於許多難題中，而大部分與他的人生有密切關係，他一方面羨慕第歐根尼的逃禪理想，同時又捨不得錯過一場好戲或一張轟動的影片的機會，這就是吾們所謂的摩登人物之不安頓的心情。

中國人藉知足哲學消極的企求快樂，但其逃禪的程度尚未達到第歐根尼之深，因為中國人從未想深進任何事情，中國人與第歐根尼不同之點，即中國人到底還有一些欲望，還需要一些東西。不過他所欲望的只是足令他快樂的東西，而要是無法達到目的，則亦並無堅持之意。

譬如他至少需要兩件清潔的襯衫，但倘是真正窮得無法可想，則一件也就夠了。他又需要看看名伶演劇，將藉此盡情的享樂一下，但倘令他必須離開劇場，不得享樂，則亦不衷心戚戚。他希望居屋的附近有幾棵大樹，但倘令是地位狹仄，則天井裏種一株棗樹也就夠他欣賞。

他希望有許多小孩子和一位太太，這位太太要能夠替他弄幾色配胃口的菜肴才好，假使他有錢的話，那還得僱一名上好廚子，加上一個美貌使女，穿一條緋紅色的薄褲，當他讀書或揮毫作畫的時候，焚香隨侍；他希望得幾個要好朋友和一個女人，這個女人要善解人意，最好就是他的太太，非然者，弄一個妓女也行；但倘是他的命宮中沒有注定這一筆艷福，則也不衷心戚戚。他需要一頓飽餐，薄粥湯和鹹蘿蔔乾在中國倒也不貴，他又想弄一甕上好老酒，米酒往往是家常自釀了的，不然，幾枚銅元也可以到汾酒鋪去沽他媽的一大碗了；他又想過過閒暇生活。而閒暇時間在中國也不稀罕，他將愉悅如小鳥，倘他能：

因過竹院逢僧話，
又得浮生半日閒。

倘使無福享受怡情悅性的花園，則他需要一間門雖設而常開的茅屋，位於群山之中，小川紆曲縈繞屋前，或者位於谿谷之間，晌午已過，可以拽杖閒遊河岸之上，靜觀群鵜捕魚之樂；但倘令無此清福而必須住居市廛之內，則也不致衷心戚戚。因為他至少總可得養一頭籠中鳥，種幾株盆景花，和一顆天上的明月，明月固人人可得而有之者也。故宋代詩人蘇東坡就為了明月寫了一篇美麗小巧的短文，叫作〈記承天寺夜遊〉：

元豐六年十月十二日夜，解衣欲睡，月色入戶，欣然起行；念無與為樂者，遂至承天寺尋張懷民，懷民亦未寢，相與步於中庭。庭下如積水空明，水中藻荇交橫，蓋竹柏影也。何夜無月，何處無竹柏，但少閒人如吾兩人者耳。

一個強烈的決心，以攝取人生至善至美，一股殷熱的欲望，以享樂一身之所有，但倘令命該無福可享，則亦不怨天尤人。這是中國人「知足」的精義。

七　幽默

幽默者是心境之一狀態，更進一步，即為一種人生觀的觀點，一種應付人生的方法。無論何時，當一個民族在發展的過程中生產豐富之智慧足以表露其理想時，則開放其幽默之鮮葩，因為幽默沒有旁的內容，只是智慧之刀的一晃。歷史上任何時期，當人類智力能領悟自身之空虛、藐小、愚拙、矛盾時，就有一個大幽默家出世，像中國之莊子、波斯之奧瑪開儼（Omar Khayyām）、希臘的阿理斯托芬（Aristophanes），雅典民族倘沒有阿理斯托芬，精神上不知要貧乏多少，中國倘沒有莊子，智慧的遺產也不知將遜色多少。

自從有了莊子和他的著作，一切中國政治家和盜賊都變成了幽默家，因為他們都直接間接地接受了莊子人生觀的影響。老子先於莊子，已笑過清越而激變幻譎的狂笑。他一定終身是個獨身漢，否則他不能笑得這樣滑頭，這樣善於惡作劇，無論如何，他到底娶過親沒有，有無子嗣後裔，史籍上無從查考，而老子最後的謦欬之首卻被莊子抓住。莊子既屬較為少壯，喉嚨自然來得瞭亮，故其笑聲歷代回響不絕。吾們至今仍不放過任何一次笑的機會，但有時我感覺我們的玩笑開得太厲害，而笑得有些不合時宜了。

歐美人對於中國問題認識之不足，可謂深淵莫測；歐美人有時會問：「中國人可有幽默的意識否？」這樣的問句，適足以表示其無識，其語意之稀奇，恰好像阿拉伯商隊問人：「撒哈拉沙漠中有無砂土？」一個人之存在於國家中，看來何等藐小，真是不可思議。從理論上觀察，中國人應該是幽默的，因為幽默產生於現實主義，而中國人是非常的現實主義者。幽默生於常識，而中國人具有過分的常識。幽默，尤其亞洲式的幽默是知足優閒的產物，而中國所有的知足和優閒，超乎尋常之量。一個幽默家常常為失敗論者，樂於追述自己之失敗與困窘，而中國人常為神志清楚、性情冷靜之失敗論者，幽默對卑鄙罪惡常取容忍的態度，他們把嘲笑代替了譴責，而中國人的性格經常寬容罪惡。容忍有好的一面，也有壞的一面，而中國人兩面都有。倘使吾們在上面講過的中國人之性格——常識、容忍、知足和老滑頭——是真確的，那麼幽默一定存在於中國。

中國人幽默見之於行爲上者比文字多，不過在文字上有種種不同形式的幽默，其中最普通的一種，叫作「滑稽」，即許多道學先生，也往往多用別號掩其真姓名縱情於此等滑稽著作。照我看來，這實在是「想要有趣而已」。此等著作乃爲剛性過強之正統派文學傳統束縛之放縱。但幽默在文學中不能占什麼重要地位。至少幽默在文學中所擔任的角色及其價值未被公開承認過，幽默材料之包容於小說者至爲豐富，但小說從未被正統學派視爲文學之一部。

《詩經》、《論語》和《韓非子》裏頭，倒有天字第一號的幽默。可是道學先生裝了滿肚的清正人生觀，到底未能在孔門著作中體會什麼詼諧的趣味，即似《詩經》中美妙生動的小情詩也未領悟，竟替它下了一大篇荒唐古怪的註解，一如西方神學家之解釋《聖詩集》（Song of Songs）。陶淵明的作品中也含有一種美妙的幽默，那是一種閒暇的知足，風趣的逸致，和豐富的捨己爲人的熱情。最好的例子，可見之於他的責子詩：

白髮被兩鬢，肌膚不復實。
雖有五男兒，總不好紙筆。
阿舒已二八，懶惰故無匹。
阿宣行志學，而不愛文術。
雍端年十三，不識六與七。

通子垂九齡，但念梨與栗。
天運苟如此，且進杯中物。

杜甫和李白的詩也蘊涵著相當的幽默，杜甫作品常令人慘然苦笑。李白以其浪漫恬澹的情緒令人愉悅，但吾人遂不以幽默稱之。一種卑劣的威風，道學先生所挾持以為國教者，限制了思想情緒的自由發展，而使小說中自由表現的觀點和情緒成為禁物，可是幽默只能在小說和天真觀點的領域上生存。事實於是很明顯，像這樣的因襲環境，不會增進幽默文學之產生的。假使有誰要蒐集一個中國幽默文字的集子，他務須從民間歌謠、元劇、明代小說選拔出來，這些都是正統文學柵垣以外之產物，其他如私家筆記、文人書翰（宋明兩代尤富），態度的拘謹稍微解放，則亦含有幽默之材。

但中國人人都有他自己的幽默，因為他們常常歡喜說說笑話，那種幽默是剛性的幽默，基於人生詼諧的觀感。儘管報章的社論和政治論文格律極端謹嚴，不大理會幽默；可是中國人的重要革新運動和建設方案所採取的輕妙方法，常出乎外國人意想之外，未免幽默過度，像國民黨的平均地權計劃、三民主義、水旱災救濟、新生活運動和禁煙委員會。有一位美國教授新近來上海遊歷，在各大學演講，不意聽講的學生每逢聽到他誠懇引證到新生活運動時，輒復哄堂大笑；假使他再鄭重地引證禁煙委員會，不知要引起怎樣更響亮的笑聲哩！

幽默是什麼？我已經說過，是一種人生觀的觀點，是一種應付人生的方法。人生是一齣大趣劇，而我們人類僅僅是其中的傀儡，一個人把人生看得太認真，遵守圖書館章程太老實，服從「草地勿准踐踏」的標牌太謹飭，常讓自己上了當而給長老的同伴笑話。不過笑話是有傳染性的，不久他也就變成幽默漢了。

此種幽默漢的滑稽性質結果削弱了中國人辦事的嚴肅態度，上自最重大的政治改革運動，下至微末的葬狗典禮。中國人的喪葬儀式，其滑稽性足以雄視全球。中國人上中階級所用的送葬儀仗就滿儲滑稽資料，你可以看見其中有街頭流浪頑童排成行列，體膚污穢，而穿著繡花的彩袍，錯雜伴隨以新式樂隊，大奏其「Onward, Christian Sodiers」，如此情形，常被歐美人引爲口實，證明中國人的缺乏幽默。其實中國人的送葬儀仗正是中國幽默的十足標記，因爲只有歐洲人才把送葬儀仗看得太鄭重，太想使它莊嚴化。莊嚴的葬儀是中國人所難以想像的。歐洲人的錯誤是這個樣兒：他們把自己先入爲主的意識，演繹的斷定葬儀應該是莊嚴的。葬儀宛如嫁娶，應該熱鬧，應該闊綽，可是怎樣也沒有理由說它必須莊嚴。莊嚴其實只配備於其誇張的服裝裏，其餘的都是形式，而形式是趣劇。直到如今，著者猶不能辨別送葬和婚娶的儀仗二者之間有何區分，如非最後看見了棺材或者是花轎。

中國的幽默，觀乎高度滑稽的送葬儀仗的表現，是存在於外表的形式，與現實的內容無關。一個人倘能賞識中國葬儀的幽默，大概已能讀讀或好好的翻譯中國政治方案了。政治方案和政府宣言是存乎形式的，它們大概係由專門的職員來起草，專司起草職員係鴻麗辭藻、堂皇語法的專業者，恰如貰器店之專備婚喪儀仗、燈綵行頭以出租爲業者，故有見識之中國人士便不當它一回事。倘若外國新聞記者先把送葬彩服的印象放在心上，則他大概不致再誤解中國的一切方案宣言，而慢慢的放棄把中國當作不可理解的特異民族的念頭了。

諸如此類之趣劇味的人生觀，和分辨形式與內容的公式，可以用千千萬萬不同的方法來表明。數年前，國民政府根據中央黨部之建議，有一條命令禁止政府各部會在上海租界區內設立辦事處，倘真欲實行這條命令，於各部長殊感不便，他們在上海置有公館，又得敲碎許多人的飯碗。南京各部長既不公然反抗中央之命令，亦不呈請重行考慮，或老老實實申述其不便和不可實行之理由。沒有一位專業的師爺，其智力技巧足以草擬此類呈文而適合於優良之形式。因為中國官吏定欲住居租界區域的這種欲望，即是不愛國。不意眉頭一皺，計上心來，想出一個巧妙別致的方法，就把駐滬辦事處的招牌換了一塊，叫作「貿易管理局」，每塊招牌的花費只消二十大元，結果使得沒有人敲破飯碗，也沒有人失面子。這個玩意兒不但歡喜了各部長，抑且歡喜了頒發這條命令的南京中樞當局。吾們的南京各部長是大幽默家：梁山好漢之流亦然，軍閥亦然，中國內戰之幽默處，前面早已交代明白。

與此恰恰相對照，吾們可以把教會學校做例子，來指出西洋人之缺乏幽默。教會學校幾年前碰到了一大尷尬，原來那時接到地方當局的命令，要他們辦理登記立案手續，外加要取消聖經課程，還要在大禮堂中央懸掛中山遺像，每逢星期一則照例舉行紀念週。中國當局殊不解教會學校何以不能遵守這些簡單的條款，而教會學校方面亦殊想不出接受之道，於是乎雙方陷入僵局。有幾個教會團體曾有停辦學校之意，某一個時機，什麼事情都可以順利解決了，只有一位頭腦固執的西籍校長真是頑梗而誠實，他拒絕從他的學校章程上取消任何一句字句；那章程蓋明定以推行教義為主要目的者，西籍校長意下頗欲直率地公開表明宗教課程確為辦理學校之重要使命，故迄至今日，某一所教會學校一直未嘗登記。這事情真不好辦。其實教會學校只要摹仿南京各部長的智慧來遵守一切官廳訓令；懸掛一張中山遺像，其餘的一切便可算作按照中國式而進行的了。不過恕我無禮，這樣辦理的學校，將爲天曉得學校。

中國人的趣劇的人生觀便是如此這般。中國日常語言裏頭便充滿了把人生當作戲劇的譬喻。如官吏的就職卸任，中國人稱之爲「上台」「下台」；而人有挾其誇張之計劃以來者，謂之「唱高調」。吾們實實在在把人生看作戲劇。而此等戲劇表現之配吾人之胃口者常爲喜劇，此喜劇或爲新憲法草案，或爲民權法，或爲禁煙局，或爲編遣會議。吾們常能愉悅而享受之，但我希望我國人民有一天總得稍微嚴肅一些才好。幽默，駕乎各物之上，正在毀滅中華民族，中國人所發的欣悅的狂笑，未免太過分了。因爲這又是滑頭的大笑，只消跟它的氣息一觸，每朵熱情而理想的花，無不立遭枯萎而消逝了！

八　保守性

每一個中國人，即從其外表上看來，未有全然不帶保守之色彩者。保守就其字義本身而言，非爲玷辱之辭。保守性不過爲一種自大的形象，基於現狀之滿足的感覺者。因爲人類之足引以自傲者總是極爲稀少，而這個世界上所能予人生以滿足者亦屬罕有。保守性是以實爲一種內在豐富之表徵，是一種值得羨妒的恩賜物。

中華民族是天生的堂堂大族——恕我誇大，倘把中華民族的歷史做一番全般的檢討，除掉最近百年來的屈辱，你當首肯斯言。雖在政治上他們有時不免於屈辱，但是文化上他們是廣大的人類文明的中心，實爲不辨自明之事實——唯一之文化勁敵代表另一種不同的觀點者是印度的佛教，至於佛教教義，忠實的儒者常嗤之以鼻。因爲儒學家常無限地引孔子以自傲，既誇耀於孔子，即誇耀於其民族，誇耀中國人之能以道德的素質理解人生，誇耀其認識人類天性的知識，誇耀其解決了倫理與政治關係之人生問題。

他的態度是相當正確的。因爲孔教不獨尋求人生的意義，抑且解答了這個問題，使人民以獲得人類生存的真意義而感到滿足。這個解答是確定而清楚的，而且條理分明。故人民不須再推究未來的人生，亦無意更改現存的這個人生，當一個人覺察他所獲得的是有效而且爲真理，自然變成保守者了。孔教徒除了自己的社會以外，未見及別種人生的範型，認爲爲人之道，沒有第二種範型的可能。故西方人也能有組織完善的社會生活，倫教警察於孔氏敬老之道一無所知，而竟能扶持老婦人跨過熱鬧街道，此等事實叫中國人聽來，多少未免吃驚。

當他察覺西方人具有一切孔教所涵蘊之德性：智、仁、勇、信、禮、義、廉、恥，並且孔老夫子本人亦將贊許倫敦警察之義行，民族自尊心未免深深地動搖起來了。有許多事情使中國人老大不悅意，使他們震驚，使他們生鹵莽粗野之感，如夫妻倆挽著膀子同行街市，父親和女兒互抱接吻，銀幕上又是接吻，舞台上又是接吻，車站月台上又是接吻，什麼地方都是接吻。此等舉動使他確信中國文明誠爲萬邦軒冕，無與倫比。但是另外有種種事情，像普通平民都能識字，婦女而能寫信，普遍的愛尙清潔（這一點他認為是中世紀的遺傳而非為十九世紀新發明），學生的敬愛師長，英國小孩對答長輩之「是了，先生」的隨口而出，諸如此類，俱堪無窮之玩味。再加以優良之公路、鐵道、汽船，精美的皮靴，巴黎香水，甜美可愛的白種兒童，奇妙的愛克斯光片、攝影機、留聲機、電話，和其他一切之一切，把中國人固有之自尊心打成粉碎。

因爲治外法權和西歐皮靴對中國苦力的慷慨博施——卻沒有法律救濟，促使中國人由自尊心喪失，進而變爲本能的畏外心理。天朝之尊貴，靡有孑遺。外國商人爲預防中國之可能的進攻租界而引起的種種喧鬧，實爲他們的膽略和對於現代中國認識不足之鐵證。反抗西洋人之皮靴及其自由使用於中國苦力身上，確常含有相當內在的憤怒。但倘外國人因此就認爲中國人將總有一天會暴露其憤怒而還饗外人以較次等之皮靴，則屬大誤。倘使他們真暴露其憤怒，那不是道地的中國人，那是基督教徒。坦白地說，崇拜歐洲人而畏懼他們的侵略行爲，是現在全世界普遍的心理。

有許多這樣太不幸的衝動一定曾經引起了過激主義，結果產生了中華民國。沒有人相信中國會變成共和國。這種變動太廣大、太雄偉，沒有人聽得進去，除非是獃子，或受到了激勵。那就好像用彩虹來造一架通天橋，而欲步行其上。但是一九一一年的中國革命家真給鼓吹出來了。自從一八九五年甲午戰爭失敗以後，中國現代化的宣傳運動即極爲活躍，當時有兩派人物，一派係君主立憲主義者，主張革新並限制君權；一派則爲革命主義者，主張建立民主共和國。前者爲右翼，後者爲左翼。左翼以孫中山爲領袖，右翼則由康有爲及其弟子梁啓超主持。梁啓超後來脫離了他的恩師而向左轉了。這兩個固執的黨派在日本筆戰了好久，可是這問題終究給解決了，不是因爲有結論，而是因爲清廷之下可救藥，與民族自覺本能的抬頭。一九一一年的政治革命之後，緊隨以一九二八年的文學革命，中國的文藝復興運動由胡適所倡導。

第三章　中國人的心靈

一　智慧

前面一章所述中國人之德性倘能獲得一共通的結論，則應爲「心靈戰勝物質環境的優越」。這樣說法，其意義非一。不僅謂能引用人類的智巧改變充滿痛苦慘愁的世界，使轉化爲適合人類住居的場所，它也指出一種輕視體質上的興奮與力量之意義。孔子老早把子路訓斥過一番，說他粗魯。吾想他一定會嘉許琴妮·滕尼（Gene Tunney）之輩，能與文人學士相周旋，而彬彬有禮，不失君子之風。孟子也曾區別過用智與用力二者之不同，而毫不遲疑的以智力位於勞力之上，他說：「勞心者役人，勞力者役於人。」因爲中國人從無平等之胡說，而尊敬智識階級殆已成爲中國文明之出類拔萃的特性。

這尊重學問的意義又與西方通常的解釋略有不同。因爲像許多中國學者終身孜孜不借以專志於其籠統的所謂學問，歐美學者像幾位大學教授乃聚精會神以研究某一特殊的專門科目，其治學精神有時幾等於病態的矜誇與職業的嫉妒，故所予人之印象遠較爲深刻。中國人之尊敬學者，基於另一不同之概念，因為他們尊敬學者的那種學問能增進其切合實用之智慧，增進其瞭解世故之常識，增進其臨生死大節嚴重關頭之判斷力。這一種學者所受的尊敬至少在學理上是從真實的價值得來的。無論地方的或國家的糾紛，人民都盼望飽學先生下一個冷靜的判斷，盼望他放出眼光遠大的觀察，盼望他在一個關係複雜的行動和決議上獲得較清楚之悟解，因此亦視之為天生的指導和領袖，而真正的領袖都被當作心靈上的領袖。由於民眾大多數目不識丁，維持領袖地位本非難事，有時只消講幾句成語，令不識字者聽之一知半解，或引證一些歷史掌故，一般人民只能從戲台上略窺一二的，也就夠了。引證史實常能解決爭論，這是出於民族特性。因為中國人之思考是具體的類比，此觀念多少能把當前的情形納入一般人民所能全體瞭解的範型。

著者前面說過，中華民族受了過分聰明的累，像表現於他們的老滑頭，表現於他們的冷漠無是非心，表現於他們的和平性格者，此等性格已跟怯懦相差無幾。大概聰明有理性的人都是懦夫，因為聰明理性的人，身體髮膚受之父母，不敢毀傷。倘使吾們能澄清思慮觀察一下，一個人倘把腦袋猛然向前「衝過頭」，鼓其發了酒瘋似的銳氣以期迎擊一顆鉛彈，僅僅是為了報紙所鼓動的原因而犧牲，當然是再愚笨也沒有了。倘他能用他的腦筋讀一讀報紙，他就不會衝頭陣，倘他能善自約束，少喝一杯燒酒而保持頭腦清醒，他就會理智的畏縮起來。上一次世界大戰告訴吾們，許多仁人君子，平時在大學中稱一時俊彥，及大戰爆發，他們所忍受的心靈上的痛苦，非一般壯健而淺智者流所能想見其萬一。故私逃兵役為一個人對本人盡職之一大德性，這不是一個新兵的感覺，而是當了四年軍役的士兵才有此感悟，這實在是開放於理性的誠實人面前的唯一明哲之道。

但是中華民族一般的智力，在怯懦以外，亦有別種材料可用以表明。中國留學歐美之大學生多能在文學方面顯其優異，著者覺得這不能認為出於揀選方法的關係。蓋中國人之「心」在國內久已熟習於文學之探討。日本人曾譏諷地予中國人以「文學國家」之雅號，蓋並未說錯。隨手舉一例子，便是現下流行雜誌之大量生產，隨時隨地都可以產生一本雜誌，只要有三四友人合作經營，不難吸收無數之著作家，名作如林，紛至沓來，直可使編輯先生頭為之暈，目為之眩。昔日之科舉制度，亦為一種靈才之考試，故中國人蓋已久經琢磨於辭藻之美的使用法與機靈之文學特性，而詩的培養尤足訓練他們養成優越的文學表現技巧和審美能力。中國的繪畫已達到西洋所未逮的藝術程度，書法則沿著獨自的路徑而徐進，達到吾所信為韻律美上變化精工之最高程度。

是以中國人之心靈不能謂為缺乏創造力。它的發明才能則與中國工業相等，滯留於手工藝階段。由於發展科學方法之失敗，和中國人思考之特殊性，中國人在自然科學方面是落伍了。著者深信倘能適當利用外來的科學方法，予以充分之研究，中國自必亦能產生大科學家，而於未來世紀中一顯其好身手。

至中國固有之智識，亦不限定讀書人階級。中國人僕役亦常具有相當智慧，故善解人意而頗受歡迎，其地位至少足與歐美僕歐並駕齊驅。中國商人在馬來、在東印度與在菲律賓，事業都極為發達，其主要原因即中國人之智巧高於土人，並出智慧所生之美德，似儉約、勤懇、堅忍、目光遠大，亦常高於土人。尊敬讀書人之結果，使中下階級亦產生一種崇尚文雅之心理，這一點，向不為外人所注意。上海西僑有時頗觸惱了各大公司的售貨員，因為外國人而對他們講起洋涇濱來，卻不知道他們的英語之高明，連一分離不定詞（split infinitive）也頗講究。凡需要精細的工作者，中國工人很容易訓練成高明的技師。你倘有幸到貧民窟工廠區去蹓躂一趟，包管你碰不到像西方同樣區域裏頭所遇到的魁梧粗壯強獸型的人物；像那些闊腮顎低額角、臂力雄健的人物；你碰到的人物卻屬於另一典型，他們有伶俐的目光，愉悅的容貌，和理性的脾氣。智力高下不同之等級，中國人遠較許多西方民族為簡少，女子智力之高下分別率則較之男人家尤小。

二 女性型

中國人的心靈的確有許多方面是近乎女性的。「女性型」這個名詞為唯一足以統括各方面情況的稱呼法。心性靈巧與女性理性的性質，即為中國人之心之性質。中國人的頭腦近乎女性的神經機構，充滿著「普通的感性」。而缺少抽象的詞語，像婦人的口吻。中國人的思考方法是綜合的、具體的而且慣用俗語的，像婦人的對話。他們從來未有固有的比較高級的數學，脫離算術的階段還不遠，像許多受大學教育的婦女，除了獲得獎學金的少數例外。

婦女天生穩健之本能高於男子，而中國人之穩健性高於任何民族。中國人解釋宇宙之神秘，大部依賴其直覺，此同樣之直覺或「第六感」，使許多婦女深信某一事物之所以然，由某某故。最後，中國人之邏輯是高度的屬「人」的，有似婦女之邏輯。一個女人介紹一位魚類學教授，不是爽爽脆脆介紹一位魚類學教授，而說是介紹的是哈立遜上校的妹夫，哈立遜上校在印度去世了，那時正當她為了盲腸炎在紐約接受可愛的名醫古拔博士的手術，你要看看他的情面啊。由於同樣方式，一位中國法官不能把法律看作抽象的獨立體，而看作可以重輕順變的音節，故可隨機應變，以期個別的適應，是以適應黃上校者如此，適應於李少校者可以如彼。職是之故，任何法律，倘非私情地可以適應於黃上校或李少校，便算是不近人情，所以不成其爲法律。準此，中國的審判是一種藝術，而非是科學。

耶斯佩森（Jespersen）寫過一本名著《英語之成長與構成》，書中有一次討論到英國語言的雄性品質，指出它的特點是：崇尙簡潔、合乎常識和有力。作者雅不願反駁如此偉大的英國語言學權威，不過在性別這一點上，則歉難同意。常識和實用的心理爲女子之特性，較甚於男子，男子常喜憑空遐想，翱翔非非之境。中國語言和文法顯出女性特徵，正因爲語言的形式、句法和字彙，顯出思考上之極端簡單性、想像上之具體性，和句法相互關係之經濟。

此種簡單性最好用洋涇濱來說明，這是英國的皮肉而具中國骨子的語言。比方我們說：「He come, you no come; you come, he no come.」你實在沒有理由硬要說，它的意義不及拐彎抹角的語法「You needn't come, if he comes, and he needn't come, if you come.」清楚。實際上這種簡單性只有使表達更清楚。毛翁（Moon）在Dean's English裡頭，摘錄英國索美塞得地方（Somerset）一個農夫在公室上的證言，我覺得它比講究主格受格的說法反而更動人：

He'd a stick, and he'd a stick, and he licked he, and he licked he; if he licked he as hard as he licked he, he'd a killed he, and not he.

照中國的語法「他打他」「吾怪吾」，意義已經十足地清晰而明瞭，固毋庸再加以主格非主格之麻煩。至如第三者單數動詞末尾加s，它的冗雜無聊可用過去分詞證之。蓋過去分詞之第三者單數固無特例也，實際上許多人說「us girl」「them things」，其意思倒從未被人誤解過。著者懇摯地希望英美教授總有一天敢在教室裏堂堂正正地說出「He don't」，如此一來，終有一天英國語言才能藉此洋涇濱之影響力，變得和中國語言一樣清楚動人。

中國語言之單純可以從「坐食山空」這句成語看出來，對中國人來說，它的意義明白不過，就是「一個人倘不事生產，終日坐著不動，只會白白吃飯，則雖有山樣巨大的財產，亦不免吃光用盡」。所以英國語言倘欲趕上吾們，還需相當時日才行。

中國人思考方法之具體性，又可以用她所用的抽象詞句之性質，及其俗語與比喻之通用幾點來表顯。一個抽象的意識，她往往用兩個具體的品性組合而表達之，譬如「大小」所以表達體積的量，「長短」所以表達長度，「闊狹」所以表達寬度：例如「你的鞋子大小如何？」長和短亦用判別兩方爭論的是和非。吾人常說：「我不喜議論人長短。」又如「此人沒有是非」，它的意義即謂這一個好人，因爲他保有公正不偏的態度，不捲入爭論漩渦。抽象名詞以「ness」做爲字尾的一類，亦非中國人之所知，中國人僅知如孟子所說：「白馬之白，非白玉之白也。」這表明他們缺乏分析性的思考。

據我所知，女人總避免使用抽象詞句。這一說可從女作家所常用的字彙加以分析研究而證明（分析統計方法是西方人所習慣的心智，至於中國人因為普通的感性勢力太大，不耐數字之麻煩，故用統計方法來證明似於中國人有為難處。但倘他能直捷地覺察女性作品或言語中所用

抽象字彙之稀少，也就夠了）。所以中國人近乎女性，常用擬想的具體化來代替抽象的術語之地位。極端學究式的字句像：「There is no difference but difference of degree between different degrees of difference and no difference.」殆無法正確地翻成中文，翻譯者大概只好引用《孟子》上的問句來代替：「……五十步與百步，有以異乎？」這樣的代替，雖喪失了原文的定義和精確性，卻獲得了明白易解，所以與其說：「我怎麼會感知他內在心智之進展呢？」還不如說：「我怎麼知道他心裏轉什麼念頭呢？」來得清楚明白，但肯定還是比不上中國人說「我又不是他肚皮裏的蛔蟲」來得暢快有力。

中國人之思考所以常常滯留在現實世界之周圍。這樣促進了對於事實之感悟而爲經驗與智慧之基礎。此不喜用抽象詞句之習慣，又可從分類編目所用之名詞見之，此等名詞通常都需要用意義極確定之字眼，而中國人則不然，他們大都採取最能明曉淺顯的名詞以使用於各種不同的範疇。因此，中國文學批評中有許多形容各種寫作方法的不同的表襯詞句：有所謂「蜻蜓掠水」，謂筆調之輕鬆；「畫龍點睛」，謂提出全文之主眼；「欲擒故縱」，謂題意之跌宕翻騰；「單刀直入」，謂起筆之驟開正文；「神龍見首不見尾」，謂筆姿與文思之靈活；「壁立千仞」，謂結束之峻峭；「一針見血」，謂直捷警策之譏刺；「聲東擊西」，謂議論之奇襲；「旁敲側擊」，謂幽默之諷誚；「隔岸觀火」，謂格調之疏落；「層雲疊嶂」，謂辭藻之累積；「湖上春來」，謂調子之柔和；諸如此類，不勝枚舉。句句都是繪聲繪色，有如bow-wow**（狗吠）**、pooh-pooh**（呸呸！）**、sing-song theories**（乏味的理論）**那套原始語言。

如此擬想的浪費，與抽象用語之貧乏，不免影響寫作的格調，因而及於思考之式態。一方面固增進活潑之性狀，另一方面，它不難退化於無意義的裝飾而不具充實之內容，此等缺點為中國文學史上某幾個時期的苦悶的罪惡，直到唐代，韓愈始大聲疾呼，樹起反抗之旗幟。這種裝飾文字所謂駢驪文的格調，深受缺乏精確性表現之弊病，而其優點為最佳之「非古典派」小說中所表現者，為一種閒遊的散文，富有新鮮通俗而含著農村的風味，有似英國文學中之斯威夫特（Swift）與笛福（Defoe）的作品。故從英文譯為中文，其中最感困難者為科學論文，而從中文譯為英文，其中最感困難者則為詩與駢體文。蓋這一類文字，每一個字眼含有一個意象焉。

三 缺乏科學精神

中國人思考特性之詳細討論，已使吾人瞭然於中國自然科學之所以不發達。希臘人之能奠定自然科學基礎，因為他們的心靈本質上是一個分析的心靈，此事實可由亞理斯多德時代之燦爛的文明來作證，埃及人發展數學和天文學，都得需要分析的心靈。印度人也發展了他們自己的文法。中國人雖有一切固有的智識，卻從未發展文法的科學，而他們的數學和天文學都從海外輸入。因為中國人的智巧好像只知道悅服道德的「自明之理」，而他們的抽象用語像「仁」、「義」、「忠」、「禮」，已屬十分普通，它們的精密意義自然而然已喪失在模糊的普遍性裏。

周代哲學家中，只有墨子和韓非子兩人遺留給吾們以精確辯論的文體。孟子無疑為一偉大的詭辯家，但他卻只注意那些較大的字眼如「利」與「義」。其餘像莊子、列子，則競尚隱喻。墨子之弟子惠施與公孫龍亦為雄健的詭辯家，喜巧設難題以為大觀於天下而曉辯者，至謂

「卵有毛」、「雞三足」、「犬可以爲羊」、「馬有卵」、「丁子有尾」、「火不熱」、「輪不輾地」、「龜長於蛇」、「飛鳥之景，未嘗動也」、「狗非犬」云云。

漢代學者雖距戰國未遠，卻於學術上未有新發展，僅致力於前代經書之訓詁而已。晉代繼之，學者則復興老莊之學，藉其直觀以解決人生與宇宙之神秘。因而實驗一事，從未計及，科學方法更無發展之機。宋代理學家參入佛學思想，重行箋註孔教著作，制爲訓育心智，健全道德之規範。他們的治學態度，以能洞曉大義、不拘細節著名。故宋代學者之哲學爲最不合科學之哲學，亦竟可以說是根本未有哲學。直至清代才發展一種比較治學方法，這種治學方法立刻使清代學術放出空前的光彩。

中國人之心靈何以不適於科學方法之發育，其理甚顯。因爲科學方法除了分析之外，常包含愚拙而頑強的苦役的鑽研。而中國人則信賴普通感性與內省的微妙之旨，故疏於分析。至於歸納法的論理，在中國常被應用於人類的相互關係（**人倫為中國人最感興趣之題目**），在西方往往有流爲呆笨之結果，此例在美國大學中尤數見不鮮。就是今日用歸納法所作之博士論文也得使培根痛哭於地下，真是死不瞑目。在中國，大概沒有人會那樣愚笨，好似寫一篇研究冰淇淋的論文，經過不斷的努力之後，卻宣布其猶豫不決之結論謂：製造冰淇淋所用糖之主要作用爲使之甜。或有經過長時期井井有條之研究，發表「四種洗濯盆碟方法之時間與動作之比較」，而復得意揚揚自以爲覺察了一個新的學理，即「傴腰與提舉的動作是疲勞的」。或者寫一篇「棉花內衣黴菌量之研究」，而發表「黴菌數量之增殖，與外衣褪去所需時間成正比例」。數年前，報紙上曾登載一篇通信，紀述芝加哥有一位大學生，專事精密研究各種書信格式之感動力，結果發覺一大原則，即「字跡愈深，則愈易注目」。

如此愚拙的工作雖在商業廣告上或許有用，實際上依著者愚見，其效力只等於中國人一瞬間的普通感性與直覺，著者曾見過一幅極精美之插畫，登載於Punch雜誌中，那插畫畫著一個行爲主義心理學家的圓桌會議，他們正在把許多解剖了的豬體加以檢測，一支寒暑表插在豬頭的長鼻孔裏，前面則掛著一串珠鍊，檢測結果，乃一致決定：「豬玀見了珠寶，並不發生反應。」這樣描寫，並不能算作污辱科學方法。羅徹斯特大學開松（Cason）教授曾在第九屆國際心理學家年會中宣讀論文一篇，其標題爲「普通煩惱之起源及其性質」，文中區分煩惱種類至二萬一千種之多，其後去其性類相同、重複，暨非純粹之煩惱，最後縮減至五百零七種（！）。他又把這五百零七種分歸數類，像食品雜有毛髮者二十六種徵兆，見了禿頭顱者兩種徵兆，起於蟑螂者二十四種徵兆云。

有許多呆笨苦役裏頭，當然包含著一部分真實的科學功績。只有真實的科學訓練，能使科學家樂於研究細微事物，如蚯蚓也有保護的外衣之類，而科學之逐代發展達於今日燦爛光輝的階段，也自此等細小的發現積累而來；缺乏這種科學眼光而具大量之幽默與普通感性，中國人勢必輕視研究蚯蚓或金魚生活之努力，覺得此等事，讀書人不屑爲之云。

四　邏輯

再進而談到中國人的邏輯問題，這問題是基於中國人對於真理之概念的。真理，據中國人的觀念，是從不可以證定的，它只能暗示而已。莊子在兩千年前，在他所著的〈齊物論〉裏頭早已指出人的智識的主觀性：

既使我與若辯矣，若勝我，我不若勝，若果是也？我果非也邪？我勝若，若不吾勝，我果是也？而果非也邪？其或是也？其或非也邪？其俱是也？其俱非也邪？我與若不能相知也，則人固受其黮闇，吾誰使正之？使同乎若者正之，既與若同矣，惡能正之？使同乎我者正之，既同乎我矣，惡能正之？使異乎我與若者正之，既異乎我與若矣，惡能正之？使同乎我與若者正之，既同乎我與若矣，惡能正之？然則我與若與人俱不能相知也，而待彼也邪？

照這樣的學理講來，真理是不可證定的。它只能被「會心於忘言之境」（《莊子》）。故人「知其然而不知其所以然」。老子曰：「道可道，非常道」，莊子曰：「……因是已，已而不知其然謂之道」。道即謂真理。故真理這樣東西，只能在直覺的悟性中感到。中國人雖非明覺地同意於莊子的認識論的哲理觀念，然在本質上是與之合致的。他們所信賴的，不是邏輯——邏輯從未發皇成為完備之科學——而是或許更為健全的普通感性。凡性質類似強辯的理論，非中國文學所知，因為中國傳統地不相信它，從而辯證術在中國遂不見其發達，欲求科學文字之以文學的形式出現，亦遂不可得了。

卡爾格林（B. Karlgren）不久前寫過一篇文章，說明中國著名批評家辨別古書真偽在爭論中所用之詭辯，有許多錯誤實在幼稚得可笑；但這種錯誤須待引用了西方方法才能顯露出來。中國人寫文章從來未有寫一萬或五千字以樹立一個基點；他僅留下一短短標誌讓後人來贊許或反駁其真實的價值。這就是為什麼中國學者總歡喜把許多筆記或隨筆遺傳給我們，裏頭包括零零碎碎的片段；也有文學寫作態度的意見，也有校正古史錯誤的紀錄，也有暹羅雙生的佚事，狐仙、虯髯客、呑蜈蚣僧等等奇聞異跡，雜沓紛紜，湊在一起。

中國作家只給你一段或兩段論辯便下結論，當你誦讀他的文章，從不覺得它的發展已達到論辯的最高峰或天然的結論，因為論辯與證據都是那麼簡短，不過你可以感到一剎那的幻覺，覺得它已經達到了結論了。筆記中之最佳者，如顧炎武之《日知錄》（十七世紀初期）享盛名之由來，非由於邏輯，而由其記載言論之本質上的正確，此等正確性只有留待後代證明。《日知錄》中一二行的文字，有時需要後人幾年的考據，這真是再科學沒有了；又如要決定歷史事蹟上的一點，會需要數度往返的勘察，需要百科全書那樣淵博的學問，而他的錯誤終屬不易校正，即說是正確的，一時也沒有可能明見的佐證，但只可以意會的加以贊同，因為在他的著作問世以後三百年來，未有人能舉出反對的論據，如是而已。

吾人於此可見邏輯對普通感性之對峙，在中國代替了歸納與演繹論理之地位。普通感性往往較為高明，因為分析的理論觀察真理，常把它割裂成許多分散的片段，因而喪失了它的本來面目；而普通感性則將對象當作一個活動的整體看待。婦女具有比較男性為高強之普通感性，是以倘遇任何意外發生，吾寧願信賴女子的判斷強於男子的判斷。她們有一種方法，能估量一種情況的整體，不致被其個別的小景所惑亂。中國小說之最佳者如《紅樓夢》、《野叟曝言》，女性被描寫成應付環境的最健全的判斷者，而她們的語言，有一種美妙的方法能使之圓熟而完整，具有十分迷人的魔力。邏輯而缺乏這種普通感性是危險的，因爲一個人有了一種意見，很容易用他的文學性的腦筋把種種論據曲解文飾，使滿足自己的意志，而且仍可以像《米德爾馬奇》（Middlemarch）裏頭的卡索本先生一樣，竟至不能體會人人皆能體會的他妻子的生活。

此所謂普通感性自有其性學的基礎，那是很有趣的，中國人之判斷一個問題的是與非，不純粹以理論爲繩尺，而卻同時權度之以理論與人類的天性兩種元素，這兩種元素的混合，中國人稱之爲「情理」。情即爲人類的天性，理爲永久的道理，情代表柔韌的人類本性，而理代表宇宙不變的法則。從這兩種因素的結合體，產生人類行爲的是非和歷史的論題的判斷標準。

這個特徵或可由英文中「理」與「情」的對立意義中見其一二，亞理斯多德說：人類是論理的而不是講情的動物。中國哲學也容認這個說法，但卻加一補充，謂人類盡力成爲有理性即講情理的而不僅僅爲論理的動物。中國人把「人情」放在「道理」的上面，因爲道理是抽象的、分析的、理想的而趨向於邏輯的要素概念；情理的精神常常是較爲實體論的，較爲人情的，並密接於現實而能認識正確的地位的。

對於西方人，一個問題倘能邏輯地解決，那是夠滿足的了，而中國人則不然。縱令一個問題在邏輯上是正確的，還須同時衡之以人情。確實，「近乎人情」是較勝於「合乎邏輯」的偉大考量。因爲一個學理可以根本違反普通感性而卻很合乎邏輯。中國人寧願採取反乎「道理」的任何行爲，卻不能容許任何不近人情的行爲，此種情理的精神與普通感性的信仰，在中國人生理想上樹立了最重要的態度，結果產生了「中庸之道」，這是吾在下面將要講到的。

五 直覺

話雖如此，此種思想方式自亦有其限度，因為普通感性的邏輯，只能適用於人事和人類行為上，但不能適用於解決宇宙之奧妙。你固然可以推人情以止息人們的爭論，但不能勘定心肺的關聯位置，或決定胰液的功用。因此天象的神秘和人體內容的奧秘，中國人只有委之於直覺。因此有許多學說未免過於奧妙；蓋中國學者直覺地察悉心臟位置於胸膛的右偏而肝臟位置於左偏，有一位鴻博的中國學者大概是俞正燮，他的卷帙浩繁的筆記《癸巳類稿》傳誦遐邇，為世所重，他曾發現一本基督教會翻譯的人體解剖學，書中謂人體的心臟位於左偏，而肝臟位於右偏，因此下了一個粗魯的斷語，說是西人的內臟組織是不同於中國人的內臟的。從這一個重要結論演繹出來，又下了一個推論，說是因為他們的內臟組織之不同，他們的宗教信仰自亦必相異——這個演繹的推論為直覺論理法很好的標本——職是之故，只有內臟組織不完全的中國人才會信仰基督教。這一位博學的著作家又怯生生地說：倘使耶穌教會知道了這個內容，他們大概不會再這樣夠勁兒的在中國傳教，而收容內臟不完全的畸人為教徒了。

這個斷論不是開玩笑，卻是很正經的。而且事實上這是中國人直觀的典型。於是有人覺得科學方法畢竟有些道理。因為用了科學方法，雖然你得小心關切像「糖在冰淇淋製造中主要作用在使之甜」這種發現，但也可以用別種幼稚的思考像上述筆記所代表者以圖省事。他至少能夠用自己的手捫一捫自己心房的跳動，可是中國讀書人是所謂書香子弟，從來就是只開口不動手的。

中國學者這樣免去了勞目勞手的愚拙苦役，而具一種基於直覺的質樸信仰。中國學者竟復依據之進而解釋人體和宇宙之神秘，至感滿足。中國全部醫藥學和生理學乃根據道家的五行說——金木水火土，更以人體的組織為宇宙的雛形。腎代表水，胃代表土，肝代表火，而肺代表金，心代表木。非此，幾無以施藥物。一個人患了高血壓，則認為是肝火太旺，患了不消化症，則認為土太旺，瀉藥可用以增進腎臟之作用，蓋所以助養水行，而不消化症卻往往而癒。倘遇神經錯亂，則可以飲清水並服鎮痛劑，庶腎水上升，稍殺肝火之勢，因而維持其精神之常態。無疑地，中國的藥物是有效的，問題乃在其診斷之學理。

中國人這種思考方法是殘存有原始民族之特性的，直覺的思考既無需科學方法之校正，故具有較為自由之餘地，而常常接近質樸的幻想。有幾種中國藥物乃基於文字上之遊戲性質的，或為一種奇幻的聯想。蟾蜍（蝦蟆）因為生有皺栗之皮膚，即用以治療皮膚病；又如一種生於陰冷山谷深澗中的田雞，則認為於身體上有清涼之效用；最近兩年來，上海報紙上長年登載有出售「肺形草」的廣告，此草產於四川，據稱係肺癆病之最良治療劑。諸如此類同樣的奇說，不計其數，至謂小學生不可食雞爪，食之則會養成抓破書籍之習慣，更屬想入非非。

中國人對於文字之魔力，迷信至深，可從生活的各方面證之，此等特性既非邏輯，又非普通感性，乃不外乎一種原始民族時代之心理。幻想與真理之區別，從不加以分辨，亦無意從事於分辨。蝠蝠和鹿常為刺繡品中很通行的題材。因為蝙蝠之蝠諧音「福」，而鹿字諧「祿」也，中國新郎新娘成婚後，得吃一頓成雙酒，席上一定有一顆豬心，它的意義是新夫婦吃了此心，將來終身義結同心。

那也很難說究有多少事情是鄭重其事的信仰，又有多少是遊戲性質的幻想。不過有許多禁例真不是玩的，比方你在船上進膳，千萬莫把魚翻身，要是你真把魚翻一個身，那船夫便會狠狠著惱，因爲魚的翻身，提出了船舶翻身的暗示。他也不見得十分清楚這是真有介事還是無介事的，但人家都如此說，如此忌諱，他卻也不願費心費力去研究稽考以圖證實。這是一個心理階段，介臨乎真實與假託之間，真假混淆，富含詩意，有似黃粱一夢中之境界。

六　想像

質樸這個意思該先弄明白，因爲它可引導我們走進中國之想像與宗教的世界。關於宗教，乃指一個極樂的天堂與一個慘酷的地獄，並實體而生活的鬼神，非爲波士頓一神論者（Boston Unitarians）所謂「天國……存於汝身」之說，亦非如阿諾德（Matthew Arnold）所信之「不可擬人的，無定形的，存在於吾身，圍繞於吾身，主張正義之權力」之說。

所謂想像的世界，並不局限於目不識丁之輩才有，聖哲如孔子，論及鬼神時亦曾表現某種程度的質樸的想像，他說過：「與其媚於奧，寧媚於灶。」他又說：「祭神如神在」、「敬鬼神而遠之」。說到鬼神，他於心甚安，真是天真可愛。他願意讓鬼神留下來，只要他們不來打擾他。

韓愈之爲唐代一大文豪，亦爲擁護孔教的一大健將，他繼承著孔子這種天真的態度。當他謫居現在的汕頭附近的時候，適有鱷魚爲患，他遂寫了一篇聲調鏗鏘的〈祭鱷魚文〉，一若鱷魚竟受了他這篇優美雄健的文章所感動（因為他是中國歷史上最著名的文章能手之一），照他自己的證述，鱷魚從此不復出現於此縣。韓愈是否真心信仰此事，殊無益於考究。倘欲發問這個問題，即是誤解了實況，因爲他的回答十之八九將爲：「吾何以能知其真，然足下卻何以知其非真？」這實在是不可思議的論調，既承認解決此等問題，非吾人智力所能勝任，倒不如漠視而過之。韓愈爲具有偉大膽識者，而且不是一個迷信人物，因爲他是著名的〈諫迎佛骨表〉的著者，在這篇文章裏，他勸諫皇帝勿派遣代表去迎佛骨。我想當他執筆寫〈祭鱷魚文〉時，一定在暗暗好笑。另有幾位膽識偉大的人物，具有較強的辯證力，像後來的司馬溫公，他力闢佛教地獄之說，提出一個質問：爲什麼中國未聞佛教學說以前從不夢及地獄之事，但是這樣的辯證方法便不是中國精神的典型。

對於我印象最深之中國幻想的特型人物，是像《聊齋志異》等中國文人從幻象抽繹出來的女鬼故事，尤其那些被遺棄而悒鬱以死和屈死的女子的幽靈。她們附著於婢女的身體而申述其願望於生人；或有已死的情人，復來繾綣，且爲之產子。這種故事，充溢著人類的情感，最爲中國人所愛讀。因爲中國的幽靈奇妙地酷肖生人，而女性的幽靈更爲可愛：她們也有多情善妒的，甚至享受著一部分平常人類的生活。

據此等筆記所描寫，倘有書生孤齋夜讀，遇此等幽靈鬼怪出現，倒不甚可怕。蓋當燈火黯淡欲滅，有書生朦朧而入睡，忽聞綢衣窸窣聲，亟睜眼視之，則一麗姝，可十六七，慧秀姣媚，光華照人，方睨之而笑。她們往往爲多情熱烈之少女，我蓋深信此等故事而爲孤寂書生引以自慰之願望。她也能用種種狡黠手段羅致財帛以助情人之貧乏；也能體貼護侍他的疾病，其溫潤慈和勝過於現代之新式看護。更奇者，她有時還能替他蓄聚金錢，當他作客他方，她復能耐心地爲他守候。所以她也能保持貞潔的節操。如此同居戀愛的時期，少則三五日、數星期，至可延長及一世之久，直等她替他生了小孩，孩子又長大成人，應試及第，乃至榮歸鄉里，則忽失故居所在，但見古墓荒塚，有一穴穿於地下，其中躺一已死之母狐。因爲此當年所謂麗妹，即中國人津津樂道的狐仙之一。或者她忽然隱逸，臨去卻還留一短箋，敘明她實爲一狐狸，但欲享受人生幸福，因來繾綣。今見彼等已能發達，伊深爲欣慰，但願彼等恕伊之孟浪，末復致其戀戀不捨之情云云。

這是中國人擬想的典型，其幻象非若高翔九天之上，而將心上的幻影披以奧妙，予以人類之情感與憂鬱。它具有一種蠱惑的美點，使人信以爲真，不求完全合理，亦不可明確的解釋。中國人之幻想的美質一向未爲人所注意，我將於此翻譯一段故事，叫作〈倩娘離魂記〉，係出於唐人手筆。作者固不能斷定此故事之準確性若何，但知此事跡約當紀元六九〇年前後，適值武后當政時代。吾國之小說、戲劇，和其他文人著作，往往多有類此典型的故事，其內容乃將神異的事跡寫成可信，因其逼肖人類之性質。

天授三年，清河張鎰，因官家於衡州，性簡靜，寡知友，無子，其女二人，其長早亡，幼女倩娘，端妍絕倫。鎰外甥太原王宙，幼聰悟，美容範，鎰常器重。每曰：「他時當以倩娘妻之。」後各長成，與倩娘常私，感想於寤寐，家人其知其狀。後有賓察之選者求之，鎰許焉。女聞而抑鬱，宙亦深恚恨，託以當調請赴京，止之不可，遂厚遣之。宙陰恨悲慟，訣別上船。日暮至山郭數里，夜方半，宙不寐，忽聞岸上有一人行聲甚速，須臾至船；問之，乃倩娘步行跣足而至。宙驚喜發狂，執手問其從來，泣曰：「君厚意如此，寢食相感，今將奪我此志，又知君深情不易，思將殺身奉報，是以亡命來奔。」宙非意所望，欣躍特甚，遂匿倩娘於船，連夜遁去，倍道兼行，數月至蜀。凡五年，生兩子，與鎰絕信。其妻常思父母，涕泣言曰：「吾曩日不能相負，棄大義而來奔君，今向五年，恩慈間阻，覆載之下，無顏獨存也！」宙哀之曰：「將歸，無苦，」遂俱歸衡州，既至，宙獨身先至鎰家，首謝其事。鎰大驚曰：「倩娘疾在閨中數年，何其詭說也？」宙曰：「見在舟中。」鎰大驚，促使人驗之，果見倩娘在舟中，顏色怡暢，訊使者曰：「大人安否？」家人異之，疾赴報鎰。室中女聞喜而起，飾妝更衣，笑而不語，出與相迎，翕然而合為一體，其衣裳皆重。其家以事不常，秘之，唯親戚間有潛知之者。後四十年間，夫妻偕老，二男並孝廉擢第，至丞尉。

大概宇宙的現象，至今還沒有充分解釋清楚，致頗有餘地以容納這樣的幻想之存在。擬想的正當用途，乃以「美」妝飾這個世界。比方像在道德的領域內，人類智力乃用以轉變這個世界使成爲滿足人生的場所；而在藝術的領域內，是用擬想的天才在這個勞苦乏味的世界上撒布一層美的薄幕，使它生動而適合吾們的審美享受。在中國，生活的藝術，與繪畫、詩合而爲一。十七世紀末期，大文學家李笠翁在他的戲曲《意中緣》裏有這麼兩句：

已觀山上畫
更看畫中山

想像引用其潛思冥索，將貧愁化入美境，吾人讀杜甫詩，此旨最能明顯。美可以存在於茅舍中，亦可以存在於蚱蜢，存在於蟬翼中；最稀奇處，美亦可以存在於岩石中，世界上只有中國人會去畫一塊嶙峋殘罅的怪石，把它懸諸壁上，終日欣賞玩味，樂在其中。此等怪石並非威尼斯或佛羅倫斯的石雕像，而是粗糲不堪、毫無修飾的天然產物，它仍然存留著自然原貌的粗放韻味，而吾們的審美樂趣即自此產生。

我想，賞玩品味普通石頭的樂趣，是中國人心靈中最後的風雅。的確，中國人在一顆小石頭裏探索美，其用心之良苦，與他們急於想從這個岌岌可危的、宿命的世界裏壓榨出最後一分快樂並無兩樣。即使內戰就在他家門口如火如荼地開打，他仍會把一幅嶙峋怪石，或花貓兒注視蚱蜢的圖畫，掛在牆上細細品味欣賞。

從平凡生活中尋求美，是華茲華斯一派之價值，也是中國人想像之價值，因爲華茲華斯（Wordsworth）爲英國所有詩人中最富有中國精神者。明末學者蕭士瑋，在雨點中也感受到了美，他在筆記中說；人倘在雨點中久立而不去，可以體味出一種美的感覺來。這樣的說法即爲一般通行之筆記體裁。但這不僅是文學的要旨，亦爲人生的要旨。

第四章　人生之理想

一　中國的人文主義

欲明瞭中國人對於生命之理想，先應明瞭中國之人文主義（Humanism），人文主義這個名詞的意義，未免曖昧不明。但中國人之人文主義，自有其一定之界說，它包括第一點，人生最後目的之正確概念；第二點，對於此等目的之全然信仰；第三點，依合乎人類情理，或《中庸》之道的精神以求達到此等目的。中庸之道也可以釋作對常識的信仰。

人生究有何種意義、何等價值，這個問題曾費盡了西方哲學家許多心思，錯綜糾纏，終未能予以全盤之解釋——這是從目的論的觀點出發的自然結果，目的論蓋認爲宇宙間一切事物連同蚊蟲傷寒病菌在內，都是爲了人類的福利而產生的。因爲這個人生太痛苦、太慘愁，殆無法創設一完善之解答以滿足人類的自尊心。目的論因是又轉移到第二個人生，這個現世的塵俗的生命因是被看作下一世生命的準備，這種學理與蘇格拉底（Socrates）的邏輯相符合，他把悍妻視作訓練丈夫性情的天然準備。這一個論證上左右爲難的閃避方法，有時給吾們的心靈以暫時的安寧。但是那永久不息的問題又復出現了：「人生究有何種意義？」尼采則毅然決然不避艱難地拒絕假定人生應有目的，而深信人類生命之進程是一個循環，人類的事業乃爲無目的之野人的舞踊，非爲有目的之往返於市場。但是這個問題仍不斷出現，有似海浪之拍岸：「人生究有何種意義？」

中國人文主義者卻自信他們已會悟了人生的真正目的。從他們的會悟觀之，人生之目的並非存於死亡以後的生命，因爲像基督所教訓的理想謂；人類爲犧牲而生存這種思想是不可思議的；也不存於佛說之涅槃，因爲這種說法太玄妙了；也不存於事功的成就，因爲這種假定太虛誇了；也不存於爲進步而前進的進程，因爲這種說法是無意義的。人生真正的目的，中國人用一種單純而顯明的態度決定了，它存在於樂天知命以享受樸素的生活，尤其是家庭生活與和諧的社會關係。曩時，啓蒙的學童所習誦的第一首詩是：

雲淡風輕近午天，
傍花隨柳過前川；
時人不識余心樂，
將謂偷閒學少年。

這一首小詩不獨表現詩的情感，它同時表現了人生「至善至德」的概念。中國人對於人生的理想是浸透於此種情感中的。這一種人生的理想既不是懷著極大野心，也不是玄妙而不可思議，它是無尙的真理，我還得說它是放著異彩的淳樸理想，只有腳踏實地的中國精神始能領悟之。吾人誠不解歐美人何以竟不能明瞭人生的目的即在純潔而健全的享受人生。中西本質之不同好像是這樣的：西方人較長於進取與工作而拙於享受，中國人則善於享受有限之少量物質。這一個特性，吾們的集中於塵俗享樂的意識，即爲宗教不能存在之原因，也就是不存在的結果。因爲你倘使不相信現世此一生命的終局繫於下一世的生命，自然要在這一齣現世人生趣劇未了以前享受所有的一切。宗教之不存在，使此等意識之凝集尤爲可能。

從這一種意識的凝集，發展了一種人文主義，它坦白地主張以人類爲中心的宇宙學說，而制下了一個定則：一切智識之目的，在謀人類之幸福。把一切智識人性化，殆非容易之工作，因爲人類心理或有陷於歪曲迷惑之時，他的理智因而被其邏輯所驅使，而使他成爲自己智識的工具。是以只有用銳敏的眼光，堅定的主意，把握住人生的真正目的若可以明見者然，人文主義始克自維其生存。人文主義在擬想來世的宗教與現代之物質主義之間，占一低微地位。佛教在中國可說控制了大部分民間的思想，但忠實的孔教徒常含蓄著內在的憤怒以反抗佛教之勢力，因爲佛教在人文主義者的目光中，僅不過爲真實人生之逃遁或竟是否定。

另一個方面，現代文明的世界方勞役於過度發展的機械文明，似無暇保障人類去享受他所製造的物質。鉛管設備在美國之發達，使人忘卻人類生活之缺乏冷熱水管者同樣可以享受幸福之事實。像在法國、在德國，許多人享受著舒適之高齡，貢獻其重要的科學發明，寫作有價值的鉅著，而他們的日常生活，固多使用著水壺和老式水盆也。這個世界好像需要一個宗教，來廣布耶穌安息日之著名格言，並宣明一種教義：機械爲服役於人而製造，非人爲服役於機械而產生。總而言之，一切智慧之極點，一切智識之問題乃在於怎樣使「人」不失爲「人」，和他的怎樣善享其生存。

二 宗教

中國人文學者盡心於人生真目的之探討，爲學術界放一異彩，他們會悟了人生的真意義，因完全置神學的幻象於不顧。當有人詢問吾們的偉大人文學家孔子以死的重要問題時，孔子的答覆是：「未知生，焉知死。」有一次，一位美國長老會牧師跟著追根究柢討論生死問題之重要性，引證至天文學原理，謂太陽在逐漸喪失其精力，或許再隔個幾百萬年，生命在地球上便將消滅。牧師因問我：「那你還承認不承認生死問題到底是重要的？」吾率直地告訴他，吾未爲所動；倘使人類生命還有五十萬年可以延續，那已很足以適應實踐目的之需要而有餘，至其餘則都屬於不必要的玄學者的杞憂。任何人的生命，如欲生活五十萬年而猶不感滿足，這是不合理，而且非東方人士所能瞭解。這位長老會牧師的杞憂，是條頓民族的特性，而我不關心的淡漠態度是中華民族的特性。中國人是以便不易皈依基督敎，即使信仰基督敎，多爲教友派（Quakers）式之教徒（**譯者按：教友派為義大利人喬治・福克斯（G. Fox）所創之宗派，係主張不抵抗主義者**），因爲這一派是基督教中唯一可爲中國人所瞭解之一種，基督教義如當作一種生活方法看，可以感動中國人，但是基督教的教條和教理，將爲孔教所擊個粉碎，非由於孔教邏輯之優越，卻由於孔教之常識性的勢力，佛教輸入中國，當其被智識階級所吸收，其宗教本身只形成一種心意攝生法，此外便了無意義。宋代理學的本質便是如此。

這卻是爲什麼緣故？因爲中國的人生理想具有某程度的頑固特性。中國的繪畫或詩歌裏頭，容或有擬想幻象的存在，但是倫理學中，絕對沒有非現實的想像成分。就是在繪畫和詩歌中，仍富含純粹而懇摯的愛悅尋常生活的顯著徵象，而幻想之作用，乃所以在此世俗的生活上籠罩一層優美的迷人薄幕，非真圖逃遁此俗世也。無疑地，中國人愛好此生命，愛好此塵世，無意捨棄此現實的生命而追求渺茫的天堂。他們愛悅此生命，雖此生命是如此慘愁，卻又如此美麗，在這個生命中，快樂的時刻是無尙的瑰寶，因爲它是不肯久留的過客。他們愛悅此生命，此生命爲一紛擾糾結之生命，上則爲君王，下則爲乞丐，或爲盜賊，或爲僧尼。其居常則養生送死，嫁娶疾病，晨曦晚霞，煙雨明月，勝時佳節，酒肆茶寮，翻雲覆雨，變幻莫測，勞形役性，不得安息。

就是這些日常生活的瑣碎詳情，中國小說家常無厭地樂於描寫，這些詳情是那麼真實那麼切人情，那麼意味深長，吾們人類，誰都受了它們的感動。那不是一個悶熱的下午嗎？那時闔家兒自女主人以至傭僕個個沉浸在睡鄉裏了，黛玉卻獨個兒坐在珠簾的後面，不是聽得那鸚哥呼喚著主人的名字麼？那又不是八月十五嗎？那是一個不可忘的中秋佳節，女兒們和寶哥哥又擠攏在一起，一邊兒持螯把酒，一邊兒作詩了，起了勁兒，你我揶揄一陣子，狂笑一陣子；多麼快樂，多麼醉人啊！但是這樣美滿的幸福總難得長久，中國有句俗諺，叫作月圓易缺，花好易殘，又多麼掃興啊！或者那不是一對兒天真的新夫婦，在一個月夜第一次別後重逢嗎？他們倆坐在小池的旁邊，默禱著花好月圓的幸福，可是一會兒黑雲罩上了月兒，遠遠裏聽得好像隱隱約約有什麼嘈雜聲，好像一隻漫步的鴨子被一條暗伺的野狼追逐著的逃遁聲。第二天，這年輕的妻子壓不住渾身發抖，她不是患起高度的寒熱病來了嗎？人生的這樣犀利動人的美麗是值得用最通俗的筆墨記載的。這個塵俗的人生之表現於文學，從不嫌其太切實也不嫌其太庸俗的。一切中國小說之特點，為不厭求詳的列舉瑣碎家常。或者一個家宴中的各色菜肴，或者一個旅客在客舍進膳的形形色色，甚至接著描寫他的腹痛，因而趨赴空曠地段去如廁的情形，空地固為中國人的天然廁所。中國小說家是這樣描寫著，中國的男女是這樣生活著，這個生命是太充實了，它不復有餘地以容納不滅的神的思想了。

中國人生理想之現實主義與其著重現世的特性源於孔氏之學說，孔教精神的不同於基督教精神者即為現世的，與生而為塵俗的。基督可以說是浪漫主義者而孔子為現實主義者，基督是玄妙哲學家而孔子是一實驗哲學家，基督為一慈悲的仁人，而孔子為一人文主義者。從這兩大哲學家的個性，吾人可以明瞭希伯來宗教與詩，和中國的現實思想及普通感性二者對照的根本不同性。孔子學說，乾脆些說，不是宗教，它有一種對待人生與宇宙的思想，接近乎宗教而本身不是宗教。世界上有這樣的偉人，他們不大感興奮於未來的人生，或生命不滅，或所謂神靈的世界等等問題。這樣典型的哲學絕不能滿足日耳曼民族，因亦不能滿足希伯來，可是它滿足了中華民族——一般地講。我們在下面將講到，就是中華民族也不能感到充分滿足，可是它的缺憾卻給道教佛教的超自然精神彌補上了。但是此種超自然精神在中國，好像一般地與人生的理想有一種隔閡而不能融合，它們只算是一些精神上的搭頭戲，所以調劑人生，使之較為可忍受而已。

孔子學說之人文主義的本質可謂十足純粹，雖後來許多亞一等的人物，文人或武將，被後人上了尊號，奉爲神祇，但孔子和他的弟子從未被人當作神祇的偶像看待。一個婦人受了人家的暴辱，若能一死以保持其貞操，可以很迅速變成當地的神祇，建立廟宇，受民間的奉祖。人文主義的性質，可以由下面的事實來說明：三國時名將關羽被人塑裝偶像，尊爲神明，而孔子則不被人奉爲神像，祖廟宗祠裏的列祖列宗亦不奉爲神像。那班搗毀偶像的急進黨倘欲衝進孔廟，乃未免太無聊了。在孔廟和宗祠裏頭，只有長方的木質牌位，上面寫著這牌位所代表的姓名，它不像個偶像，倒像個人名錄。無論如何，這些祖宗並非是神祇，他們同樣是人類，不過已脫離了塵世，故繼續受子孫的奉養，有如生時。倘使他們生時是偉人，則死後可以保護他的子孫，但是他們本身也需要子孫的援助。四時祭祀以免饑餓，焚化紙錠以資爲地獄間一切開支，子孫又得乞助於僧侶，以超度其在地獄中的祖宗。簡言之，他們繼續受子孫之看護奉養，一如在世之老年時代。這情形也跟後代讀書人之祭孔典禮用意相同。

著者常留意觀察宗教文化像各基督教國家，和質樸的文化像中國，二者之間的差異，與此歧異的文化怎樣滲入人的內心；至於內心的需求，著者敢擅斷是一樣的。此等差異，與宗教之三重作用不相上下。第一，宗教爲一個教士策術的綜合體；包括它的信條，它的教皇權的嗣續，它的訴求於神蹟，它的贖罪專利和贖罪劵販售。它的救贖之易如反掌，它的天堂與地獄說。宗教因是而利於流行，普及於各種民族，連中國在內。在人類文化的某程度上，宗教這樣也可算滿足了人心的需求了。因爲人民需要這一套宗教精神，於是道教與佛教出而應市於中國，蓋孔教學說不欲供給此等物料也。

第二，宗教為道德行為之裁定者；在這一點上，中國人與基督教的觀點差異非常大，人文主義者的倫理觀念是以「人」為中心的倫理，非以「神」為中心的倫理，在西方人想來，人與人之間，苟非有上帝觀念之存在，而能維繫道德的關係，是不可思議的。在中國人方面，也同樣詫異，人與人何以不能保持合禮的行為，為何必須顧念到間接的第三者關係上始能遵守合禮的行動呢？那好像很容易明瞭，人應該盡力為善，理由極簡單，就只為那是合乎人格的行為。著者嘗默忖久之，設非聖保羅神學之庇蔭，今日歐洲之倫理觀念，不知將又是怎樣一副面目。我想它勢必同化於奧理略（Marcus Aurelius）的〈冥想錄〉。聖保羅神學帶來了希伯來的罪惡意識，這個意識籠罩了整個基督教的倫理園地，使一般人感覺，除了皈依宗教，即無法拔除罪惡，恰如贖罪之道所垂示者，因此之故，歐洲倫理觀念而欲與宗教分離，這種奇異意識似從未一現於人民的心坎。

第三，宗教是一種神感，一種生活的情感，亦為一種宇宙的神秘而莊肅宏巍的感覺，生命安全的探索，所以滿足人類最深的精神本能。吾們的生命中，時時有悲觀的感覺浮上吾們的心頭，或者當我們喪失了所愛者，或者久病初癒，或當新寒的秋晨，每目睹風吹落葉，淒慘欲絕，一種死亡與空虛的感覺籠罩了我們的心坎，那時我們的生命已超越了我們的認識，我們從這眼前的世界望到廣漠的未來。

此等悲觀的一瞬，感觸中國人的心，同樣也感觸西方人的心，但是兩方的反應卻截然不同。著者從前為一基督教徒而現在為拜偶像者，依著者鄙見，宗教雖只安排著一個現存的回答，籠統地解決這些問題而使心靈安定下來，它確也很能從意識中消除這個人生的莫測深淵之神秘與傷心刻骨的悲哀。這種悲哀的情緒就是我們所謂「詩」。基督教的樂觀主義毀滅了一切「詩」。一個拜偶像者，他沒有現成的答覆，他的神秘感覺是永遠如熠火之不熄，他的渴望保護永遠不得回覆，也永遠不能回覆，於是勢必驅入一種泛神論的詩境。實際上，詩在中國的人生過程中，代替了宗教所負神感與生活情感的任務，吾們在討論中國的詩的時候，將加以解釋。西方人不慣於泛神的放縱於自然的方式，宗教是天然的救濟。但在非基督徒看來，宗教好像基於一種恐懼，好像恐怕詩和擬想還不夠在人情上滿足現世的人生，好像恐懼丹麥的海濱森林和地中海沙灘的力和美還不夠安慰人的靈魂，因是超凡的神是必需的了。

但孔教的普通感性固輕蔑著超自然主義，認爲都是不可知的領域，直不屑一顧，一面卻竭力主張於心的制勝自然，更否定放縱於自然的生活方式或自然主義。這個態度，孟子所表顯者最爲明晰。孔門學說對於人在自然界所處地位的概念是：「天地人爲宇宙之三才。」這個區別，彷彿巴比倫之三重區別，超自然主義、人文主義、自然主義。天界的現象，包括星、雲，和其他不可知的力，西方的邏輯哲學家把它歸納爲「上帝之行動」。而地球的現象，則包括山川和其他種種力，希臘神話中歸諸農業女神狄蜜特（Demeter）者。其次爲人，介乎二者之間，占領重要的地位。人知道他自己在宇宙機構間之歸屬，因而頗自傲其地位之意。有如中國式的屋面而非如哥德式的尖塔，它的精神不是聳峙天際，卻是披覆於地面。他的最大成功是在此塵世生活上能達到和諧而快樂的程度。

因此，中國式屋頂的意涵是指快樂主要得自於家庭。的確，對我來說，家庭是中國人文主義的表徵。人文主義好比是個家庭主婦，宗教好比臉色蒼白的修女（或攜著傘的女傳教士），自然主義好比荒淫的娼妓，三者之中，主婦是最普通，最淳樸，卻也最教人滿意放心的角色。這是三種生活方式。

但是淳樸是不容易把握的，因爲淳樸是偉大人物的美質。中華民族卻已成就了這個簡純的理想，不是出於偷逸懶惰，而是出於積極的崇拜淳樸，或即爲「普通感性之信仰」。然則其成就之道何在？下面即有以討論及之。

三　中庸之道

普通感性之宗教或信仰，或情理的精神，是孔教人文主義之一部分或一分段。就是這種情理精神產生了中庸之道，它是孔子學說的中心思想。關於情理精神前面曾經論及，它是與邏輯或論理相對立的。情理精神既大部分爲直覺的，故實際上等於英文中的「常識」。從這種精神的顯示，即任何信條，凡欲提供於中國人的面前，倘只在邏輯上合格，還是不夠的，它必須「符合於人類的天性」，這是極爲重要的概念。

中國經典學派的目的，在培育講情理的人，這是教育的範型。一個讀書人，旁的可以不管，第一先要成爲講情理的人，他的特徵常爲他的常識之豐富，他的愛好謙遜與節約，並厭惡抽象學理與極端邏輯的理論。常識爲普通人民人人所有的，而哲學家反有喪失此等常識的危險，因而易致沉溺於過度學理之患。一個講情理的人或讀書人要避免一切過度的學理與行爲，舉一個例子：歷史家弗勞德（Froude）說：亨利八世（Henry VIII）之與凱瑟琳（Catherine of

Aragon）離婚，完全出於政治的原因。而從另一方面的觀點，則克萊頓（Creighton）主教宣稱：這件事故完全出於獸欲。若令以常情的態度來評判，則認為兩種原因各居其半，這種見解其實較為切近真相。在西方，某種科學家常沉迷於遺傳的理想，另一種則著魔於環境的意識，而每個人都固執地以其鴻博的學問與興奮的憨性，竭力證明自己所持之學理為正確。東方人則可以不費十分心力，下一個模稜兩可的判斷。是以中國式的判斷，可以立一個萬應的公式：即「A是對的，B亦未嘗錯」。

這樣自慰自足的態度，有時可以挑怒一個講邏輯的人，要問一問到底是怎樣？講情理的人常能保持平衡，而講邏輯的人則喪失了平衡。倘有人謂中國繪畫家可以像畢卡索，採取完全邏輯的觀察，把一切繪畫的對象簡化到單純的幾何形體，圓錐、平面、角、線條來構圖，而把邏輯的學理運入繪畫，這樣的理想在中國顯然是不會實現的。吾們有一種先天的脾氣，不信任一切辯論，若為太完全的，又不信任一切學理，若是太邏輯的。對付此等學理上的邏輯怪想，「常情」是最好最有效的消毒劑。羅素曾經很正確地指出：「在藝術上，中國人竭力求精細，在生活上，中國人竭力求合情理。」

崇拜此常情之結果，乃為思想上的厭惡一切過度的學理，道德上的厭惡一切過度的行為。此種態度之天然趨勢，為產生「中庸之道」。它的意思實在相同於希臘的「不欲過分」的思想，中文意思相同於moderation的字為「中和」，它的意義是「不過分而和諧」；相同於restraint的字為「節」字，意義是「克制至適宜之程度」。《書經》為中國收錄政治文件最早之史籍，內載當堯禪位之時，勸告其繼承者舜說：「咨爾舜，天之歷數在爾躬，允執厥中，四海困窮，天祿永終。」孟子讚美商湯說：「湯執中，立賢無方。」《中庸》上說：「舜好問，而好察邇言，隱惡而揚善，執其兩端而用其中於民……」它的意義是謂他必須聽取相反的兩端議論，而給雙方同樣打一個對折的折扣。中庸之道在中國人心中居極重要之位置，蓋他們自名其國號曰「中國」，有以見之。中國兩字所包含之意義，不止於地文上的印象，也顯示出一種生活的軌範。中庸即為本質上合乎人情的「常軌」，古代學者尊奉中庸之道，自詡已發現一切哲學的最基本真理，故曰中者天下之正道，庸者天下之定理。

中庸之道覆被了一切，包藏了一切。它沖淡了所有學理的濃度，毀滅了所有宗教的意識。假定有一次一個儒教的老學究與一個佛教法師開一次辯論，這位大法師大概很能談談，他能夠引出許多材料以證明世上物質的虛無與人生之徒然，這時候，老學究大概將簡單地用他的實情而非邏輯的態度說：「倘令人人脫離家庭而遁跡空門，則世界上的一切國家與人民將變成怎樣情形呢？」此非邏輯而極切人情的態度，其本身具有一種緊張的力。這個人生的標準不獨反對佛教，抑亦反對一切宗教、一切學理。吾人勢不復能致力於邏輯。實際上，所有學理之得以成為學理，乃一種思想，發育自創始者的心理作用。弗洛伊德神經學學理之內容實即為弗洛伊德（Freud）之化身；而佛教學說之內容，乃佛陀之化身。所有一切學理，不問弗洛伊德或佛陀的學說，都好像基於過度誇張的幻覺。人類的苦難，結婚以後生活之煩惱，滿身痛楚的叫化子，病人的呻吟，此等景象與感覺，在吾們普通人可謂隨感隨忘；可是對於佛陀，則給予其敏感的神經以有力之刺激，使他浮現涅槃的幻景。孔子學說適與此相反，乃為普通人的宗教，普通人固不普於敏感，否則整個世界將瓦解而分崩。

中庸的精神在生活與智識各方面隨處都表顯出來；邏輯上，人都不應該結婚，實際上，人人要結婚，所以孔子學說勸人結婚；邏輯上，一切人等都屬平等，而實際則不然，故孔子學說教人以尊敬尊長；邏輯上男女並無分別，而實際上卻地位不同，故孔子學說教人以男女有別。墨子教人以「兼愛」，楊朱教人以「爲我」，孟子則兩加排斥，卻主張親親而仁民，仁民以愛物。孟子稱：伯夷隘，柳下惠不恭，子思則勸人取中和之道，這三種不同之方式，誠爲極動人之比較。

專把性欲問題來談。性道德上有兩種相反的意見：一種極端由佛教及喀爾文（Calvin）主義來代表，這一派認爲性是罪惡之極點，故禁欲主義爲其自然之結論。另一極端爲自然主義，這一派推崇傳殖力，現代有許多摩登男女是秘密的信徒。這兩派意見的矛盾，惹起現代摩登青年所謂精神的不安。像哈夫洛克．埃利斯在性的問題上，曾努力尋求純潔而健全的見解，以適應正常人類的情欲，他的見解顯然轉向希臘民族的意識方面，也就是人文主義的意見。至於孔子學說所給予「性」之地位，他認爲這是完全正常的行爲，不但如是，且爲人種與家族永續的重大關鍵。其實對於「性」有最明晰之見解者，著者一生所遇，莫如《野叟曝言》。這是一本絕對孔教主義的小說。內容特著重於揭露和尙的放浪生活。書中主角，爲一孔教的超人，他奔走說合那些光桿土匪和土匪姑娘的婚姻，勸他們好好替祖宗延續胤嗣。此書與《金瓶梅》不同，《金瓶梅》專事描寫浪子淫婦，而《野叟曝言》中的男男女女是貞潔而合禮的人物，結成模範夫妻。這本小說之所以被視爲淫書，其唯一原因爲作者把書中男女有意處於尷尬之環境。但是它的最大成果，確爲婚姻與家族問題之可信的辯論，並發揚了母性精神。這一個對於「性」的見解爲孔教學說關於情欲之唯一表彰者，子思在《中庸》中對於人類七情之意見，蓋反覆申述「中和」以爲教焉。

今以東方人所稱爲「過分」的西方學理而取此態度，就覺頗有難色，西方人實在太易於被種種主義所奴役，國家主義、法西斯主義、社會主義或共產主義，這種種都是過度膨脹的機械工業制度的後果。人忘卻了國家爲人民而存在，非人民爲國家而生存；像一個共產國家，視人民爲某階級之一員，或國家機構的一分子，此等見解衡之以孔子學說對於人生真目的之解釋，怕不立即喪失其動人之魔力嗎？反對乎諸如此類的一切制度，人人可以主張其生存之權利而尋求幸福。人類享受幸福的權利，駕乎一切政治權利之上。中國倘成立了法西斯政權，那須得舌疲唇焦去勸服一般仁人君子，謂國家之強力遠較個人之幸福爲重要。一位精密觀察者觀了當時建立於江西的共產政府，貢獻了共產政權所以在中國必須失敗的最大理由，不管它如何優越於其他封建軍閥統治的區域，其事實爲那兒的人民生活太機械化，太不近人情，總是不相宜的。

中國人之講情理的精神與其傳統的厭惡極端邏輯式的態度，產生了同等不良的效果，那就是中華民族整個的不相信任何法制紀律，因爲法制紀律即爲一種機械，總是不近人情的，而中華民族厭惡一切不近人情的東西。中國人厭惡機械制度如此之甚，因之厭惡法律與政府的機械論的觀點，致使憲法政府之實現爲不可能。嚴厲峻刻之法制統治權，或非人情政治的法律，在吾國蓋已屢屢失敗，它的失敗蓋由於不受人民之歡迎。法制政治之概念，在第三世紀中，吾國曾有大思想家建議而付諸實施。商鞅即爲實驗法制政治之一人。他是一個出類拔萃的大政治家，相秦孝公，威震諸侯，奠定了秦國強大的基礎，但其結果，把他的頭顱償付了政治效力的代價。秦本爲僻處甘肅邊陲的次等邦國，歷史上懷疑其混合有野蠻的部落，賴商鞅之努力擘劃，建立了勇武的軍隊，征服了全中國。乃其統治權曾不能維持四十年，反抗者蜂起，秦社卒悲愁地傾覆。此無他，蓋其以商鞅所施於秦國之同樣政治方式，施之於中國人民全體之故耳。秦代之建築萬里長城，確有其不朽之功績，然亦爲不可恕之「不近人情」，致斷送了秦始皇的帝統。

加以中國人文主義者不斷宣傳其教義，而中國人民在過去常統治於個人政權之下，故「法制紀律」中國人稱爲「經」者之不足，常能賴「便宜行事」，中國人稱爲「權」者來彌補。所謂「權以經濟之窮」。與其接受法治的政府，中國人寧願贊成賢人政府。賢人政府是比較的近人情，比較的有伸縮性。這是一個大膽的理想——天生有如此眾多的賢人，足以遍布全境而統治一個國家！至謂民主能從點算普通人民意見混雜的投票中獲得真理，亦屬同樣大膽的論斷。兩種制度都有不可免的缺點，但以人爲標準的制度總是對於中國人的人文主義，中國人的個人主義和愛好自由，是較合脾胃的。

這個癖性，缺乏紀律，成爲吾國一切社會團體的特性，一切政治機關、大學校、俱樂部、鐵路、輪船公司——一切的一切，除掉外國人統制的郵政局與海關——都有這樣的特性。其結果則爲引用私人，嬖寵弄權，隨時隨地，如法炮製，有不學而能者。只有一顆不近人情的心，鐵面無私的性格，始能撇開私人的感情作用而維持嚴格之紀律，而這種鐵面在中國殊不受大眾歡迎，因爲鐵面都是不純良的孔教徒。這樣養成了缺乏社會紀律之習慣，爲中華民族之最大致命傷。

是以中國之錯誤，無寧說是太講人情。因爲講人情其意義相同於替人類天性留餘地。在英國對人說：「做事要講情理」，等於教人放任自然。你讀過蕭伯納著的《賣花女》嗎？劇本中那位賣花姑娘的爹爹杜律得爾要向歇琴斯教授敲一張五鎊鈔票的竹槓時，他的理由是：「……這樣合理嗎？……這女兒是我的。你要了去，我的份兒呢？」

杜律得爾更進一步，表現中國的人文主義精神，他只索取五鎊，而拒絕了歇琴斯教授所欲付給的十鎊。因爲金錢太多了會使他不快活，而真實的人文主義者所需要的金錢只消夠快活、夠喝一杯酒。換言之，杜律得爾是一位孔教徒，他知道怎樣求快活，且只需要快活。

因爲時常與情理相接觸，中國人的心上發育了一種互讓的精神，蓋爲中庸之道的自然結果。倘有一位英國父親打不定主意該把他的兒子送進劍橋大學呢？還是送進牛津大學？他可以最後決定把他送進伯明罕（Birmingham）。這樣，他兒子從倫敦出發，到達白萊卻萊（Bletchley）時，既不轉而東向劍橋，又不轉而西向牛津，卻是筆直地北指而往伯明罕。他恰恰實行了中庸之道。這一條往伯明罕之路是有相當價値的，因爲筆直的北去，既不東面得罪了劍橋，也不西面得罪了牛津。倘使你明白了這個中庸之道的使用法，你便能明白近三十年來全盤的中國政治，更能從而猜測一切中國政治宣言的內幕，而不致吃那文字火焰之威嚇了。

四 道教

然則孔子的人文主義能否叫中國人感到十分充分的滿足呢？答覆是：它能夠滿足，同時，也不能夠滿足。假使已經完全滿足了人民內心的欲望，那麼就不復有餘地讓道教與佛教得以傳播了。孔子學說之中流社會的道德教訓，神妙地適合於一般人民，它適合於服官的階級，也適合於向他們叩頭的庶民階級。

但是也有人一不願服官，二不願叩頭。他具有較深邃的天性，孔子學說未能深入以感動它。孔子學說依其嚴格的意義，是太投機，太近人情，又太正確。人具有隱藏的情愫，願得披髮而行吟，可是這樣的行為非孔子學說所容許。於是那些喜歡蓬頭跣足的人走而歸於道教。前面已經指出過，孔子學說的人生觀是積極的。而道教的人生觀則是消極的。道教學說為一大「否定」，而孔子學說則為一大「肯定」。孔子以禮義為教，以順俗為旨，辯護人類之教育與禮法。而道教吶喊重返自然，不信禮法與教育。

孔子設教，以仁義為基本德性。老子卻輕蔑地說：「失道而後德，失德而後仁，失仁而後義……」孔子學說的本質是都市哲學，而道教學說的本質為田野哲學。一個摩登的孔教徒大概將取飲城市給照的A字消毒牛奶，而道教徒則將自農夫乳桶內取飲鄉村鮮牛奶。因為老子對於城市照會、消毒、A字甲級等等，必然將一例深致懷疑，而這種城市牛奶的氣味將不復存天然的乳酪香味，反而絪縕著重大銅臭氣。誰嘗了農家的鮮牛奶，誰會不首肯老子的意見或許是對的呢？因為你的衛生官員可以防護你的牛奶免除傷寒菌，卻不能防免文明的蠹蟲。

孔子學說中還有其他缺點，他過於崇尚現實而太缺乏空想的意象成分，中國人民是稚氣地富有想像力，有幾許早期的幻異奇蹟，吾人稱之為妖術及迷信者，及後代仍存留於中國人胸中。孔子的學說是所謂敬鬼神而遠之；他承認山川之有神祇，更象徵的承認人類祖考的鬼靈之存在，但孔子學說中沒有天堂地獄，沒有天神的秩位等級，也沒有創世的神話。他的純理論，絕無羼雜巫術之意，亦無長生不老之藥。其實雖籠罩於現實氛圍的中國人，除掉純理論的學者，常懷有長生不老之秘密願望。孔子學說沒有神仙之說，而道教則有之。總之，道教代表神奇幻異的天真世界，這個世界在孔教思想中則付闕如。

故道家哲學乃所以說明中國民族性中孔子所不能滿足之一面。一個民族常有一種天然的浪漫思想，與天然的經典風尙，個人亦然。道家哲學爲中國思想之浪漫派，孔教則爲中國思想之經典派。確實，道教是自始至終羅曼斯的；第一，它主張重返自然，因而逃遁這個世界，並反抗狄奪自然之性而負重累的孔教文化。其次，它主張田野風的生活、文學、藝術，並崇拜原始的淳樸；第三，它代表奇幻意象的世界，加綴之以稚氣的質樸的「天地開闢」之神話。

中國人曾被稱爲實事求是的人民，但也有他浪漫獨特的一面，這一面或許比現實的一面還要深刻，且隨處流露於他們熱烈的個性，他們的愛好自由，和他們隨遇而安的生活。這一點常使外國旁觀者爲之迷惑而不解。照我想來，這是中國人民之不可限量的重要特性。每一個中國人的心頭，常隱藏有內心的浮浪特性和愛好浮浪生活的癖性。生活於孔子禮教之下，倘無此感情上的救濟，將是不能忍受的痛苦。所以道教是中國人民的遊戲姿態，而孔教爲工作姿態。這使你明白每一個中國人當他成功發達而得意的時候，都是孔教徒，失敗的時候則都是道教徒。道家的自然主義是一服鎮痛劑，所以撫慰創傷了的中國人之靈魂者。

那是很有興味的，你要知道道教之創造中華民族精神倒是先於孔子，你再看它怎樣經由民族心理的響應而與解釋鬼神世界者結合同盟。老子本身與「長生不老」之藥毫無干係，也不涉於後世道教的種種符籙巫術。他的學識是政治的放任主義與論理的自然主義的哲學。他的理想政府是清靜無爲的政府，因爲人民所需要乃自由自在而不受他人干涉的生活。老子把人類文明看作退化的起源，而孔子式的聖賢被視爲人民之最壞的腐化分子。宛似尼采把蘇格拉底看作歐洲最大的壞蛋，故老子俏皮地譏諷說：「聖人不死，大盜不止。」繼承老子思想，不愧後起之秀者，當推莊子。莊子運其蓮花妙舌，對孔教之假道學與不中用備極譏誚。

諷刺孔子哲學固非難事，他的崇禮儀，厚葬久喪並鼓勵其弟子鑽營官職，以期救世，均足供爲諷刺文章的材料。道家哲學派之憎惡孔教哲學，即爲浪漫主義者憎惡經典派的天然本性。或可以說這不是憎惡，乃是不可抗的嘲笑。

從徹頭徹尾的懷疑主義出發，真只與浪漫的逃世而重返自然相距一步之差，據史傳說：老子本爲周守藏室史，一日騎青牛西出函谷關，一去不復返。又據《莊子》上的記載，莊子釣於濮水之上，楚王使大夫往，曰：「願以境內累。」莊子持竿不顧，曰：「吾聞楚有神龜，死二千歲矣，巾笥藏之廟堂之上。此龜寧死爲留骨而貴乎？寧生曳尾泥中乎？」大夫曰：「寧曳尾塗中。」莊子曰：「往矣！吾將曳尾於塗中。」從此以後，道家哲學常與遁世絕俗，幽隱山林，陶性養生之思想不可分離。從這點上，吾們攝取了中國文化上最迷人的特性，即田野風的生活、藝術與文學。

或許有人會提出一個問題：老子對於這個逃世幽隱的思想該負多少責任？殊遽難下肯定之答覆。被稱爲老子著作的《道德經》，其文學上之地位似不及「中國尼采」莊子，但是它蓄藏著更爲精鍊的俏皮智慧之精髓。據我的估價，這一本著作是全世界文壇上最光輝燦爛的自保的陰謀哲學。它不第教人以放任自然，消極抵抗。抑且教人以守愚之爲智，處弱之爲強，其言曰：「……不敢爲天下先。」它的理由至爲簡單，蓋如是則不受人之注目，故不受人之攻擊，因能立於不敗之地。所以他又說：「……以其不爭，故天下莫能與之爭。」盡我所知，老子是以渾渾噩噩藏拙蹈晦爲人生戰爭利器的唯一學理，而此學理的本身，實爲人類最高智慧之珍果。

老子覺察了人類智巧的危機，故盡力鼓吹「無知」以爲人類之最大福音。他又覺察了人類勞役的徒然，故又教人以無爲之道，所以節省精力而延壽養生。由於這一個意識，使積極的人生觀變成消極的人生觀。它的流風所被染遍了全部東方文化色彩。如見於《野叟曝言》及一切中國偉人傳記，每勸服一個強盜或隱士，使之與家庭團眾而重負俗世之責任，常引用孔子的哲學理論；至遁世絕俗，則都出發於道教的觀點。在中國文字中，這兩種相對的態度稱之爲「入世」與「出世」。有時此兩種思想會在同一人心上蹶起爭鬥，以期戰勝對方。即一個人一生的不同時期，或許此兩種思想也會此起彼伏，如袁中郎之一生。舉一個眼前的例證，則爲梁漱溟教授，他本來是一位佛教徒，隱棲山林間，與塵世相隔絕；後來卻恢復孔子哲學的思想，重新結婚，組織家庭，便跑到山東埋頭從事於鄉村教育工作。

中國文化中重要特徵之田野風的生活與藝術及文學，採納此道家哲學之思想者不少。中國之立軸中堂之類的繪畫和瓷器上的圖樣，有兩種流行的題材，一種是合家歡，即家庭快樂圖，上面畫著女人、小孩，正在遊玩閒坐；另一種則爲閒散快樂圖，如漁翁、樵夫，或幽隱文人，悠然閒坐松蔭之下。這兩種題材，可以分別代表孔教和道教的人生觀念。樵夫、採藥之士和隱士都接近於道家哲學，在一般普通異國人看來，當屬匪夷所思。下面一首小詩，它就明顯地充滿著道家的情調：

松下問童子，
言師採藥去；
只在此山中，
雲深不知處。

此種企慕自然之情調，差不多流露於中國所有的詩歌裏頭，成爲中國傳統精神上一主要部分。不過孔子哲學在這一方面亦有重要貢獻，崇拜上古的淳樸之風，固顯然亦爲孔門傳統學說之一部分。中華民族的農業基礎，一半建築於家族制度，一半建築於孔子哲學之渴望黃金時代的冥想。孔子哲學常追溯堯舜時代，推爲歷史上郅治之世。那時人民的生活簡單之至，欲望有限之至，有詩爲證：

日出而作，
日入而息。
掘井而飲，耕田而食；
帝力於我何有哉！

這樣崇拜古代即爲崇拜淳樸。在中國，這兩種意識是很接近的，例如人們口頭常說「古樸」，把「古代」和「素樸」連結成一個名詞。孔子哲學對於家庭之理想常希望人能且耕且讀。婦女則最好從事紡織。下面吾又摘錄一首小詞。這是十六世紀末期陳眉公（繼儒）遺給其子孫作爲家訓的箴銘。這首詞表面上似不屬於道家哲學，而實際上歌頌素樸生活，無異在支助道家哲學：

閒居書付兒輩（清平樂）

有兒事足，
一把茅遮屋。
若使薄田耕不熟，添個新生黃犢。
閒來也教兒孫，讀書不為功名。
種竹，澆花，釀酒；
世家閉戶先生。

中國人心目中之幸福，所以非爲施展各人之所長，像希臘人之思想，而爲享樂此簡樸田野的生活，而能和諧地與世無忤。

道家哲學在民間所具的真實力量，乃大半含存於其供給不可知世界之材料，這種材料是孔教所擯斥不談的。《論語》說：子不語怪力亂神。孔子學說中沒有地獄，也沒有天堂，更沒有什麼精魂不滅的理論。他解決了人類天性的一切問題，卻把宇宙的啞謎置而不顧。就是於解釋人體之生理作用，也屬極無把握。職是之故，他在他的哲學上留下一個絕大漏洞，致令普通人民不得不依賴道家的神學，以解釋自然界之神秘。

拿道家神學來解釋宇宙之冥想，去老莊時代不久即見之於淮南子（紀元前一七八—一二二），他把哲學混合於鬼神的幻境，記載著種種神話。道家的陰陽二元識，在戰國時代已極流行，不久又擴大其領域，羼入古代山東野人之神話，據稱曾夢見海外有仙山，高聳雲海間，因之秦始皇信以為真，曾遣方士率領五百童男童女，入海往求長生不老之藥。由是此基於幻想的立腳點遂牢不可破，而一直到如今，道教以一種神教的姿態在民間獲得穩固之地位。尤其是唐代，道教曾經長時期被當作國教，因為唐代皇裔的姓氏適與老子同為「李」字。當魏晉之際，道教蔚成一時之風，其勢力駸駸乎駕孔教而上之。此道教之流行，又與第一次中國文學浪漫運動有聯繫的關係，並為對待經漢儒改制的孔教禮儀之反動，有一位著名詩人曾把儒者拘拘於狹隘的仁義之道，譬之於蟣蝨爬行褌縫之間。人的天性蓋已對孔教的節制和它的禮儀揭起了革命之旗。

同時，道教本身的範圍亦乘機擴展開來，在它的學術之下，又包括了醫藥、生理學、宇宙學（所謂宇宙學大致是基於陰陽五行之說而用符號來解釋的）、符咒、巫術、房中術、星相術，加以天神的秩位政體說，以及美妙的神話。在其行政方面，則有法師大掌教制度——凡屬構成通行而穩定的宗教所需之一切行頭，無不應有盡有。它又很照顧中國的運動家，因為它還包括拳術之操練。而巫術與拳術連結之結果，產生漢末的黃巾之亂。尤要者，它貢獻一種鍛鍊養生法，主要方法爲深呼吸，所謂吐納丹田之氣，據稱久練成功，可以跨鶴升天而享長生之樂。道教中最緊要而有用之字，要算是「氣」字，但這氣字未知是空氣之氣，還是噓氣之氣，抑或是代表精神之氣？氣爲非可目睹而至易變化的玄妙東西，它的用途可謂包羅萬象，無往而不適，無往而不通，上自彗星的光芒，下而拳術深呼吸，以至男女交媾。所可怪者，交媾乃被當作追求長生過程中精動磨練的技術之一，尤多愛擇處女焉。道家學說總而言之，是中國人想揭露自然界秘密的一種嘗試。

五　佛教

佛教爲輸入中國而構成中國人民思想一部分之唯一主要的異國思想。它的影響之深遠，可謂無遠弗屆，吾人至今稱小孩兒的人形玩具或即稱小孩自身爲小菩薩，至若慈禧太后也稱爲「老佛爺」。大慈大悲觀世音與阿彌陀佛成爲家喻戶曉之口頭語。佛教影響及於吾人之語言，及於吾人之飲食，及於吾人之繪畫雕刻。浮屠之興建，尤爲完全直接受佛教之感動，它刺激了吾們的文學和整個思想界。光頭灰衣，形貌與和尙無辨的人物，構成吾國社會的內層，佛教的寺院超過孔廟之數量，且爲城市與鄉村生活的中心，年事較長者常會聚於此以斷一村之公事，並舉行年祭，有如都市中之公會。和尙及尼姑皆能出入人家參與瑣碎家務，如婚喪喜慶，非僧尼固不容顧問者，故小說上往往描寫寡婦之失節、處女之被誘姦時，常非請此等宗教人物從中牽線不可。

佛教在中國民間之效用，有如宗教之在其他國家，所以救濟人類理性之窮。中國近世，佛教似較道教更為發達，各地建築之道教的「觀」，倘有一所，則佛教的「廟」當有十所，可作如是比例。以前如一九三三至三四年，西藏班禪喇嘛廣布聖水，受布者光是在北平南京兩處已達數萬人，其中包括政府大員如段祺瑞、戴季陶輩。而且莊嚴地受中央政府以及上海、杭州、南京、廣州各市政府之隆重款待。又如一九三四年五月，另一西藏喇嘛名諾拉・葛多呼多者，曾為廣東政府之貴賓，他竟公開誇耀：力能施展法術解除敵軍施放之毒氣，俾保護市民；而他高明的星相學與巫術，卻著著實實影響某一軍事領袖，使他掉轉了砲口。其實倘使中國果能徹底整飭軍備以抗禦外族之侵略，宗教的影響力就不會如此之大。現在外族既不斷壓迫，中國之公理至此而窮，故他們轉而乞靈於宗教。因為中國政治不能復興中國，他們乃熱望阿彌陀佛加以援手。

佛教一面以哲學、一面以宗教兩種性質征服了中國。它的哲學性質所以適應於學者，它的宗教性質所以適應於民間。似孔子哲學只有德性上的哲理，而佛教卻含有邏輯的方法，含有玄學，更含有知識論。此外，應是它的運氣好，佛經的譯文具有高尚的學者風格，語句簡潔，說理透闢，安得不感動學者而成為哲學上的偏好品呢？因此佛教常在中國學術界占領優勢，基督教固至今未能與之頡頑也。

佛教哲學在中國影響之大，至改造了孔子哲學的本質。孔教學者的態度，自周代以降，即所謂述而不作，大抵從事於文字上的校勘和聖賢遺著之詮釋。佛教之傳入，眾信約當耶穌紀元第一世紀，研究佛教之風勃，興於北魏東晉之際，孔教學者受其影響，乃改變學風，自文字校勘變而從事研究易理。及至宋代，在佛教直接影響下，興起數種新的孔教學派。稱為「理學」，由於他們傳統的成見，他們的治學精神還是著重於道德問題，不過將種種新名詞像性、理、命、心、物、知，置於首要地位。那時熱心於《易經》的研究，猛然抬頭，《易經》一書，乃為專事研究人事變化的學術專著；宋代理學家尤其是程氏兄弟，皆深研佛學，挾其新獲得的悟性，重歸於孔教。故真理的認識，如陸九淵，即用佛學上的字義稱為「覺」。佛教並未改變此等學者的信仰，卻改變了孔子哲學本身的要旨。

同樣強大的是它所影響於作家的力量，如蘇東坡之輩，他們雖立於與理學家對抗的地位，但也頗以遊戲三昧的姿態，用他們自己輕鬆而愛美的筆調，玩玩佛學。蘇東坡常自號曰「居士」，這兩個字的意義為：一個孔教學者幽棲於佛學門下而非真為和尚者。這是中國發明的一種特殊方式，它容許一個佛教徒過其伉儷生活，但茹素戒殺而已。蘇東坡有一位要好的朋友，便是一位有學問的和尚，叫作佛印。蘇東坡與佛印二人之不同，僅在徹悟程度之差異。此時正當佛教在欽命保護之下發皇的時代，國家甚至為立官書局專事迻譯佛經。一時僧尼之眾，達五十萬餘人。自蘇東坡稱居士以後，大半由於他的文才之雄偉的影響力，許多著名學者多仿效之，倘非真的出家為僧，則競稱居士而玩玩佛學。每當政局紊亂或朝代更易之秋，無數文人往往削髮逃禪，半為保全生命，半為對於亂世的悲觀。

在一個混亂的國家，一個宗教以世界為空虛可能提供逃避塵世悲痛多變之生活的去處，這種宗教之流行而發達，固非怪事。一個學者出家始末的傳記，常能增進吾人對於佛教流行因素之某程度的瞭解。明代陸麗京的傳記，便是有價值的材料之一，此傳記出自他女兒的手筆，首尾完好，堪爲珍愛。陸麗京爲明末清初之人物，年事已高，一日忽告失蹤。隔了許多歲月，曾一度重進杭州城，來治療胞弟的疾病；他的妻兒即住居貼鄰的屋子，而他竟掉首不顧，竟不欲一行探望自己的家庭。他對於這人生的現象應有何等徹悟，才取如此行徑！

你倘使讀了陸麗京傳記，便不難明白：一個人徹悟的程度，恰等於他所受痛苦的深度。按陸麗京早年負詩名，爲西冷十子之冠。清初，莊廷鑨史禍作，陸氏被株連入獄，提解北京，闔家鋃鐺就道，莊廷鑨以大不敬論罪，預其事者，法當誅，麗京自分無生望。行前因往訣別於宗祠，跪拜時曾默禱曰，萬一僥倖得全首而南歸，當削髮爲僧。繫獄久之，果得白，遂踐宿諾出家。由此看來佛教乃爲生死關頭不自覺的現形，是一種對抗人生痛苦的報復，與自殺出於同一意味。明代有許多美麗而才幹之女子，因時局之不幸的變遷，喪失其愛人，因遂立誓出家。清世祖順治之出家，其動機與此有同一之意味。

但是除了此種消極的向人生抗議，尚有佛教的態度，佛教在民間已具有類乎福音的潛勢力，大慈大悲即爲其福音。它的深入民間最活躍最直接的影響爲輪迴轉生之說。佛教哲學並未教中國人以厚遇禽獸，但很普遍的約制牛肉之消費，中國固有的中庸之道，頗似鼓勵人民消費豬肉，認爲這是不得已的罪過。其理由爲豬玀一物，除供食用以外，其用途遠較牛馬爲小。但是中國人先天的覺性上，總感覺宰牲口的屠夫是犯罪的，而且忤逆菩薩之意旨。當一九三三年的大水災，漢口市政府下令禁宰牲口三天，謂之斷屠，所以向河神贖罪。而且這個手續是很通行的，一遇水旱災荒，隨處都會實行起來。茹素忌葷，難以生物學的見地來辯護，因爲人類是生而爲肉食的；但是他可以從仁愛的立場上來辯護，孟子曾感覺到這種行爲的殘忍，但卻捨不得完全摒棄肉食，於是他想出了一條妙計，遂宣布了一個原則，說是：「是以君子遠庖廚也。」理由是一人未經目睹庖廚中宰殺的殘忍行爲，就算孔教哲學的良心藉以寬解下來了。這個食物困難的解決方法，即是中庸之道的典型。許多中國老太太頗有意於巴結菩薩，卻是捨不得肉食，便在另一個方式下應用中庸之道，那便是間續的有定期的吃素齋，齋期自一日至三年不等。

然大體上，佛教確迫使中國人承認屠宰爲一不人道之行爲。這是輪迴轉生說的一種效果，轉生說蓋使人類仁愛同儕，亦仁愛禽獸。因爲報應之說，使人警戒到來生可能受苦；像眼前目睹的病痛苦楚的乞丐，或污穢惡臭的癩皮狗，都可爲有力的直接教訓，勝於僅憑臆說而無確證的尖刀山地獄。實在一個忠實的佛教徒確比常人來得仁愛、和平、忍耐，來得慈悲。然他的博愛，或許不能在道德上占高估的價值，因爲每施捨一分錢或布施一杯茶於過客，都是希望爲自己的未來幸福下種子，所以是自私的。可是那一種宗教不用此等誘餌呢？威廉・詹姆士（William James）俏皮地說：「宗教是人類自私史上最重要的一章。」人，除了真摯的仁人君子，似頗需要此等誘餌。總而言之，佛教確促起了一般富裕人家的偉大事業，使他們慷慨掏其腰包在大暑天氣用瓦缸滿盛冷茶，備置路旁，以便行人。不管他的目的何在，總算是一件好事。

許多中國小說，確有描寫僧尼之卑劣行爲者，這是基於全人類的某種天性，總喜歡揭露僞善者的內幕。所以把中國和尚寫成大情聖卡薩諾瓦（Casanova）那樣的人物，加上以巫術與春藥之類的秘技，是很平常的。實際也確有這種事情，例如浙江省的某處，那裏的一所尼姑庵實在是一個秘密賣淫窟。不過就大體上講，大多數和尚是好的，是退讓謙遜優雅的善人，倘把罪惡加之一切僧尼是不公平的。倘有任何惡僧的干犯法紀，只限於少數個人。而小說中的描寫，因為要繪聲繪形，寫得生動，也未免言過其實。照我個人的觀察，大部分和尚是營養不足、血虛體弱之輩，不足以闖亂子。此外，一般人對於中國之「性」與宗教的關係，尚未觀察得透徹，致有誤會。在中國，和尚之與艷麗華服的婦女接觸之機會，比較其他任何各界人士為多。譬如每逢誦經拜懺，或到公館人家做佛事，或在寺院中做功德，使他們日常的與一般婦女相接觸。她們平時老與外界社會相隔絕，受了孔教束縛女性之賜，她們欲一度拋頭露面於社會，其唯一可靠之藉口，只有拜佛燒香之一道，每逢朔望或勝時佳節，寺院變成當地美人兒的集會所，婦人閨女，各各打扮得花枝招展，端的動人。倘有和尚暗下裏嘗嘗肉味，他也難免不偶爾幹幹越軌行動。除此之外，許多大寺院每年收入著實可觀，而許多和尚手頭也頗為富裕，這是近年來發現的許多不良案件之原委所在。一九三四年，曾有一位尼姑膽敢具狀上海法院，控告一位大和尚誘姦。什麼都可以發生在中國！

我在這裏舉一個文學上美麗的例子，它描寫僧尼的性的煩悶，這是一段崑曲，叫作思凡，那是很受歡迎的題材，故採取此同樣題材被之管弦者，曾有數種不同歌曲。下面一段是從中國著名劇本《綴白裘》裏頭揀選出來的，其文辭堪當中國第一流作品之稱而無愧色。其形式係用小尼姑的口吻獨白。

思凡

削髮最可憐，禪燈一盞伴奴眠，光陰易過催人老，辜負青春美少年。

小尼趙氏，法名色空，自幼在仙桃庵內出家，終日燒香念佛，到晚來孤枕獨眠，好淒涼人也！

小尼姑年方二八正青春，被師父削去了頭髮，每日裏在佛殿上燒香換水。見幾個子弟們遊戲在山門下，他把眼兒瞧著咱，咱把眼兒瞧著他。他與咱，咱與他，兩下裏多牽掛。冤家怎能夠成就了姻緣，就死在閻王殿前，由他把那碓來舂，鋸來解，把磨來挨，放在油鍋裏去煠，阿呀，由他！只見那活人受罪，那曾見死鬼帶枷？阿呀，由他！火燒眉毛，且顧眼下！火燒眉毛，且顧眼下！

只因俺父好看經，俺娘親愛念佛，暮禮朝參，每日裏在佛殿上燒香供佛，生下我來疾病多，因此上把奴家捨入在空門。為尼寄活，與人家追薦亡靈，不住口的念著彌陀；只聽得鐘聲法號，不住手的擊磬搖鈴，擂鼓吹螺；平白地與那地府陰司做功課，蜜多心經都念過，孔雀經，參不破。唯有蓮經七卷是最難學，咱師父在眠裏夢裏都叫過，念幾聲南無佛哆哩哆薩嘛呵的般若波羅；念幾聲彌陀，恨一聲媒婆，念幾聲娑婆呵，嗳！叫……叫一聲沒奈何；念幾聲哆呾哆，怎知我感歎還多？

愈思愈想，反添愁悶，不免到迴廊下散步一回，多少是好。

（她走到五百尊羅漢旁邊，一個個塑得好莊嚴也。）

又只見那兩旁羅漢塑得來有些傻角，一箇兒抱膝舒懷，口兒裏念著我；一箇兒手托香腮，心兒裏想著我；一箇兒倦眼半開，矇朧的覷著我，唯有布袋羅漢笑呵呵。他笑我時光挫，光陰過，有誰人，有誰人肯娶我？這年老婆婆！降龍的惱著我，伏虎的恨著我，那長眉大仙愁著我，說我老來時有什麼結果！

佛前燈前，做不得洞房花燭，香積廚做不得玳筵東閣，鐘鼓樓做不得望夫台，草蒲團做不得芙蓉軟褥。奴本是女嬌娥，又不是男兒漢，為何腰繫黃條，身穿直綴，見人家夫妻們灑樂，一對對著錦穿羅。阿呀，天呵！不由人心熱如火，不由人心熱如火。

今日師父師兄多不在庵，不免逃下山去，倘有機緣亦未可知。

奴把袈裟扯破，埋了藏經，棄了木魚，丟了鐃鈸；學不得羅剎女去降魔，學不得南海水月觀音座，夜深沉，獨自臥；起來時，獨自坐。有誰人孤棲似我，似這等削髮緣何？恨只恨說謊的僧和俗，那裏有天下園林樹木佛，那裏有枝枝葉葉光明佛，那裏有江湖兩岸流沙佛，那裏有八萬四千彌陀佛。從今去把鐘樓佛殿遠離卻，下山去尋一個年少哥哥，憑他打我罵我，說我笑我，一心不願成佛，不念彌陀般若波羅。

好了，且喜被我逃下山來了。

讀了這一段曲，可見佛教束縛中的女性，她的心還是活躍的。但是佛教一方面固鎮壓了僧尼的情欲，另一方面替一般在俗的善男信女確開闢了一條情感上的出路。第一點，它使得婦女們的禮教束縛不似前此之嚴密而較爲可耐。婦人之常喜光顧廟宇，其心比之男性爲熱切，蓋即出於天然的情感上之需要，俾領略領略戶外生活；而婦女常多立願出家，未始非出於此同樣動機。因此每月朔望或勝時佳節，姑娘太太們在深閨裏十幾天前就在焦急地巴望著了。

第二點，每年春季的香汛，才給予消瘦的「浪遊欲者」以適宜之出路。此香汛大抵在每年的仲春，適當耶穌復活節前後。倘有不能長途跋涉者，至少可以在清明日到親友墳上去痛哭一場，這同樣也有情感上的依據。凡環境許可的人，可以穿一雙芒鞋，或坐一頂藤轎，到名山古剎去朝拜一番。有許多廈門人，每年春季，至今一定要坐著手搖船，遠遠的經過五百哩路程，到浙江寧波沿海的普陀去進香。在北方則每年上妙峰山做朝山旅行是流行習俗。幾千幾萬的香客，男男女女，老老少少，都背一只黃袋，曳一根手杖，蜿蜒前進，夜以繼日，巴巴的去參拜聖寺。他們之間，流露著一種歡娛的神情，一如喬叟（Chaucer）當時，一路上談談《山海經》，宛與喬叟所寫的故事相彷彿。

第三點，它給予中國人以欣賞山景的機會，因而大多數寺院都建築於高山美景之處。這是中國人度著日常乏味生活之後的一樂。他們到了目的地，則寄寓於清雅的客舍，啜清茶，與和尚閒談。這些和尚們是文雅的清談家，他們款待香客以豐盛的素齋而收獲可觀的報酬於銀櫃。香客乃挾其飽滿的新鮮精力，重返其日常工作。誰能否認佛教在中國人生機構中占有重要的地位呢？

下卷　生活

開場白

吾人前面已檢視過中國人民之精神與道德素質，以及左右中國人基本生活型態的人生理想。然中國人民之生活本身——其兩性關係、社會的、政治的、文學的、藝術的各方面，則尚待探討。概括言之，下篇所討論的範圍，將包含中國婦女、社會、政府、文學與藝術各端。最後，並以專章討論中國人想出來並已著手實行的生活藝術。此等材料，又可分歸兩大部類。婦女、社會、政治三者必須連貫起來，蓋瞭解了婦女生活和家庭，就會去思考中國人的社交生活，而真切的瞭解了中國人民的社會生活，始克理解中國法院與政府的內情。研究了中國人這些明顯可見的生活層面後，又自然而然導引至追究中國文化上較爲微妙而罕爲人知的問題，尤其是藝術這一領域，其展望與發展史蓋爲中國人所特有，而與西方全然不同。中國文化爲世上純粹固有文化之一，故與西洋文化一加比較，便可發現許多饒有興味的特點。

文化爲閒暇之產物，而中國人有三千年沒完沒了的閒暇以發展其文化。在此三千年中，他們有充分的時間一邊品茗，一邊悄然觀察人生；靠茶餘之談天說地道古論今，熬煮出人生的精髓。他們還有充分的時間談論列祖列宗，深思其功業，回顧他們不斷衍變的文藝和生活風貌，並在悠久歷史的燭照之下，瞭解自己。由這樣的閒聊深思，歷史始見其偉大意義，才會被稱為「鏡」，可以反映出人類的經驗，供現代人借鑑；而且，歷史好像匯聚的河川，不可遏阻，源遠流長。史籍的寫作因是成為最嚴肅的文學形式，而詩的寫作則成為最高尚精緻的抒情手段。

每當酒香茶熱，爐煙裊裊，泉水潺潺，則中國人的心頭將感到莫名的欣悅；而每間隔五百年或當習俗變遷，新勢力籠罩之下，他們的創造天才將倍感活躍，或在詩歌的韻律方面，或在瓷器的改良方面，或在園藝的技術上，常有一種新的發明，民族的生命乃復繼續蠕動而前進。他們不想深思永生不滅此一永不可知之事，只是一半玩笑一半認真地拿它做為臆測與閒聊之資。用同樣的態度，他們不探究自然界的神秘——風雷、閃電、雨雪、冰雹，以及自己身體的神奇機能，譬如流口水與饑餓之間的關係。他們不用試管和解剖刀。因此，他們有時覺得，老祖宗已把世間一切可知的智識都給發掘窮盡，也道盡了人生的最後哲理，找到了書法藝術的最後一種風韻。

職是之故，他們終生營營，著重於謀生存，更甚於謀進步。他們吃盡苦頭，不眠不休，所為者，乃規畫他們自己的庭園，或精研魚翅烹調之法，五味既調，乃出以波斯不可知論詩人奧瑪開儼同等之特別風味而咀嚼之。如是，他們跨過所有藝術的門檻，進入人生自身的藝術堂奧，藝術與人生因此合而為一。他們終於戴上中國文化的冠冕——生活的藝術，這也是一切人類智慧的終點。

第五章　婦女生活

一　女性之從屬地位

中國人之輕視女性的地位，一若出自天性。他們從未給予婦女應得之權利，自古已然。陰陽二元的基本觀念，始出於《易經》，此書爲中國上古典籍之一，後經孔子爲之潤飾而流傳於後世者。尊敬婦女，愛護女性，本爲上古蠻荒時代條頓民族之特性，這種特性在中國早期歷史上，付之闕如，即如《詩經》所收國風時代的歌謠中，已有男女不平等待遇之發現，因爲《詩經·小雅》上記載得很明白：

乃生男子，載寢之床，載衣之裳，載弄之璋。其泣喤喤，朱芾斯皇，室家君王。

乃生女子，載寢之地，載衣之裼，載弄之瓦。無非無儀，惟酒食是議，無父母貽罹。

（這首歌謠的年代至少早於孔子數百年。）

但彼時婦女尚未降至臣屬地位，束縛婦女之思想，實肇端於文明發達之後。婦女被束縛的程度，實隨著孔子學說之進展而與日俱深。

原始社會制度本來是母系社會，這一點頗值得吾人的注意，因為這種精神的遺痕，至今猶留存於中國的婦女型格中。中國婦女在其體質上，一般地說，是優於男性的，故雖在孔教家庭中，吾人仍可見婦女操權的事實。這種婦女操權的痕跡，在周代已可明見，蓋彼時一般人之族性，係取自婦人之名字，而個人之名字係所以表明其出生之地點或所居之官職者。通觀《詩經》中所收之國風，吾人殊未見女人有任何退讓隱避之痕跡。女子選擇匹偶之自由，如今日猶通行於廣西南部生藩社會者，古時亦必極為流行，這種方法是天真而自由的，《詩經・鄭風》上說：

> 子惠思我，褰裳涉溱；
> 子不我思，豈無他人。
> 狂童之狂也且！
> 子惠思我，褰裳涉洧，
> 子不我思，豈無他士，
> 狂童之狂也且！

這首詩的意思，表現得何等活潑，何等坦直而明顯。《詩經》中還有許多女子偕戀人私奔的例證。婚姻制度當時並未成爲女性的嚴重束縛若後代然者。兩性關係在孔子時代其情景大類羅馬衰落時期，尤以上層階級之風氣爲然。人倫的悖亂，如兒子與後母的私通，公公與媳婦的和姦，自己的夫人送嫁給鄰國的國王，佯託替兒子娶媳婦之名而自行強占，以及卿相的與王后通姦，種種放蕩卑污行爲，見之《左傳》之記載，不一而足。女人，在中國永遠是實際上操有權力的，在那時尤爲得勢，魏國的王后甚至可令魏王盡召國內的美男子聚之宮中。離婚又至爲輕易，而離婚者不禁重嫁娶。婦女貞操的崇拜，並未變成男子的固定理想。

後來孔教學說出世，始萌女性須行蟄伏的意識；隔別男女兩性的所謂禮教乃爲孔門信徒所迅速推行，其限制之嚴，甚至使已嫁姊妹不得與兄弟同桌而食，這種限制，載於《禮記》。《禮記》上所明定的種種儀式，實際上究能奉行至若何程度，殊未易言，從孔氏學說之整個社會哲學觀之，此隱隔女性的意義，固易於瞭解。孔氏學說竭力主張嚴格判別尊卑的社會；它主張服從，主張承認家庭權力等於國家政治上的權力，主張男子治外女子治內的分工合作。它鼓勵溫柔的女性型的婦女。不消說自必教導這樣的婦德，像嫻靜、從順、溫雅、清潔、勤儉以及烹飪縫紉的專精，尊敬丈夫之父母，友愛丈夫之兄弟，對待丈夫的朋友之彬彬有禮，以及其他從男子的觀點上認爲必要的德性。這樣的道德上的訓誡既沒有過甚的錯誤，更由於經濟地位的依賴性與其愛好社會習俗的特性，女子遂予以同意而接受此等教訓。或許女人的原意是想做好人，或許她們的本意初在取悅於男子。

儒家學者覺得這種分別對於社會的和諧是必要的，他們的這種見解也許很近於真理。在另一方面，他們也給予爲妻子者與丈夫平等的身分，不過比較上其地位略形遜色，但仍不失爲平等的內助。有如道教象徵陰陽之二儀，彼此互爲補充。在家庭中，它所給予爲母親者之地位，亦頗崇高。依孔教精神的最精確的見解，男女的分別，並不能解作從屬關係，卻適爲兩性關係的調整而使之和諧。那些善於駕馭丈夫的女人倒覺得男女這樣的分配法，適爲女子操權最犀利的武器；而那些無力控馭丈夫的女人，則懦弱不足以提出男女平權的要求。

這是孔教學說在未受後代男性學者影響以前，對待婦女及其社會地位之態度。它並未有像後世學者態度的那種怪癖而自私的觀念，但其女性低劣的基本意識卻是種下了根苗。有一劣跡昭彰的例子可引爲證明，即丈夫爲妻子服喪只消一年，而妻子爲丈夫服喪卻要三年。又似通常子女爲父母服喪爲三年，至已嫁女子倘其公公（**丈夫的父親**）猶健在，則爲生身父母服喪只一年。典型的婦女德性如服從、貞節，經漢代劉向著爲定則，使成爲一種女性倫理的近乎不易的法典——此倫理觀念與男子的倫理大不相同。至若《女誡》的女著作家班昭竭力辯護女子的三從四德。所謂三從，即女子未嫁從父，已嫁從夫，夫死從子。最後一條，當然始終未能實行，蓋緣孔教的家庭制度中，母性身分頗爲高貴也。當漢代之際，婦女爲殉貞節而死，已受建立牌坊或官府表題之褒揚，但婦女仍能再嫁，不受限制。

倘欲追尋寡婦守節這一種學理的發展過程，常致陷於過分重視經典學說的弊病。因爲中國人總是實事求是的人民，對於學理，不難一笑置之。因而實踐常較學理爲落後，直至滿清時代，守節的婦德蓋猶爲僅所期望於士紳之家，意在博取褒揚，非可責之普通庶民之族。即在唐代，古文作家韓愈的女兒且曾再嫁。唐代公主中，有二十三位再嫁，另有四位公主且三度做新嫁娘。不過這種傳統觀念早在漢代已經萌芽，經過數百年孕育傳播，此早期傳統觀念終致漸趨有力，即男子可以續弦，而女子不可再嫁。

後乎此，又來了宋代理學家，他們注定婦女必須過那掩藏的生活，而使婦女的再醮成為犯罪行為。崇拜貞節——這是理學家在婦女界中竭力鼓吹的——變成心理上的固定理想，婦女因此須負社會道德上的責任，而男子則對此享著免殺的特權。婦女更須負責以保全名譽而提高品格。這一點，男人家也常熱烈予以讚美，蓋至此其著眼已從尋常家庭婦德移轉於女性的英雄主義與節烈的犧牲精神。早如第九世紀，已有一寡婦深受儒家學者的頌揚，因為她正當文君新寡，當她在陪護丈夫靈櫬回籍途中，投宿旅舍，那個旅舍主人見色起意，拉了拉她的臂膀。她認為這條臂膀受了玷污，咬緊牙關把它割掉。這樣，受到社會上熱烈的讚美。又如元代，另有一個寡婦盛受獎許，因為她在病中拒絕裸顯其患有潰瘡的乳峰於醫生，而英勇地不治而死。

到了明朝，這種守寡貞節的道理，遞演而成為公家制定的法典，凡寡婦守節起自未滿三十歲的任何一年齡，能繼續保持達五十歲者，可受政府的褒獎而建立牌坊，她的家族並可蒙其蔭庇而享受免除公役的權利。這樣，不獨婦女本身以其清貞而受讚美，即其親屬中之男子亦同蒙其庥。寡婦的貞節道德，不獨受男人和她的親屬的歡迎，同時亦為她本人在名譽上邀取顯揚的捷徑。而且沾光著她們的榮譽的人，不僅限於她們的親戚，更可及於整個村莊或部落。由於這種理解，貞節遂成為流行的固定理想，只有極少數的孤立人物偶爾發生一些反感而已。因為這個鼓勵寡婦守節的訓旨，致令孔教學說在一九一七年文藝革新時代被罵為「食人的宗教」。

隨著孔教學理的進展而並行著的，是實際生活的不息川流，其立足點基於社會的習俗與經濟的壓力，而經濟壓力的勢力尤大。比之孔教學說的影響更為重要之事實，為經濟權操於男子之手。因而一方面孔教學說將婦女守節制成爲宗教式的典型，而另一方面，珍珠、寶石卻使得部分婦女轉化爲小老婆、爲蕩婦。魏晉之際，大氏族之興起，資產積聚於少數豪貴，加以政治之紊亂，實一面促進女子嫁充妾媵之風，一面加甚父母溺斃女嬰之慘劇，因爲貧窮的父母無力擔負此一筆嫁女妝奩的鉅費。那時許多高官豪富還蓄有私家歌伎舞女自數十人至數百人不等；放蕩淫佚的生活及女人溫情的服侍，頗足以滿足登徒子之迷夢。晉石崇姬妾數十人，常屑沉香末布象床上，使妾踐之，無跡者賜珍珠百琲，有跡者即節其飲食，令體輕。總之，女人至此已變成男子的玩物。然中國婦女地位之如此低落，此等珠練作祟之力，超過於孔教學說。其情形無異於古代之羅馬與現代之紐約。婦女纏足制度於是乃沿著此種情況的進展而成熟。這婦女纏足制度是男人家幻想中之最卑劣的癖性。

好像出乎情理之外，卻就當這個時代，中國婦女以善妒著名。那些怕老婆的高官顯宦，常帶著被抓傷的面貌入朝議政，致勞君王降旨以懲罰這些善妒的妻子。晉時劉伯玉嘗於妻前誦〈洛神賦〉，語其妻曰：「得歸如此，吾無憾焉。」妻忿，曰：「君何以善水神而欲輕我？吾死何愁不爲水神？」其夜乃自沉而死。死後七日，託夢語伯玉曰：「君本願神，吾今得爲神也。」伯玉寤而覺之，遂終身不復渡水。有婦人渡此津者，皆壞衣枉妝然後敢濟，不爾，風波暴發；醜婦則雖盛妝而渡，其神亦不妒也。婦人渡河無風浪者，莫不自以爲己醜。後世因稱此水爲「妒婦津」（在山東省）。

婦人善妒的心理乃與蓄妾制度並興，其理易見。因爲悍妒可視作婦女抵抗男子置妾的唯一自衛武器。一個善妒的妻子只要會利用這一種本能的力量，便可以阻止她的丈夫娶妾，即在現代，此等例子仍數見不鮮。倘男子的頭腦清楚，足以瞭解婚姻為婦女至高的唯一任務，他將寬容這種專業性的倫理觀念，不問曾經娶妾與否。吾們有一位學者俞正燮在一八三二年早已發明一條原理，謂妒忌並非為女子之惡德。婦女而失卻丈夫之歡心者，其感想彷彿職業界夥計的失卻老闆的歡心；而不結婚的女子，具有與失業工人同一感想。男人家在商業場中營業競爭的妒忌性，其殘忍寡慈恰如女人在情場中的妒忌，而一個小商人當其出發營業之際，他心中之欲望，宛如一商店主婦之目睹丈夫戀識另一女人。這便是女人的經濟依賴性的邏輯。譏笑拜金主義的淌白姑娘者，其原因實出於不瞭解此種邏輯，因為淌白不過為得意商人之女性方面的複印本。她們的頭腦應比之她們的姊妹為清楚，她們係抱了商業精神將其貨物售賣於出價最高之主顧，卒獲如願以償。營業成功的商人和淌白姑娘抱著同一目的——金錢——所以他們應該互相欽佩對方清敏的心靈。

二　家庭和婚姻

在中國什麼事情都是可能的。著者有一次嘗到蘇州鄉下去遊玩一番，卻讓女人家用藤轎把我抬上山去。這些女轎夫拚著命要把我這臭男子抬上山去，那時我倒有些赧顏，沒了主意，只得忸怩地讓她們去抬了這麼一程。因為我想此輩是古代中國女權族長的苗裔，而為南方福建女人的姊妹。福建女人有著筆挺的軀幹，堂堂的胸膛，她們扛運著煤塊，耕種著農田，黎明即起，盥洗沐髮，整理衣裳，把頭髮梳理得清清淨淨，然後出門工作，間復抽暇回家，以自己的乳水餵哺兒女。她們同樣也是那些豪富女人，統治著家庭，統治著丈夫者的女同胞。

女人在中國曾否真受過壓迫？這個疑問常盤桓於我的腦際。權威蓋世的慈禧太后的幻影馬上浮上了我的心頭。中國女人不是那麼容易受人壓迫的女性。女人雖曾受到許多不利的待遇，蓋如往時婦女不得充任官吏，然她們仍能引用其充分權力以管理一個家——除掉那些荒淫好色之徒的家庭是例外，那裏的女子真不過被當作一種玩物看待。即使在這等家庭中，小老婆也往往還能控馭老爺們。更須注意者，女子嘗被剝奪一切權利，但她們從未被剝奪結婚的權利。凡生於中國的每一個姑娘，都有一個自己的「家」替她們準備著。社會上堅決的主張，即如奴婢到了相當年齡，也應該使之擇偶。婚姻為女子在中國唯一不可動搖的權利，而由於享受這種權利的機會，她們用妻子或母親的身分，作為掌握權力的最優越武器。

此種情形可使兩面觀，男子雖無疑的嘗以不公平態度對待女子，然有趣的倒是許多女子偏會採取報復手段者。婦女的處於從屬地位，乃為一般的認女人為低能的結果，但同時也由於女子的自卑態度，由於她們缺乏男子所享受的社會利益，由於她們的教育與知識比較淺薄，由於她們的低廉而艱難與缺乏自由的生活，更由於她們的雙重性本位——妻妾。婦女的痛苦，差不多是一種不可明見的隱痛，乃為普遍的把女性認作低能的結果。倘值夫婦之間無愛情可言，或丈夫而殘暴獨裁，在此場合，妻便沒有其他補救的手段，只有逆來順受。婦女之忍受家庭專制的壓迫，一如一般中國人民之能耐政治專制的壓迫。但無人敢說中國之專制丈夫特別多，而快樂婚姻特別少，其理由下面即可見之。

婦人的德性總以不健談、不饒舌為上，又不要東家西家的亂闖閒逛，又不宜在街頭路側昂首觀看異性。但是有許多女人卻是生來格外饒舌，有許多女人更是喜歡東家西家的亂闖，有許多女人偏不客氣的站立街道上觀看男人。女子總被期望以保守貞操而男子則否。但這一點並不感覺有什麼困難，因爲大部分女人是天生的貞節者，她們缺乏社交的利益，如西洋婦女所享受者，但是中國婦女既已習慣了這種生活，她們也不甚關心社交的集會，而且一年之間，也少不了有相當勝時節令，好讓她們露露頭面，欣賞一番社會活動的歡娛景象，或者在家庭內舉行宴會，也可以盡情暢快一下。總之，她們除了在家庭以內的活動，其他一切都屬非主要任務，在家庭中，她們生活行動有她們的快活自由。故肩荷兵器以警衛市街之責任，亦非她們所欲關心者。

在家庭中，女人是主腦。現代的男子大概沒有人會相信莎士比亞這樣說法：「水性楊花啊！你的名字便是女人。」莎翁在他自己的著作中所描寫的人物李爾王的女兒和克麗奧佩特拉（Cleopatra）所代表者，便否定了上述的說法。倘把中國人的生活再加以更精密的觀察，幾可否定流行的以婦女爲依賴的意識。中國的慈禧太后竟會統治偌大一個國家，不問咸豐皇帝的生前死後。至今中國仍有許多慈禧太后存在於政治家及通常平民的家庭中，家庭是她們的皇座，據之以發號施令，或替她兒孫判決種種事務。

凡較能熟悉中國人民生活者，則尤能確信所謂壓迫婦女乃爲西方獨斷的批判，非產生於瞭解中國生活者之知識。所謂「被壓迫女性」這一個名詞，絕不能適用於中國的母親身分和家庭中至高之主腦。任何人不信吾言，可讀讀《紅樓夢》，這是中國家庭生活的紀事碑。你且看看祖母「賈母」的地位身分，再看鳳姐和她丈夫的關係，或其他夫婦間的關係（如父親賈政和他的夫人，允稱最為正常的典型關係），然後明白治理家庭者究爲男人抑或女人。幾位歐美的女性讀者或許會妒忌老祖母賈老太太的地位，她是闔家至高無上的榮譽人物，受盡恭順與禮敬的待遇。每天早晨，許多媳婦必趨候老太太房中請安，一面請示家庭中最重要的事務，那麼就是賈母纏了一雙足，隱居深閨，有什麼關係呢？

那些看門的和管家的男性僕役，固天天跑腿，絕非賈母可比。或可細觀《野叟曝言》中水夫人的特性，她是深受儒教薰陶的一個主要角色。她受過很好的教育而爲足以代表儒家思想的模範人物，在全部小說中，她無疑又爲地位最崇高的一人。只消一言出口，可令她的身爲卿相的兒子下跪於她的面前，而她一方面運用著無窮智慧，很精細的照顧全家事務，有如母雞之護衛其雛群。她的處理事務用一種敏捷而慈祥的統治權，全體媳婦是她順從的臣屬。這樣的人物或許是描摹過分了一些，但也不能當作完全虛構，不差，閫以內，女子主之，閫以外，男子主之，孔夫子曾經明白地下過這樣分工的定則。

女人家也很明白這些。就在今日上海百貨商店裏的女售貨員，還有著一副妒忌的眼光側視那些已經出嫁的女人，瞧著她們手挽肥滿的錢袋，深願自身是買客而不復是售貨員。有時她們情願替嬰孩結織絨線衫褲，而不復是盤數現金找頭穿著高跟鞋賡續站立八小時之久，那真是太長久而疲倦的工作。其中大多數都能本能地明瞭什麼是比較好的事情。有的甘願獨立，但這所謂獨立在一個男子統治權的社會裏存在的事實不多。善於嘲笑的幽默家不免冷笑這樣的「獨立」。天生的母性欲望——無形、無言、猛厲而有力的欲望——充滿了她們的整個軀體。母性的欲望促起化妝的需要，都是那麼無辜，那麼天然，那麼出於本能；她們從僅足以餬口的薪工中積蓄下來，只夠買一雙她們自己所售賣的絲襪。她們願意有一個男朋友送些禮物給她們，或許她們會暗示地、羞答答地請求他們，一方面還要保全她們自重的身分，中國姑娘本質地是貞潔的，爲什麼不可請求男人家買些禮物送她呢？她們還有什麼別的方法購買絲襪呢？這是本能告訴她們是愛情上的必需品。人生是一大謎！她們的悟性再清楚沒有，她們很願意終身只有一個人購買禮物給她。她們希望結婚，她們的直覺是對的。那麼婚姻上有什麼不對？保護母性又有什麼不對？

結合了家庭，女人們踏進了歸宿的窩巢。她們乃安心從事於縫紉與烹調。可是現在江浙中等人家女人倒不事烹調與縫紉，因爲男子在她們自己的園地上打倒了她們，而最好手的縫工和廚司是男人而不是女人。男子大概將在其他事業上繼續排擠她們，除了結婚是唯一的例外。因爲男子在任何方面所可獲得的機會便利，遠優於女子，只有結婚爲否。

至於婚姻分內，女子所可獲得的便利，優於男子，這一點她們看得很清楚。任何一個國家中，女人的幸福，非依賴乎她們所可能享受的社交機會之眾多，卻有賴乎跟她們終身作伴的男人的品質。女人的受苦，多出於男人的暴戾粗魯過於男人的不夠公民投票資格。倘男人而天生的講情理，脾氣好，慎思慮，女人便不致受苦。

此外，女人常挾有「性」的利器，這對於她們有很廣的用途。這差不多是天所予以使她們獲得平等的保證。每一個人，上自君王，下至屠夫、烘餅司務、製燭工人，都曾經責罵過他的妻子，而亦曾受過妻子的責罵。因爲天命注定男人和女人必須以平等身分相互親密著。人生某種基本關係像夫婦之間的關係，各個不同的國家民族之間，所差異的程度至微；遠非如一般讀了遊歷家的記述所想像的。西洋人很容易想像中國人的妻子當作像驢子樣的供丈夫做奴隸。其實普通中國男子是公平的講情理的人物。而中國人則容易想像認爲西洋人因爲從未領受過孔子學說思想的洗禮，所以西洋妻子不關懷丈夫的衣服清潔與果腹事宜，終日身穿寬薄襯褲，逍遙海灘之上，或縱樂於不斷的跳舞會中。這些天方野乘、異域奇聞，固爲雙方人民茶餘酒後之閒談資料，而人情之真相反忘懷於度外。

那麼實際生活上，女人並未受男人之壓迫。許多男人金屋藏嬌，逢著河東獅吼，弄得在女人之間東躲西避，倒才真是可憐蟲。此另外有一種不可思議的性的吸引力，使各等親屬的異性之間不致嫌惡過甚。是以女人倒不受丈夫或公公的壓迫；至於姑嫂之間，係屬平輩，縱令彼此不睦，不能互相欺侮。所剩留的唯一可能事實，是爲媳婦之受婆婆虐待，這實在是常遇的事情。中國大家庭中，媳婦的生活負著許多責任，實在是一種艱難的生活。不過應該注意的是，婚姻在中國不算是個人的事件，而爲一個家族整體的事件，一個男人不是娶妻子，而是娶一房媳婦，習慣語中便是如此說法，至若生了兒子，習慣語中多說是「生了孫子」。一個媳婦是以對翁姑所負的義務較之對丈夫所負者爲重大。盛唐詩人王績嘗有一首〈詠新嫁娘〉絕句，真是足以引起人類共鳴的傳神筆墨：

> 三日入廚下，洗手作羹湯；未諳姑食性，先遣小姑嘗。

一個女人而能取悅於一個男子，是一種珍貴的努力，至能取悅於另一女人，不啻爲一種英勇的行為，所惜許多是失敗的。做兒子的，介乎盡孝於父母與盡愛於妻子二者之間，左右為難，從不敢大膽替妻子辯護。實際上許多虐待女人的慘酷故事，都可以尋索其根源係屬一種同性間的虐待。不過後來媳婦也有做婆婆的日子。倘她能達到這個久經盼望的高齡，那實在是榮譽而有權力的身分。由一生辛苦中得來的。

三 理想中的女性

女人的深藏，在吾人的美的理想上，在典型女性的理想上，女人教育的理想上，以至戀愛求婚的形式上，都有一種確定不移的勢力。

對於女性，中國人與歐美人的概念彼此大異。雖雙方的概念都以女性為包含有嬌媚神秘的意識，但其觀點在根本上是不同的，這在藝術園地上所表現者尤為明顯。西洋的藝術，把女性的肉體視作靈感的源泉和純粹調和形象的至善至美。中國藝術則以為女性肉體之美係模擬自然界的調和形象而來。對於一個中國人，像紐約碼頭上所高聳著的女性人像那樣，使許許多多第一步踏進美國的客人第一個觸進眼簾的便是裸體女人，應該感覺得駭人聽聞。女人家的肉體而可以裸裎於大眾，實屬無禮之至。倘使他得悉女人在那兒並不代表女性，而是代表自由的觀念，尤將使他震駭莫名。為什麼自由要用女人來代表？又為什麼勝利、公正、和平也要用女人來代表？這種希臘的理想對於他是新奇的。因為在西洋人的擬想中，把女人視為聖潔的象徵，奉以精神的微妙的品性，代表一切清淨、高貴、美麗和超凡的品質。

對於中國人，女人爽脆就是女人，她們是不知道怎樣享樂的人類。一個中國男孩子自幼就受父母的告誡，倘使他在掛著的女人褲子襠下走過，便有不能長大的危險。是以崇拜女性有似尊奉於寶座之上和暴裸女人的肉體，這種事實為根本上不可能的。由於女子深藏的觀念，女性肉體之暴露，在藝術上亦視為無禮之至。因而德勒斯登陳列館（Dresden Gallery）的幾幅西洋畫傑作，勢將被視為猥褻作品。那些時髦的中國現代藝術家，他們受過西洋的洗禮，雖還不敢這樣說，但歐洲的藝術家卻坦白地承認，一切藝術莫不根源於風流的敏感性。

其實中國人的性欲望是存在的，不過被掩蓋於另一表現方法之下而已。婦女服裝的意象，並非用以表人體之輪廓，卻用以模擬自然界之律動。一位西洋藝術家由於習慣了敏感的擬想，或許在升騰的海浪中可以看出女性的裸體像來；但中國藝術家卻在慈悲菩薩的披肩上看出海浪來。一個女性體格的全部律動美乃取則於垂柳的柔美線條，好像她低垂的雙肩。她的眸子比擬於杏實，眉毛比擬於新月，眼波比擬於秋水，皓齒比擬於石榴子，腰則擬於細柳，指則擬於春筍，而她的纏了的小腳，又比之於弓彎。這種詩的辭藻在歐美未始沒有，不過中國藝術的全部精神，尤其是中國婦女裝飾的範型，卻鄭重其事的符合這類辭藻的內容。因為女人肉體之原形，中國藝術家倒不感到多大興趣。吾人在藝術作品中固可見之。中國畫家在人體寫生的技巧上，可謂慘淡地失敗了。即使以仕女畫享盛名的仇十洲（明代），他所描繪的半身裸體仕女畫，很有些像一顆一顆番薯。不諳西洋藝術的中國人，很少有能領會女人的頸項和背部的美的。《雜事秘辛》一書，相傳為漢代作品，實出於明人手筆，描寫一種很準確而完全的女性人體美，歷歷如繪，表示其對於人體美的真實愛好，但這差不多是唯一的例外。這樣的情形，不能不說是女性遮隱的結果。

在實際上，外表的變遷沒有多大關係。婦女的服裝可以變遷，其實只要穿在婦女身上，男人家便會有美感而愛悅的可能，而女人呢，只要男人家覺得這個式樣美，她便會穿著在身上。從維多利亞時代鋼箍擴開之裙變遷而為二十世紀初期纖長的孩童樣的裝束，再變而至一九三五年的梅・蕙絲（Mae West）摹仿熱，其間變化相差之程度，實遠較中西服式之歧異尤為惹人注目。只消穿到女人身上，在男人們的目光中，永遠是仙子般的錦繡。倘有人辦一個婦女服飾的國際展覽會，應該把這一點弄得清清楚楚。不過二十年前中國婦女滿街走著的都是短襖長腳褲，現在都穿了頎長的旗袍把腳踝骨都掩沒了；而歐美女子雖還穿著長裙，我想寬薄長腳褲隨時有流行的可能。這種種變遷的唯一效果，不過使男子產生一顆滿足的心而已。

尤為重要者，為婦女遮隱與典型女性之理想的關係。這種理想便是「賢妻良母」。不過這一句成語在現代中國受盡了譏笑。尤其那些摩登女性，她們迫切的企望平等、獨立、自由，她們把妻子和母性看作男人們的附庸，是以賢妻良母一語代表道地的混亂思想。

讓我們把兩性關係予以適宜之判斷。一個女人，當她做了母親，好像從未把自己的地位看作視男人的好惡為轉移的依賴者。只有當她失去了母親的身分時，才覺得自己是十足的依賴人物。即在西洋，也有一個時期母性和養育子女不為社會所輕視，亦不為女人們自己所輕視，一個母親好像很適配女人在家庭中的地位，那是一個崇高而榮譽的地位。生育小孩，鞠之育之，訓之誨之，以其自己的智慧誘導之以達成人，這種任務，在開明的社會裏，無論何人都絕非輕鬆的工作。為什麼她要被視為社會的經濟的依賴男人，這種意識真是難於揣測的，因為她能夠擔負這一樁高貴的任務，而其成績又優於男子。

婦女中亦有才幹傑出、不讓鬚眉者，不過這樣傑出的婦女其數量確乎是比較少，少於德謨克拉西所能使吾人信服者。對於這些婦女，自我表現精神的重要，過於單單生育些孩子。至於尋常女人，其數無量，則寧願讓男人掙了麵包回來，養活一家人口，而讓自家專管生育孩子。若云自我表現精神，著者蓋嘗數見許多自私而卑劣的可憐蟲，卻能發揚轉化而為仁慈博愛，富於犧牲精神的母性，她們在兒女的目光中是德行完善的模範。著者又曾見過美麗的姑娘，她們並不結婚，而過了三十歲，額角上早早浮起了皺紋，她們永不達到女性美麗的第二階段，即其姿容之榮光煥發，有如盛秋森林，格外通達人情，格外成熟，復格外輝煌燦爛，這種情況，在已嫁的幸福婦人懷孕三月之後，尤其是常見的。

女性的一切權利之中，最大的一項便是做母親。孔子稱述其理想的社會要沒有「曠男怨女」。這個理想在中國經由另一種羅曼斯和婚姻的概念而達到了目的。由中國人看來，西洋社會之最大罪惡為充斥眾多之獨身女子，這些獨身女子，本身無過失可言，除非她們愚昧地真欲留駐嬌媚的青春；她們其實無法自我發抒其情愫耳。許多這一類的女子，倒是大人物，像女教育家、女優伶，但她們倘做了母親，她們的人格當更為偉大。一個女子，倘若愛上了一個無價值的男子而跟他結了婚，那她或許會跌入造物的陷阱，造物的最大關心，固只要她維繫種族的傳殖而已；可是婦女有時也可以受造物的賞賜，而獲得一髫髮秀美的嬰孩，那時她的勝利、她的快樂，比之她寫了一部最偉大的著作尤為不可思議；她所蒙受的幸福，比之她在舞台上獲得隆盛的榮譽時尤為真實。鄧肯女士（Isadora Duncan）正足以證明這一切。假使造物是殘酷的，那麼造物正是公平的。他所給予普通女人的，無異乎給予傑出的女人者，他給予了一種安慰。因爲享受做母親的愉快是聰明才智女人和普通女人一樣的情緒。造物注定了這樣的命運，而讓男男女女這樣的過活下去。

四 我們的女子教育

中國女性型理想之不同，包含一種不同的教育我們女兒的方法。蓋中國家庭之訓練女兒，決然不同於訓練男孩子者。施於女兒的管束，可謂遠較施於男孩子者爲嚴謹，更以通常女性成熟期的較早，女孩子能服習於此種家庭紀律之時期亦爲較早。故女孩子跟同年齡的男孩子做比較，其儀態總來得溫文而端莊。女孩子無論怎樣，其孩子氣總比之男孩子爲輕。一到了十四歲以上，她便開始躲藏起來，學習著溫柔典型女性的模樣了。因爲中國人的概念很著重於溫柔的女性；她清晨起身，比弟兄輩爲早，穿衣服比弟兄爲整潔，還得幫忙佐理家政，她得下廚房裏助烹飪，得幫助餵哺她的小弟弟的膳食。她少玩弄玩具而多做工作，講話比較文靜，走路比較雅致，坐相比較端正，腿兒總是緊緊併攏。她們犧牲了輕快活潑的精神而竭力裝作端莊。那些孩子脾氣的開玩笑說廢話，她是沒有的，而且她從不破口狂笑，卻只是微微一哂而已。她重視處女的貞操，所謂童貞，而童貞在古老的中國是比世界上任何一切學問藝術來得高貴的一種財產。她輕易不讓陌生人瞧她一眼，雖然她自己卻常躲於屏風背後偷看人。她培育著一種神秘的、可望不可即的迷人魔力，愈是遮遮掩掩那麼價值尤高。確實，照男人家的心思，一個女子禁閉於中古式堡壘之中，比之你天天可以見面的姑娘來得動人而可愛。她學習著針線刺繡，用她年輕的目光和犀利的指尖，她做得一手出色的工作，而工作的進行，比較起算三角題來得迅速。刺繡這種工作是可喜的，因爲它給予她時間，俾得進入夢的幻境，而年輕人常常是幻夢的。照這樣，她便準備著負起賢妻良母的責任的才能。

士紳之家的女兒，亦復學習讀書寫字。中國曾經出了不少女才子，而現代也至少有半打以上的女作家，獲得全國推崇的榮譽。兩漢之時，有許多著盛名的飽學婦女，後來魏晉之際，也出了不少人才。其中有一位謝道韞多才善辯，往往能替她的夫弟王獻之解脫賓客的問難。博學多能，在中國不論男女，總覺得有限得很，但縉紳士族還是不怠教其女兒寫字讀書。此種文學教育的內容，不外乎文章詩詞歷史和採自孔子經書的人類智慧，道德訓誡。女子所學者止乎此；其實男子之所學，其進乎此者，亦極幾微。文學、歷史、哲學和人生之格言，加以幾種醫藥上的特殊知識與政府之法規，不過是人文學識之總和。婦女的教育，則限於更狹隘的人文主義。其不同乃在於知識深進之程度，而非在於範圍之廣狹。

中國人的見解，殆適與蒲柏（Alexander Pope）的格言背道而馳。中國人認爲：才學過高，對於婦女是危險的，故有「女子無才便是德」的說法。詩和繪畫的園地上，她們也常參加一手，因爲短行詩歌的寫作，好像特別適合於婦女的天才。這些詩都是短短數行，辭藻典麗溫雅，卻缺少魄力。李清照（一〇八一—一一四一）爲中國最偉大的一位女詞人，遺留給我們寥寥幾首大珠小珠落玉盤般的詞，充滿著雨夜煩悶的情緒與失而復得的快樂。

中國女詩人的數量雖較男性詩人爲少，其傳統卻一向延續而未嘗中斷，單單清朝一代，吾們發現差不多上了千數的女詩人，她們都有作品發表於印刷的集子中，其數量亦不可謂少。自從清朝出了一位袁枚（他是反對女子纏足很有力的一位詩人），在他的影響下，樹立了女子寫詩的新範型，可是這個新範型引起另一位大學者章實齋的批評，因爲這對於女性典型的優良理想是一種損害。其實寫作詩文並不侵及做母親妻子的責任，李清照便是一位好妻子，而不是希臘女詩人薩福（Sappho）。

古代中國閨女實際上比之歐美女子缺少接觸社會的機會，不過受了較好家庭教育，則她可以增厚一些培養爲良母賢妻的基礎。而她的一生也沒有旁的事業，只有做做賢妻良母而已。中國男人們現在臨到了一個難關，便是他的選擇妻子，摩登女子與舊式女子二者之間孰優。最好的標準妻子有人說過：要有新知識而具舊德性的女子。摩登女子與舊式女子思想上的衝突，需要常識的無情判斷（新女子以妻為一獨立的不依賴的人格而輕視良母賢妻的說法）。當作者將知識與教育之增進認爲一種進步並尤接近女性典型之理想時，敢深信絕非謂吾人將求一聞名世界的女子鋼琴名手或女大畫家。我深信她的調治羹湯，應較其作詩會有益，而她的真正傑構，將爲她的雪白肥胖的小寶寶。依著者的愚見，一位典型的女性還該是一位智慧仁慈而堅定的母親。

五　戀愛和求婚

有一個問題可以發生：中國女子既屬遮掩深藏，則戀愛的羅曼史如何還會有實現的可能？

或者可以這樣問：年輕人天生的愛情，怎麼樣受經典傳統觀念的影響？在年輕人，羅曼史和戀愛差不多是寰宇類同的，不過由於社會傳統的結果，彼此心理的反應便不同。無論婦女怎樣遮掩，經典教訓卻從未逐出愛神。戀愛的性質容貌或許可以變更，因為戀愛是情感的流露，本質上控制著感覺，它可以成為內心的微鳴，文明有時可以變換戀愛的形式，但也絕不能抑制它。「愛」永久存在著，不過偶爾所蒙受的形象，由於社會與教育背景之不同而不同。「愛」可以從珠簾而透入，它充滿於後花園的空氣中，它拽撞著小姑娘心坎。或許因為還缺少一個愛人的慰藉，她不知道什麼東西在她的心頭總是煩惱著她。或許她倒並未看中任何一個男子，但是她總覺得戀愛著男子，因為她愛著男子，故而愛著生命。這使她更精細的從事刺繡而幻化的覺得，好像她正跟這一幅虹彩色的刺繡戀愛著，這是一個象徵的生命，這生命在她看來是那麼美麗。大概她正繡著一對鴛鴦，繡在送給一個愛人的枕套上，這種鴛鴦總是同棲同宿，同遊同泊，其一為雌，其一為雄。倘若她沉浸於幻想太厲害，她便易於繡錯了針腳，重新繡來，還是非錯誤不可。她很費力的拉著絲線，緊緊地，澀澀地，真是太滯手，有時絲線又滑脫了針眼。她咬緊了她的櫻唇而覺得煩惱，她沉浸於愛的浪濤中。

這種煩惱的感覺，其對象是很模糊的，真不知所煩惱的是什麼；或許所煩惱的在於春，或在於花，這種突然的重壓的身世孤寂之感，是一個小姑娘的愛苗成熟的天然信號。由於社會與社會習俗的壓迫，小姑娘們不得不竭力掩蓋住她們這種模糊而有力的願望，而她們潛意識的年輕的幻夢總是永續的行進著。可是婚前的戀愛在古時中國是一個禁果，公開求愛真是事無前例，而姑娘們又知道戀愛便是痛苦，因此她們不敢讓自己的思索太放縱於「春」「花」「蝶」

這一類詩中的愛的象徵。而假如她受了教育，也不能讓她多費工夫於詩，否則她的情愫恐怕會太受震動。她常忙碌於家常瑣碎，以衛護她的感情之聖潔，譬如稚嫩的花朵之保護自身，避免狂蜂浪蝶之在未成熟時候的侵襲。她願意靜靜地守候以待時機之來臨，那時戀愛變成合法，而用結婚的儀式完成正當的手續。誰能逃免糾結的情欲的便是幸福的人，但是不管一切人類的約束，天性有時還是占了優勢，因爲像世上一切禁果，兩性吸引力的銳敏性，機會因尤少而尤高。這是造物的調劑妙用。照中國人的學理，閨女一旦分了心，什麼事情都將不復關心。這差不多是中國人把婦女遮掩起來的普遍心理背景。

小姑娘雖則深深遮隱於閨房之內，她通常對於本地景況相差不遠的可婚青年，所知也頗爲熟悉，因而私心常能竊下主意，孰爲可許，孰不愜意。倘因偶然的機會遇到了私心默許的少年，縱然僅僅是一度眉來眼去，她已大半陷於迷惑，而她那一顆素來引以爲自傲的心兒，從此不復安寧。於是一個秘密求愛的時期開始了。不管這種求愛一旦洩漏即爲羞辱，且常因而自殺；不管她明知這樣的行爲會侮蔑道德規律，並將受到社會上猛烈的責難，她還是大膽的去私會她的愛人。而且戀愛總能找出進行的路徑的。

在這兩性瘋狂似的互相吸引過程中，那真很難說究屬男的挑動女的抑是女的挑動男的。小姑娘有許多機敏而巧妙的方法可以使人知道她的臨場。其中最無罪的方法爲在屏風下面露出她的紅綾鞋兒。另一方法爲夕陽斜照時站立遊廊之下。另一方法爲偶爾露其粉頰於桃花叢中。另一方法爲燈節晚上觀燈。另一方法爲彈琴（古時的七弦琴），讓隔壁少年聽她的琴挑。另一方法爲請求她弟弟的教師潤改詩句，而利用天真的弟弟權充青鳥使者，暗通消息；這位教師倘屬多情少年，便欣然和覆一首小詩。另有多種交通方法爲利用紅娘（狡黠使女）；利用同情之姑嫂；利用廚子的妻子；也可以利用尼姑，倘兩方面都動了情，總可以想法來一次幽會。這樣的秘密聚會是極端不健全的，年輕的姑娘絕不知道怎樣保護自身於一剎那，而愛神，本來懷恨放浪的賣弄風情的行爲，乃挾其仇恨之心以俱來。愛河多濤，恨海難塡，此固爲多數中國愛情小說所欲描寫者。她或許竟懷了孕！其後隨之以一熱情的求愛與私通時期，軟綿綿的，辣潑潑的，情不自禁，卻就因爲那是偷偷摸摸的勾當，尤其覺得可愛可貴，惜乎通常此等幸福終屬不耐久啊！

在這種場合，什麼事情都可以發生。少年或小姑娘或許會拂逆本人的意志而與第三者締婚，這個姑娘既已喪失了貞潔，那該是何等悔恨。或者那少年應試及第，被顯宦大族看中了，強制的把女兒配給他。於是他娶了另一位夫人。或者少年的家族或女子的家族闔第遷徙到遙遠的地方，彼此終身不得復謀一面。或者那少年一時寓居海外，本無意背約，可是中間發生了戰事，因而形成無期的延宕。至於小姑娘困守深閨，則只有煩悶與孤零的悲鬱，倘若這個姑娘真是多情種子，她會患一場重重的相思病（相思病在中國愛情小說中真是異樣的普遍）。她的眼神與光彩的消失，真是急壞了爹娘，爹娘鑒於眼前的危急情形，少不得追根究柢問個清楚，至依了她的願望而成全了這樁婚事，俾挽救女兒的生命，以後兩口兒過著幸福的一生。

「愛」在中國人的思想中因而與涕淚、慘愁、孤寂相揉和，而女性遮掩的結果，在中國一切詩中，羼進了淒惋悲憂的調子。唐以後，許許多多情歌都是含著孤零消極與無限悲傷，詩的題旨常爲閨怨，爲棄婦，這兩個題目好像是詩人們特別愛寫的題目。

通常符合於對人生的消極態度，中國的戀愛詩歌是吟詠些別恨離愁，無限淒涼，夕陽雨夜，空閨幽怨，秋扇見捐，暮春花萎，燭淚風悲，殘枝落葉，玉容憔悴，攬鏡自傷。這種風格，可以拿林黛玉臨死前，當她得悉了寶玉與寶釵訂婚的消息所吟的一首小詩為典型。字裏行間充滿著不可磨滅的悲哀：

儂今葬花人笑癡，
他年葬儂知是誰？

但有時這種姑娘倘遇運氣好，也可以成為賢妻良母。中國的戲曲固通常都殿以這樣的煞尾；「願天下有情人都成眷屬。」

六 妓女與妾

這在女人的本分中，實屬無可非議。女人是「賢妻良母」。她既忠貞，又柔順，而常為賢良的母親，抑且她是出於天性的貞潔的，一切不幸的擾攘，責任都屬於男子。犯罪的是男子，男子不得不犯罪，可是每一次他犯罪，少不了一個女人夾在裏頭。

愛神，既支配著整個世界，一定也支配著中國。有幾位歐美遊歷家曾冒昧發表意見謂；在中國，吾人覺得性之抑制，反較西洋為輕，蓋因中國能更坦直的寬容人生之性的關係。科學家埃利斯說過，現代文化一方面把最大的性的刺激包圍著男子，一方面卻跟隨以最大的性的壓迫。在某程度上性的刺激和性的壓迫在中國都較爲減少。但這僅是真情的片面。坦率的性的優容只適用於男子而不適用於女子。女子的性生活一向是被壓迫的。最清楚的例子可看馮小青的一生，她生活於恰當莎翁創作其傑作的時候（一五九五——一六一二），因爲嫁充側室，被其凶悍的大婦禁閉於西湖別墅，不許與丈夫謀一面。因而她養成了那種自身戀愛的畸形現象。她往往樂於駐足池畔以觀看自己倒映水中的倩影，當其香消玉殞的不久以前，她描繪了三幅自身的畫像，常焚香獻祭以寄其不勝自憐之慨。偶爾從她的老媽子手中遺留下來殘存的幾篇小詩，看出她具有相當的詩才。

反之，男子實不甚受性的壓迫，尤其那些較爲富裕的階級。大多數著名的學者像詩人蘇東坡、秦少游、杜牧、白居易之輩，都曾逛過妓院，或將妓女娶歸，納爲小星，固堂而皇之，無容諱言。事實上，做了官吏的人，侍妓侑酒之宴飲，無法避免，也無慮乎誹謗羞辱。自明以迄清代，金陵夫子廟前的污濁的秦淮河，即爲許多風流艷史的產生地。這個地點的鄰近夫子廟畔，是適宜而合於邏輯的，因爲那是舉行考試的地點，故學子雲集，及第則相與慶賀，落選則互致慰藉，都假妓院張筵席。直至今日，許多小報記者猶津津樂道其逛窯子的經歷，而詩人學者都曾累篇盈牘的寫其妓寮掌故，因而秦淮河三字便極親密的與中國文學史相追隨著。

中國娼妓之風流的、文學的、音樂的，和政治關係的重要性，無須乎過事渲染。因爲由男人想來，上等家庭的婦女而玩弄絲竹，如非正當，蓋恐有傷她們的德行，亦不宜文學程度太高，太高的文學情緒同樣會破壞道德，至於繪圖吟詩，雖亦很少鼓勵，然他們卻不斷尋找女性的文藝伴侶。娼妓因乘機培養了詩畫的技能，因為她們不須用「無才」來做德行的堡壘，遂益使文人趨集秦淮河畔。每當夏夜風清，黑的天幕把這污濁的秦淮河轉化成威尼斯運河，他們靜坐於大棚船中，聽著那些來來去去的燈船上的姑娘唱著熱情的小調兒。

在這樣的環境下，文人遂多尋訪這種藝妓，她們大都挾有一藝之長，或長於詩，或長於畫，或長於音樂，或長於巧辯。在這些天資穎慧、才藝雙全的藝妓中——尤以明代為盛——董小宛允稱個中翹楚，最為一般所愛悅，她後來嫁給名士冒辟疆為妾。

在唐代，則以蘇小小領袖群芳，她的香塚至今立於西子湖畔，為名勝之一，每年騷人遊客憑弔其旁者，絡繹不絕，至其攸關一國政局興衰者，亦復匪鮮，例如明末的陳圓圓本為吳三桂將軍的愛妾，李自成陷北京，擄之以去，致使吳三桂引清兵入關，原謀奪還圓圓，誰知這一來大錯鑄成，竟斷送了明祚，而樹立了滿清統治權。可異者，吳三桂既助清兵滅亡明室，陳圓圓乃堅決求去，了其清靜之餘生於商山特建之別院中。吾人又可觀李香君之史蹟，她是一個以秉節不撓受人讚美的奇女子，她的政治志節與勇毅精神愧煞多少鬚眉男子。她所具的政治節操，比之今日的許多男子革命家為堅貞。蓋當時她的愛人迫於搜捕之急，亡命逸出南京，她遂閉門謝客，不復與外界往來，後當道權貴開讌府邸，強徵之侑酒，並迫令她歌唱，香君即席作成諷刺歌，語多侵及在席的權貴，把他們罵為閹豎的養子，蓋此輩都為她愛人的政敵。正氣凜然，雖弱女子可不畏強權，然豈非愧煞鬚眉？此等女子所寫的詩，頗有流傳至今者。中國才女之史蹟，可窺見其一部於薛濤、馬湘蘭、柳如是等幾名名妓的身世中。

青樓妓女適應著許多男性的求愛的，羅曼斯的需要，蓋許多男子在婚前的年輕時代錯過了這樣風流的機會。我用「求愛」這個字眼是曾經熟思的，因為青樓妓女不同於一般普通放蕩的賣淫婦也。她須得受人的獻媚報效。這樣在中國等是尊重婦女之道。有一部專事描寫近代青樓艷事的小說叫作《九尾龜》，告訴吾們許多男性追求那看來很容易到手的姑娘，往往經年累月，花費了三千四千銀子，始得一親芳澤。這種不合理的情形，為婦女遮藏時代始有之現象。然男人們在別處既無法追尋異性伴侶，一嘗風流的羅曼斯況味，則此等情形亦屬事理之常。男子對於結交異性既無經驗，在家庭中又吃不消黃臉婆子的絮聒，始乃頗想嘗嘗西洋人在婚前所經歷的所謂「羅曼斯」的滋味。這樣的人見了一個頗覺中意的婦女，不由打動心坎，發生類乎戀愛的一股感覺。青樓女子經驗既富，手段嫻熟，固不難略施小技，把男子壓倒在石榴裙下，服服貼貼。這便是中國很正當而通行的一種求愛方法了。

有時，一種真實的羅曼斯也會發生，有似歐美人士之與情婦戀愛者。如董小宛與冒辟疆之結合經過，自從其初次會見之艱難以至其時日短促的新婚幸福生活，讀來固無殊其他一般之羅曼斯也。羅曼斯之結局，有可悲者，亦有可喜者。如李香君則長齋禮佛，終其生於寺院中，顧橫波、柳如是則享受其貴婦生活於顯宦家庭中，為後世所艷羨。

妓女是以叫許多中國男子嘗嘗羅曼斯的戀愛的滋味，而中國妻子則使丈夫享受比較入世的近乎實際生活的愛情。有時這種戀愛環境真是撲朔迷離，至如杜牧，經過十年的放浪生活，一旦清醒，始歸與妻室重敘。所謂「十年一覺揚州夢，贏得青樓薄倖名」也。有的時候，也有妓女而守節操者，像杜十娘。另一方面，妓女實又繼承著音樂的傳統，沒有妓女，音樂在中國恐怕至今已銷聲匿跡了。妓女比之家庭婦女則反覺得所受教育為高，她們比較能獨立生活，更較爲熟習於男子社會。其實在古代中國社會中，她們才可算是唯一的自由女性。妓女之能操縱高級官吏者，常能掌握某程度的政治實權，關於官吏的任命，凡有所說項，有所較議，胥取決於她的妝閣之中。

妓女的歸宿，總無非是嫁作小星，或者做人外室情婦，像上面所提過的幾位，都是如此。置妾制度之歷史久遠，殆不亞於中國自身之年齡。而置妾制度所引起的問題，亦與一夫一妻制之成立而並興。倘尚遇婚姻不如意，東方人轉入青樓北里，或娶妾以謀出路，西洋人的解決方法則爲找一情婦，或者偶爾幹幹越禮行爲。兩方社會行爲的形態不同，然其基本關鍵則不謀而合。其差異之由來，則出於社會態度，尤其婦女界本身對待此等行爲之態度。中國人之娶妾，如經公衆之容認而爲堂皇之行爲，在西洋則有恥言姘婦之習俗。

堅持以男性爲中心的嗣續觀念，亦爲鼓勵娶妾之一大主因。有些中國好妻子，倘值自己不能生產男孩子，真會自動要求丈夫納妾的。明朝的法律且明白規定：凡男子年滿四十而無後嗣者，得娶妾。

此外，娶妾這一個方法亦即所以代替歐美之離婚事件。結婚和離婚爲最困難的社會問題，至今猶無人能解決之，人類的智慧上還沒有發明過完全解決的辦法，除非如天主教的辦法可算是一種解決之道，它蓋整個兒否認此種問題之存在。吾人所可斷言者，即婚姻爲婦女唯一之保障，無論何時，男子的道德倘有疏懈，受痛苦者，厥爲女性，不論是離婚是娶妾是重婚或濫施戀愛。在性的關係中，好像有一種天生的永久不平等和不公平。因爲性的平等這一個名詞，非造物所知。造物之所知者，厥爲種族之延續而已。所謂現代婚姻，男女雙方以五十比五十爲基本原則者，生產了小孩以後，實際總成為七十五比二十五之男性占便宜。倘令有一個婦人當雙方愛情冷淡時真肯詼諧地解除男人之束縛，則四十歲男人所能享受的利益，那個離了婚的四十歲老婦人且為生過三個孩子的母親者不能享受。真實的平等是不可能的。

利用此種概念，可資以辯護娶妾制度。中國人把婚姻看作一個家庭的事務，倘婚姻不順利，他們准許娶妾，這至少可使家庭保全為一社會單位。歐美人則反乎是，他們把婚姻認為個人的羅曼斯的情感事務，是以准許離婚，可是這一來，拆散了社會單位。在東方，當一個男子成了大富，無事可做，日就腐化，乃不復愛其妻子，為妻子者，不得不勉自抑制其性欲；不過她居於家庭中，仍能保持其堅定崇高之地位，仍為家庭中很有光榮的首領，圍繞於兒孫之間，在生命的另一方面領受其安慰，在歐美，那些摩登夫人向法院提出了離婚的訴訟，敲一筆巨額生活費，走出了家庭，多半會去再嫁；而是那些不被丈夫愛護而仍能保持家庭中榮譽地位者比較幸福呢？還是拿了生活費而各走各路的比較幸福呢？這一個問題殆為一迷惑不可解的啞謎。在中國婦女尚未具備西方姊妹們之獨立精神時，那些棄婦常為無限可憐的人物，失掉了社會地位，破碎了家庭。世界上大概有一個幸福婦人，便另有一個無論怎樣盡力總不能使她幸福的婦人。這個問題就是真正的婦女經濟獨立也不能解決它。

在中國，這樣的情形每日都有見聞，而那些摩登姑娘以其殘忍的心腸攆出人家原來的妻子，照我看來，跟我們祖宗的野蠻思想相差不過毫釐之間，雖然她們的摩登足以不容另一女人以同等的身分同居。在過去，往往有一個實際是好婦女，受了環境關係的支配，致勾搭上了已經結了婚的男子，而她又衷心愛他，因服順自動的願充偏房之選，並甘心歉下地服侍大婦。而現在則各不相讓，彼此掮著一夫一妻制的招牌，想撵出另一個人而攘取她的地位，這在女子看來，可以認爲較爲進步的方法。這是摩登的、解放的與所謂文明的方法。倘婦女界自身喜歡這種辦法，讓她們幹下去好了，因爲她們自身才是第一個受到影響的人。年輕貌美的女人，自然在她們的同性鬥爭中會獲得勝利，而犧牲了老的女人。這個問題實在是既新而又長久了的。婚姻制度因此是永久不完美的，因爲人類天性是不完美的。吾們不得不讓這個問題不了了之。或許只有賴天賦之平等均權意識和父母責任心之增進，始能減少這種案件的數量。

當然，辯護娶妾制度是廢話，除非你準備同時辯護一妻多夫制。辜鴻銘是愛丁堡大學的碩士，是一位常喜博引卡萊爾和阿諾德文字的學者，他曾經辯護過多妻制度，他說：「你們見過一把茶壺配上四只茶杯，但是可曾見過一只茶杯配上四把茶壺嗎？」這一個比喻的最好答辯，莫如《金瓶梅》中西門慶的小老婆潘金蓮說的那句話：「那有一只碗裏放了兩把羹匙還會不衝撞的麼？」潘金蓮當然不是無意義的說這句話的。

七　纏足

纏足的本義和起源曾被一般人大大地誤解過。但無論怎樣，曾是代表一種束縛並壓迫女性的記號，而且這個方法是很適宜於這種效用的。宋時，儒學大師朱熹也曾很熱心的推行纏足制度於南部福建，作爲傳播漢族文化的工具而教人以男女有別。倘使纏足只當作壓迫女性的記號看待，那一般做母親的不會那麼熱心地替女兒纏足。實際上纏足的性質始終爲性的關係，它的起源無疑地出於荒淫君王的宮闈中。它的所以獲得男子的歡迎，乃緣於男人的崇拜金蓮和繡鞋兒作爲戀愛的偶像，並欣賞其婀娜的步態，其所以能獲得婦女的歡迎，則緣於她們的欲勾動男人的愛悅而已。

纏足制度的起源時代問題，爲一大爭辯的題目。這其實是不必要的，因爲比較適宜一些的，還是談談它的演進吧。所謂纏足的唯一確切之解釋爲用幾碼長條子的布，把足部束緊起來而廢棄短襪。這種方法歷史上第一次有明確記載者爲南唐後主的艷跡，其時期約當第十世紀初期或宋代之前。唐代的楊貴妃還穿著短襪，因爲她死後有一隻短襪流落於一個老媼手中，而轉輾傳覽於民間，凡納錢百文，都得一觀。瘋狂讚美女人之纖足和她們的弓鞋的風氣盛行於唐代。弓鞋的式樣係鞋頭向上彎翹，大類羅馬划船的船首，或即爲纏足之起源或一種初步的形式。此種弓鞋本爲宮中舞女所用，在這種奢華的氛圍中，充滿著女性的舞蹈、笙歌，縈繞著麝香龍涎，錦繡珠簾，天然會產生一種別出心裁的意匠，其結果即爲此種性的矯飾。這一個創造的心意，係屬於南唐後主，他原來是一個細膩的詩人，他有一個纏了足的宮女，能輕盈地緩步於六尺高的金質蓮花瓣上，四周復綴以珠花金鏈。從此這個風尚受民間的模仿，這纏小了的足，因以誇飾地稱爲金蓮或香蓮，此等字眼且常點綴於詩句中。這個「香」字倒是下得很有意義，因爲它指示出中國富貴家庭中的多肉慾的氣息，他們的書齋固充溢著異香，而巨帙著作便寫作於這樣的書齋中。

婦女們非但極願意，而且很愛悅犧牲其肉體上一部分之安適以趨應時髦。這樣的特性，非爲中國女子所特具。晚近如一八二四年，英國女子很願意躺臥地板上，讓她的母親手足並施的用鯨鬚束壓她的身體。（那時有本時裝雜誌上說：「束縛鯨索的方法，小姑娘應該面部向下的躺伏閨房地板上，她的母親可將一足緊踏於她的背部腰際，俾易於用力絞轉，這樣，不難使鯨索兩端接合。」）這種鯨鬚一定大有助於十八世紀及十九世紀初期歐洲女子在適當場合的昏暈。婦女在中國，可以成爲懦弱，但從不趨時髦以至於昏暈。俄羅斯芭蕾舞的足尖舞，是肉體痛苦造成的美的另一模型，然此種痛苦，可美其名曰藝術。

中國婦女的小腳不唯使男人的眼光感覺可愛，卻是微妙地影響及於婦女的整個風采和步態，致使她們的粉臀肥滿而向後凸出，其作用等於摩登姑娘的穿高跟皮鞋，且產生一種極拘謹纖婉的步態，使整個身軀形成弱不禁風，搖搖欲倒，以產生楚楚可憐的感覺。看纏足婦女的走路，有如看走繩索的舞女。使人可望而不可即，撩起無限煩愁的心緒。纏足卻爲中國人在性的理想上最高度的詭秘。

此外，完全無關於女性姿態的本身，男人們乃從而歌詠之、崇拜之，蓋把小腳看作戀愛的偶像。金蓮的尊崇，無疑導源於性的詭秘境界。鑒賞各種不同式樣的纏足藝術之著作之多，不讓於批評唐詩之著作。倘你能設想真正纖小的形式美觀的小腳之稀少——大率一個城市裏找不到十雙——那就很容易明白男人見了這樣的小腳，將如何感動，豈將不如受精美的詩的感動一樣？清人方絢，嘗著一部專書，叫作《香蓮品藻》，專門論述纏足的藝術，將各式各樣的小腳分成五大類十八品式。謂香蓮（小足）有三貴，一曰肥，二曰軟，三曰秀。又說：

瘦則寒，強則嬌，俗遂無藥可醫矣！故肥乃腴潤，軟斯柔媚，秀方都雅。然肥不在肉，軟不在纏，秀不在履。且肥軟或可以形求，秀但當以神遇。

凡能明瞭時髦在女子心理上所占之勢力者，類能明瞭這種制度何以能持續不衰。所更可怪者，康熙皇帝禁止漢人纏足之聖旨不多幾年就被廢棄，而滿族婦女反迅速地模仿漢人也纏起足來，直到乾隆皇帝再度下旨而禁止她們。母親凡欲望其女兒長大成為少奶奶典型而得嫁給士紳之家，便得從小把她的足好好纏起來，這一舉如為做父母的一種先見之明。至新嫁娘受了人家對於她的小腳的讚美，宛像受了孝順的讚美。因為次於容貌的美麗，婦女便以其腳之纖小無限地引為自傲，有如摩登姑娘之誇耀其足踝骨的瘦小，因為此等足踝使她們在任何社交集會中立刻引人注目。婦女的纏足是痛苦的，毫無悲憫的痛苦，當其發育之際，但一旦纏成美觀的一雙小腳，她的光榮終身享受不盡。

但這種可怕而怪僻的嗜好，至少受過三位學者的駁斥，那三位學者是《鏡花緣》（作於一八二五）作者李汝珍、詩人袁枚（一七一六—一七九九）和經學家俞正燮（一七七五—一八四〇）。這三位學者都是具有獨立精神和偉大精神的。但這種風尚不遽廢止，直至基督教會推行社會改革事業時，始漸漸收效，這種改革事業，中國婦女對之應該深深感謝的；但基督教會的成效，也受了當時環境的協助，因為中國婦女從他方面獲得了較可忍受的代替品，即摩登姑娘的高跟鞋。高跟鞋提高了女人的形體，發展一種婀娜的步姿，更產生一種幻象，使覺得她們的足部看去好像較實際者為小。李笠翁所著關於生活的藝術的精深觀察，至今猶為真理。其語云：「嘗有三寸無底之足而與五寸有底之鞋同立一處，反覺四五寸之小而三寸之大者；以有底則趾尖向下，而禿者疑尖；無底則玉筍朝天，而尖者似禿故也。」此種對於無聊人生之精深觀察，常為中國人天才之特性。

八 解放運動

婦女束縛，現在已成過去。它的消逝如此迅速，凡在十年前離開中國而重返者，可以發現中國女子之體力與智力與狀況變遷得如此廣博，幾難以置信。現代婦女之氣質、裝飾、舉止和自立的精神，完全不同於十年前的所謂時髦姑娘。這種變遷乃由於各方面的勢力在發生作用。總括地說：它們可以稱為西洋勢力的影響。

變遷之顯著者是一九一一年從帝制的革命而為民國，承認男女平等；新文化運動開始於一九一六至一七年，由胡適博士與陳獨秀為之領導，他們詛咒吃人的宗教（孔教）之寡婦守節制度和雙重性標準。

一九一四年的五四運動或學生運動，乃由於凡爾賽會議協約國秘密出賣中國所激起的怒吼，使男女青年第一次在政治領域上崛起的重要活動；一九一九年秋季，北京大學第一次招收女學生入學，隨後，其他各大學遂繼起實行男女同學；男女學生之不斷參加政治活動，導致一九二六至二七年的國民革命，大部分實即為國民黨和共產黨聯合指導與鼓勵下的學生功績，而在上述兩黨的工作中，中國女子很活躍的擔任黨務、看護，甚至擔任士兵的工作。南京國民政府成立以後，女黨員供職中央黨部，占居首要位置者持續不輟。

一九二七年以後，各政治機關任用女公務員之風勃興；南京政府公布法律，承認女子享有平等繼承權；多妻制度消滅；女子學校盛行。一九三〇年以後，女子在運動界嶄露頭角，尤其一九三四年的女子游泳成績之優異。裸體照相盛受社會歡迎，報章雜誌日有披露。一九二三年山額夫人的來華，因之節制生育及性教育漸見普遍；避孕器械的介紹與輸入（**這可說是倫理革命的唯一原動力**）；各大報章發行婦女週刊的附刊，專以討論婦女問題；張競生《性史》出版，張競生是位法國留學生，而《性史》這本大作頹廢色彩未免太重。葛雷泰・嘉寶（Greta Garbo）、諾瑪・希拉（Norma Shearer）、梅・蕙絲的影響，中國電影明星的轟動，電影雜誌的流行，跳舞場、咖啡館到處林立，這是一九二八年之際始傳入中國的。在這些跳舞場、咖啡館裏，中國姑娘行動態度的改變，使任何人大吃一驚。英國高跟鞋、巴黎香水、美國絲襪、高衩旗袍、西式緊身馬甲（**所以代替老式肚兜者**）和連身女泳裝，才是時代的驕兒。

從纏足以至連身泳裝，誠為一長遠之距離，而此等變遷雖看似甚覺淺薄，卻不妨其奧妙的意味。因為人生就是這些淺薄的現象所構成的，變換了它們，即變換了吾人的人生觀。

摩登姑娘以其行為淺薄，受盡了許多中國雜誌的諷譏嘲笑。好像她們的愛好奢侈，缺乏耐勞力和其他家庭美德。因為梅・蕙絲的影響力，遠過於沃斯通克拉夫特（Mary Wollstonecraft）的影響力。事實是這樣，婦女有兩種不同的典型，一種顯露其頭角於都市社交生活，另一種則安穩隱沒於好好家庭中，後者是謹飭而聰慧的人物，可是不甚通行。有幾位在政治上占重要地位的婦女，公開施展其蠱惑手段，才是婦女界最壞的惡棍，所以此輩不足以代表中國新女性。總之，此等摩登風尚應作為自由主義化的影響，大體上是為了中國女性的幸福而工作著，從而及於整個中華民族的幸福。第一件主要的影響爲女子之體格。在運動會中顯露的姑娘們的大腿，常爲守舊的人們蹙頞惋惜不置，其實最後倒有利於國家民族。由於體育的發展，產生一種運動，比之培育於閨房之內的纏足運動遠較爲天然而高潔。

體育變遷的結果，又產生對於女性美的觀念變遷，從昔時矯揉造作的所謂嫻靜溫雅，變至較爲適合於人類天性的活潑健美，相近於歐洲婦女。女人之能做出真性的狂笑，實較之吃吃而淺笑爲可愛。孔教學說所予婦女界之人爲的限制和過分劃分的性的區別，必須讓其地位於適合人類天性的觀念而不復回復。不過這樣的結果，恐怕性別將完全消滅而喪失純粹女性型的女人。婦女的想摹擬男性的行爲這種意念，其本身實即爲一種女性的束縛。還是讓女人珍惜其固有的性型，因爲只有實現她們自身的性型，她們莊重的使命才配稱得起偉大。不過把中國婦女與歐美女子做一比較，則中國摩登女性還是比較穩足而莊重，但在另一方面，她們比之西洋姊妹們似較爲缺少自動的和自立的精神。或許這種根性是存在於她們的血胤裏面。假令如是，一切不如任其自然，因爲忠實保持固有民族之本來面目，亦足稱爲偉大。

第六章　社會生活和政治生活

一　缺乏公益心

中國是一個個人主義的民族，他們繫心於各自的家庭而不知有社會，此種只顧效忠家族的心理，實即爲擴大的自私心理。在中國人思想中，初無「社團」這個名詞的存在，不可謂非奇事。在孔教的社會和政治哲學裏面，吾們可以看出人民組織範型的接續階段乃自家直接上升於國。《大學》有云：「古之欲明明德於天下者，先治其國，欲治其國者，先齊其家……」又曰：「……身修而後家齊，家齊而後國治，國治而後天下平。」欲求一與「社團」這個字眼意識最相近的名詞，在中文裏頭乃不能不推兩個單字綴成的「國家」一個連語，這是中國抽象名詞構成原則而來的。

「公共精神」爲一新名詞，「公共意識」一詞亦然，「社會服務」一詞亦然，中國原來沒有這種東西。但「社會事件」當然也是有的，如婚喪喜慶、僧侶儀仗、四時節令。所缺乏者，乃屬於那些足以構成英美人士的社會生活者，如運動、如政治結社、如宗教，這是很顯而易見的。中國沒有教堂也沒有教會。中國人視談論政治如宗教上的禁例；他們不投票，也沒有討論政治的黨社。他們不事放縱於運動，運動乃為聯繫合群的最佳方法，固為英美人士社會生活的基礎。當然，中國人也玩玩種種遊戲競技以資消遣，不過此等遊戲競技大率係屬於中國人個人主義的特性的。中國式的遊戲並不把競技者的分組對立兩大組合，如鬥蟋蟀，並非以一個組合對另一組合而做競賽。組合這件事情，向非所知。中國人的鬥牌遊戲，每人各自為戰。中國人喜歡打撲克，不喜歡打橋牌。中國人喜搓麻將，固已久著盛名，麻將即近似撲克，非似橋牌。從這個麻將哲學中，可以看出中國人個人主義的素質。

中國人的個人主義例證，可見之於中國新聞紙的組織。中國人經營報紙，譬如搓麻將。作者嘗見《中國日報》請了主任編輯，專門擔任寫寫社論；國內新聞，另有主編的人，他有他固定的篇幅；國際電訊，又另有主編的人，他有他的固定篇幅；本埠新聞也另有編輯的人，他也有他的固定園地。如此四人各自掌理各自的部分，好比搓麻將的四個搭子，各人要竭力揣摩別人手中捏的什麼牌，各人想讓自己先挺張，而掉出所不要的牌給下家的人。倘遇國內新聞過於擁擠，他可以隨隨便便的移入本埠新聞版，倘遇本埠新聞亦甚擁擠，又可移入盜警火警欄的地位（對於讀者向不通知）。這樣一來，固需乎第一版的特意編排，材料無須選擇，沒有調和作用，也沒有首要次要之分。每個編輯先生都能寫寫意意早些回府。制度本身固已很夠簡單，加以編者和讀者兩方面都是生而為個人主義者。出版新聞為編輯先生的職務，而閱讀新聞乃在讀者，故兩方互不相涉。這是中國幾種最老最大最廣銷的報紙所沿用迄今之專門技術。

假定你要問為什麼沒有調和作用，其唯一答句即為缺乏公益心。因為假使總編輯而意欲施行改組，或許覺得本埠編輯之庸闇而欲予以開除，他就與家庭制度相衝突。他的干涉他人的事務，居心何在？是不是他的用意在攆出這位本埠編輯，敲碎他的飯碗，更連帶的使一切依賴於這位編輯身上的人同陷飢餓；更倘遇這位本埠編輯的夫人是老闆的外甥女，他能不能攆他出去呢？這還了得！假使這位總編輯稍具中國式的社交覺性，他不致幹出這等事情；若遇這位總編輯是新近回國的美國密蘇里新聞專科學校畢業生，還是快些走開為上策。於是來一個熟知中國人社交方式者取而代之，舊的制度乃仍延續工作下去，讀者照樣賴以查閱新聞，而報紙照樣擴展其發行額而賺錢。

許多這樣的心理都隱藏於一切中國人的社交往來後面，吾們可以很容易舉出許多例子，顯示中國人之缺乏公益心，簡直使二十世紀的西洋人難以置信。我所說「二十世紀的人」，因為他已經接受過十九世紀博愛主義的精神教養，而具有較為廣闊的社會眼界。舉一個典型的例子，這個例子真堪為中國社會事業的思想代表，下面一段是我逐句從《論語雙週刊》（一九三二年創刊的雜誌，以提倡即興的中國幽默為宗旨）上摘錄下來的，它記述一位中國軍閥對於民眾教育運動的演說。

有些青年醉心於現代美國社會服務的熱情，組織一種團體，推行「掃除文盲」運動。這位軍閥便發揮其鴻論說：「學生應該勤勉讀書，不宜干預外界事務。人家吃飽了自己的飯，幹自家的事情，而你們卻要掃除他們！」那動聽的論據是這樣說法的：不識字的人不來干預你們，為什麼你們偏偏要去干預他們？這些字句何等簡短，何等有力，而且那樣真實。因為這些字句，字字直接發自演說者的心坎，毫無遮隱，毫無潤飾。在中國人看來，社會工作常視作干預他人的事。一人熱心於社會改革或任何其他公共事業，看來常覺得有些可笑。吾們不顧他的誠意，又不能瞭解他為什麼跑出來幹這些事業，用意何在？是不是在向社會公眾獻殷勤？為什麼他不效忠於家庭，更為什麼不巴圖上進，升官發財，俾及早幫助其親戚和自己的家庭？吾們決定他因為是年輕，或者為正常人類典型的迷路者。

常有這樣迷失人類正常典型的人物被稱為豪俠，可是這些人無殊即為盜賊或漂泊浮浪的人物。他們是單身漢，不結婚，有一顆浮浪不肯安穩的心，常很願意縱身入水以拯救一個不相識的小孩。或者他們是結了婚的人，而死的時候，往往身後蕭條，不名一文，讓他的妻子含辛茹苦以度日。吾們歡迎這種人，愛這種人，但不願我們自己的家庭中產生這樣一個人物。當我們瞧見一個孩子具有太豐富的公共精神，勇於參加困難糾紛，吾們將確信地預言這個孩子定為父母的致命傷。倘使吾人能及早挫折他、壓服他，他或許會從家庭流浪出去而加入行俠的盜夥。這就是他們被認為捨離正道的理由。

這樣的情形怎會發生，中國人不是那樣的邪教徒，深陷於罪孽若基督徒所想像者。雖然中國人因為不是基督徒，仍可用受盡基督教詛咒的「邪教徒」這個名詞加諸其身。倘基督教會能盡力以求瞭解他們，而從根源攻擊他們的劣點，則似較為適宜，因為劣點的背後是一種完全不同於基督教的社會哲理觀念。這不同就是雙方觀點不同之由來。受了現代教育的中國最優秀之青年，還是不能明瞭西洋婦女一定要組織「禁止虐待動物會」的意義，她們為什麼高興去替狗擔心事，又為什麼不好好坐在家裏看護看護自家的孩子。吾們可斷定她們是為了沒有孩子，因之在家裏也沒有更好的事情可做，這樣的推斷或許往往是不差的。矛盾常存在於家族觀念與公共精神二者之間，一個人倘勤儉積財，而慳吝得夠程度，常可發現其家族觀念在發生作用。

因為家族制度是中國社會的根祇，中國的一切社會特性無不出自此家族制度。家族制度與村社制度——村社制度為家庭組織進一步而範圍稍微擴大的範型——可以統括的說明一切中國社會生活的現象。情面、寵嬖、特典、報恩、禮儀、官吏貪污、公共組織、學校、基爾特（同業聯合會）、博愛、慈善、優待、公正，而最後全部中國政治組織——一切都出自此家族及村社制度，一切都從它攝取特質和狀態，更一切都從它尋取解釋特殊性質的說明。從家族制度裏頭產生了家族觀念，更從家族觀念產生社會行為的某項法規。將此等特性加以研究是很有興趣的，吾們將看出人生在缺乏公共精神的環境裏，怎樣作為社會一分子而行動著。

二　家族制度

吾國古時並無所謂「家族制度」這種社會學上的名詞。吾們所知道的「家」，它只是為「契本」或為人類社會之本的家。家族制度渲染了吾們一切社會生活的色彩。它是屬人主義的，即吾人對於政府之概念亦係把它看作人格化的。家族制度所教導吾們的孩子們的第一個課程，是在人與人之間的社交的義務：自重、禮貌、責任心，和相互調整補充的要務。責任心的意義，是闡述得很明確的，即是對於父母的感恩圖報的義務觀念，和對於長老的敬意。它很近乎代替宗教的作用，而給予人們以社會長存與家族永續的意識，因以滿足人類巴求永生的願望。經由崇拜祖先的制度，它使永生的意識倍形活躍。它教導人以一種家族光榮的意識，此種意識在西方固不難搜得類似的例證。

家族制度的影響於吾人，就恰恰在於私人的日常生活中。它從吾們手中剝奪了訂婚權，而以之授予我們的父母；它使吾人結婚不是娶了一個妻子，卻是娶了一房媳婦，更使吾人的妻子生產兒子成爲「養孫子」；它把新娘的義務加重了百倍；它使年輕夫婦白晝掩扉成爲非禮行爲，而使秘密二字成爲中國人所不知的名詞。比方一架收音機，它使吾人安於鬧的習慣，鬧的婚禮，鬧的葬儀，鬧的飲食，以至於鬧的睡眠。它麻痺了我們的神經而發展了吾們的耐性。歐美人民好像一個閨女，它只消照顧自身，因之她只消使她自己外觀整潔而美麗，中國人民則好像一位大家庭中的媳婦，她有許許多多家庭的本分須行料理，吾們是以在很小的年齡就已養成了端莊性，它使吾們的青年人各守本分；它過度保護我們的孩子，不知道怎麼倒很少有孩子反抗家庭而出走的。凡父母太以自己爲中心而太專制，它時常剝奪了青年的事業心和發明天才。著者認爲這一點是家族制度所施於中國人的特性最惡劣的影響。父母的喪儀又涉及士子應試的機會，居父母之喪的讀書人必須停止應考三年，同時又爲士大夫階級提出辭呈的最好理由。

家族主義之倫理哲學甚至限制吾人之遠遊與運動，因爲在《孝經》中產生了一個學理，殆爲每個小學生都須熟記者，即：「身體髮膚，受之父母，不敢毀傷。」曾子爲孔子門人之佼佼者，當其臨終之際，這樣說：「啓予足，啓予手」，蓋曾子保全其身體髮膚而終，可告無愧於祖宗。此種思想已極鄰近於宗教思想。它又限制我們的向外發展，因爲孔子說過：「父母在，不遠遊，遊必有方。」遊歷的最好形式，本應該是無一定目的地無預定目的地的，依照孔子的學理，這便不可能了。所謂孝子，應該慎惜身體，不可爬高山，不可走險路。這樣一來，阿爾卑斯俱樂部（Alpine Club）中遂找不出一個配稱孝子的人了。

總之，家族制度爲個人主義之否定，它又限制個人的活動，有如騎士之韁索的控制阿拉伯野馬的奔馳。有時遇著騎師是個好人，他幫忙良馬在賽馬會中奪取錦標，而騎師不常是好人；有時控抑勒制馬匹的且不是一個騎師，而僅爲一輛不中用的貨車，你看還成怎個樣子。中國社會固無所用於阿拉伯良馬，其最充分之明證即爲中國社會之從不產生良馬，中國社會把良馬屠殺個精光，把牠們窮追驅入山林，或把牠們禁閉入收容所。中國社會所需要的馬爲呆滯魯鈍服韁之馬，果然，吾們的社會上便真饒有這樣的駑馬。

「名分學說」，即孔子學說通常所被稱之代名詞，實爲家族制度背後的社會哲學。這是一種道理，乃所以維持中國社會之秩序者，它同時爲社會組織與社會控馭之原理。其基本理想爲名分。名分賦予每一個男子或女子在社會上所應處的一定地位。有如人文主義者的理想欲「令任何事物都歸於適當地位」。名分的社會理想亦爲每個人都處於適當地位。「名」的意義爲名稱，「分」的意義爲本分。孔子學說實際上常被稱爲「名教」或即爲「名分的宗教」。名稱是一個稱號，所以給予人以表明各個在社會上所處的一定地位，即身分，更表明其與別個人的關係。缺乏一個名號，或在社會關係中的定限，一個人就不知道他自己的本分，從而也不知道怎樣控制他的行爲。孔子的理想便是這樣，倘使每個人知道自己的本分，而其行動適合於自己的地位，則社會秩序便能有把握的維持。關於中國社會所崇奉的五大人倫，其中四倫是與「家」有關的。此五大人倫即君臣之關係，父子之關係，夫婦之關係，以及兄弟朋友之關係。其最後一倫朋友之關係可爲之合併於家庭，因爲朋友乃爲那些可以包括入「家」的範圍內的人——他們是家族間的朋友。家族是以可爲一切道德行爲的出發點。

不過吾人於此必須提示者，孔子從未想把家族意識去奪取社會意識或民族意識的地位，亦並未想把它發展成一種高度自私的形式——後世的結果，盡孔子全部實踐的智慧，實未能料及。家族制度的劣點，在韓非子時代已很明顯（約當紀元前三世紀末期）。依著者愚見，韓非子實爲那時代最偉大的政治思想家。《韓非子》一書所記載的當時政治實況的描寫，可以映出今日中國的形貌。例如由於親貴偏寵而使文官制度崩壞，不啻攘奪了國家資產而增富了私家。高官顯宦之建築富麗的別莊，瀆職官吏之缺乏任何制裁，因而缺乏公民觀念和一般的缺乏社會意識。此等劣點都經韓非子一一指出，他主張組織一個法治的政府，他認爲法治政府才是政治上唯一的出路。可是韓非子自己的結局卻是被迫仰藥而死，類乎蘇格拉底的命運。

但至少在學理上，孔子並非有意犧牲了社會的完整，而使家族意識發展爲自私觀念的。在他的道德律裏面，他也曾容許某程度的超家族的仁愛。他把家庭內的道德訓練作爲普通道德訓練的基礎，他計劃想從此普通的道德訓練，實現一個社會，這個社會是要很適宜於和諧幸福的共同生活的。只有在這種悟性裏面，一個人才能瞭解重視孝道的意義，孝在中國倫理觀念裏面，是居於百善之先的。中國文字裏頭，那個教育的教字甚至是從「孝」字蛻化而來的。《孝經》上對於孝的意義，做下面的解釋：

子曰：「君子之教以孝也，非家至而日見之也；教以孝，所以敬天下之為人父者也。教以悌，所以敬天下之為人兄者也。教以臣，所以敬天下之為人君者也。」

在另一節裏，孔子又說：

愛親者，不敢惡於人；敬親者，不敢慢於人。

由於這種意義，孔子對他的弟子曾子說：

夫孝，德之本也，教之所由生也。復坐，吾語汝，身體髮膚，受之父母，不敢毀傷，孝之始也。立身行道，揚名於後世，以顯父母，孝之終也。夫孝，始於事親，中於事君，終於立身……

全部道德哲理，在社會上，基於模擬的學理，在教育上，基於習慣的學理。社會教育的方法，即自兒童時代培植純正的心智態度，其出發點乃自然開始於家庭中。這種方法，並無差誤。它的唯一弱點爲政治與道德的混合。其結果對於家庭是著有優良的成效的，而對於國家則爲危害。

家族制度又似社會制度，它是堅定而又一貫的。它肯定的信仰一個宜兄宜弟、如手如足的民族應構成一個健全的國家。但是從現代的眼光看來，孔氏學說在人類五大人倫中，脫漏了人對於異域人的社會義務，這遺漏是巨大而且災苦的。博愛在中國向非所知而且實際加以消極的抑制的。學理上，博愛的精義可謂已包容互助說裏面。孔子稱君子者謂：「夫仁者，己欲達而達人，已欲立而立人。」但是這個施仁於他人的熱忱，卻是不列於五倫之內，亦無明確之定義。一個家族，加以朋友，構成銅牆鐵壁的堡壘。在其內部爲最高的結合體，且彼此互助，對於外界則取冷待的消極抵抗的態度，其結局，由於自然的發展，家族成爲一座堡壘，在它的外面，一切的一切，都是合法的可掠奪物。

三　徇私舞弊和禮俗

每個家族，在中國，實際係一互助小組織，在這個組織裏頭，各人盡其力而取所需。其間分子與分子的互助，發展到很高的程度，蓋受著一種道德意識和家族光榮的鼓勵。有時一個兄弟會渡海離家數千里，以恢復那破了產的哥哥的名譽。一個環境較好的人常撥其全家消費的大部分，苟非全部，以資助其姪兒的就學，此固視爲尋常事，非有任何功績可言者。一個功名利達的人做了官，常使好差使支配給他的親戚，而倘沒有現成的差使，亦可以生產幾個拿乾俸的閒職，這樣拿乾俸和徇私的習慣，隨著每度政治變革運動而發展起來——這種習慣加上經濟的壓迫，變成一種不可抗拒之力，毀損人而不受人之毀損。這種力量是異常巨大的，雖經政治改革期的屢次努力，秉著十分熱情的好意，也終於收了失敗的結局。

公平地觀察一下，徇私並不劣於別種惡習的「情面」，一個部長，不獨置其姪兒於部內，同時還須安插其他官員的姪兒——倘這些官員是比他高級的，還寫著薦賢書給他，那麼許多賢姪兒往那裏去安插呢？除非拿乾俸或予以諮議顧問之類的名義。經濟壓力和人口過剩的排擠是那樣尖銳，而同時又有那麼許多能夠寫得一手好文章的讀書人，卻沒有一個人會修理一座碳化器或配置一架收音機，致令每一個新公事機關成立或官吏就職之日，就有數百封介紹書蜂擁而來。是以那是很自然，慈善事業乃從家族爲始。因爲家族應看作中國傳統的失業保險制度。每個家各自照顧自己的失業分子，既經照顧失業分子，其第二步較好的工作爲替他尋覓位置。這種辦法應略勝慈善事業一籌，因爲它教訓那些運氣不佳的分子以自立的意識；而那些受到這樣資助的人又轉而幫助家族其他分子。此外，這些大官僚掠奪了國家的財產以私肥自己的家族，或給養當世的一代，或可接續蓄養三、四代，積貲常自數十萬至數千萬，僅志在光耀門楣而爲家族中的好分子。營利舞弊，敲詐錢財，對於公眾是一種惡行，對於家族卻是美德。因爲一切中國人都是家族的好分子，是以中國語言文法中最普通的動詞活用，像辜鴻銘說過是動詞「把」字（**原文係tosqueeze二字，有壓搾的意思**）。好似吾們的常用語中「我把你……你把他……他把我……你把那冤枉的事……我把你這賣國的奸臣……他把我帶到這兒……」，這個把字是正規的動詞。

如是，中國式的共產主義培養出了個人主義，而限於家族以內的合作觀念產生了盜竊狂的結果，此盜竊狂卻又帶著利他主義的色彩，真是妙不可言。盜竊狂——舞弊的習性——又可以和個人的誠實性並行而不悖，甚至可以和博愛並行而不悖，這情形在歐美，怕也不是陌生的。那些社會上的巨頭——他們是中國報紙上時常浮露其尊容的活動人物——他們對於慈善事業不僅一諾千金，往往輕鬆地捐個十幾萬塊錢給一個大學或市立醫院，這種捐贈，其實不過將其自人民掠奪而來的金錢返還於人民。這樣的情形，東亞和歐美卻不謀而合，其不同之處僅在歐美則唯恐此等真情之敗露，而在東亞則似獲得社會的默許。

在中國，即使一個人為了偷竊金錢而被捕，他的被捕罪名不是為了偷盜國家資產，就是北平故宮博物院裏的無價之寶，被博物院管理當局所盜竊而經社會揭發，仍不當作盜竊國家財產看待。因為吾人好像有一種政治腐敗的宿命，這宿命在邏輯論體系上是緊隨著「賢人政府」的學理（參閱第九節賢人政府）。孔子教導我們，政府要受賢人君子的統治，吾們乃真當這班統治者為賢人君子看待，沒有預算，也沒有決算（政府歲支報告），人民沒有立法上之同意表決權，政治犯也沒有牢獄。其結果，他們的道德素養，敵不住擺在眼前的引誘，因而大多數忍不住舞弊起來。

不過這樣掠奪來的或盜竊來的金錢，仍常能滲漏而返還人民，這殆便是德謨克拉西精神的美處，這返還的途徑倘不經由大學，則經由一切依賴在他身上或服侍他的人民下至聽差走役。那些僕人揩揩東家的油水，不過在幫助他東家返還金錢於人民，而他們的揩揩油水是有著清楚的心意的。侍役的背後，也有一個家庭問題，雖其量的大小與東家不同，家庭問題之性質則無異。

除了上述偏愛徇私和政治腐敗之外，另有種種社會特性起自家族制度。它們可以統括地稱為缺乏社會訓練。它打消了任何形式的社會組織，恰如它的徇私惡習破壞了文官考試制度，它叫人「各人自掃門前雪，莫管他人瓦上霜」。這不是何等的惡行。更壞的是使人傾倒其垃圾於鄰居的門口。

家族制度的最好例證，莫如所謂中國人的殷勤禮貌，這是很被誤解的論旨。中國人的殷勤禮貌，不能依照愛默生（Emerson）所下的定義「做事情的欣快樣子」來下界說。中國人辦事的殷勤程度完全要看誰是他所與工作之人。他是不是同一家族中的人或家族的朋友？中國人對待家族及其朋友以外的人，他們的禮貌恰如英國人在殖民地上對待其同種族以外的人。有一個英國人告訴我說：「我們對待自己人是向不驕傲的，這是可喜的一點。」這在英國人應該很感滿足了，因爲他們自己人布滿全球。中國人對待其朋友及其熟習的人是並非無禮貌的，但超出了這個界限，則在社會行動上常對其旁邊人取積極的敵意；如果他是公共汽車的同車乘客，或戲院售票間附近的客人，彼此的爭先恐後，不讓於世界大戰時火線上衝鋒的勇猛。

著者有一次在一個下雨天，在內地的公共汽車站瞧見一位同車乘客，他正在發狂一樣爭奪一個座位，誰知所占據的乃是司機的座位，卻還是堅決地拒絕車站職員的要求，不肯讓座。只要用一些些社會常識考慮一下，誰都知道沒有司機，車中任何人都不得回家，可是他竟缺乏這一些常識。假使你更進一步的分析，這個人是不是被認爲可恥？吾們先要知道，爲什麼這樣的下雨天只有一輛可載客八十多人的車子。原來其他車輛被當地的軍事長官徵調去充運輸之用——所運輸的是他私人的物件——那麼這位軍官的公益心是在那裏呢？制度既經紊亂，人們被迫發狂樣的爭奪座位，大家耽擱於離家三十哩的路程上，在一個下雨天，誰不焦急著盼望早些回家？倘若那個占著司機座位的人站了起來，誰保不有第二人來搶奪這個座位呢？所以這件案例十分典型；可以顯示鄉野農夫天真的禮貌與速度化時代相互間的不能適應；顯示政治的紊亂，促成了個人之間的你爭我奪；也顯示缺乏以新的社會意識做基礎的傳統，而這是需要時間來成長的。

缺乏社會常識正足以說明爲什麼許多公共汽車公司都折了本，許多採礦公司都關了門，缺乏社會知識的範圍，延展至廣，自圖書館章程以至土地法。高級官吏破壞了主要法典，小官吏破壞關係較小的法典，其結果即爲全部缺乏社會訓練和普遍的蔑視公眾章程和規律。

事實是如此的，原來家族制度處在極端的個人主義與現代社會意識二者之中途，這社會意識在歐美是包括了整個社會的。中國的社會已被家族制度割裂成許多小個體；在它裏面存在著共產式的合作，但個體與個體之間，沒有真實統一的聯繫，除了國家。因爲過去中國在這個世界上實際是孤零零地生存著，未受劇烈的競爭傾軋，因而國家觀念和民族主義沒有積極地發展起來。如是，家族意識替代了歐美的社會意識和民族意識。有幾種類似民族主義形式是在發展著，但歐美人士毋庸爲之吃驚。「黃禍」不會從中國出發。中國人的本質裏頭，深深伏有一種根性，吾們願意爲自己的家族效死，但不欲爲國家而死，更沒有一個人肯爲世界而死。

倘把民族全般的考察一下，吾人好似有意的保存守舊生活。一九三五年曾遊歷過日本與中國的遊歷家，可以很容易看出最大可能的對照情形。把日本人比較一下，他們終日忙忙碌碌，讀報紙的時間總是在電車上或火車上，他們帶著固執猛厲的臉色，咬緊堅決的下顎，在他們的眉頭罩著一層迫近眉睫的國難暗影，看似具有果決的主意；若非日本粉碎這個世界，便是在第二次世界大戰中爲別人所粉碎，是以必須準備這個時代的來臨——而中國人穿了長袍，寬衣博帶，雍容溫靜，優游自得，一若這個世界上永遠不會有什麼可以把他從酣夢中搖醒過來。無論你走進中國家庭，上中國館子，走在中國街道上，你真不會相信世界的慘禍或國難行將臨頭！中國人常自承自己的國家像一盤散沙，每一粒沙層不是一個個人而是一個家庭。另一方面，日本國家是結合在一起，像一塊花崗石。這也是一件好事情，因爲花崗石雖然堅固，世界大戰的巨彈或許會把它爆裂開來，但是一盤散沙，你至多僅能使它散開一下，沙粒固然仍爲原來的沙粒。

四　特權與平等

社會上區別身分之主義，或各守本分的理想，用很巧妙的方法穿越平等的理想。先明瞭這一點，俾明瞭中國人社會行爲的全部精義，無論爲善爲惡。人文學者的性癖，是在鄭重區別各種事物的身分，是以男女之區別（為婦女遮藏之結果，上文已有所述）、貴賤之區別、長幼之區別，孔門學者常自以爲一種文化勢力，宣揚此等區別而建立社會秩序。他們希望用道德力量把社會結合起來，想教導統治階級以仁愛，而被統治階級以服從，使長者慈祥而幼者敬老，兄長友愛而弟執謙恭。代替社會平等的意識，其著重點好像尖銳地置於確定的區分上面，或可說是構成了階層的平等，因爲中國文字中表示五種主要誼屬關係的一個「倫」字，其字義即爲本階級中的平等。

這樣的社會，也不是沒有它的可愛之處。例如尊敬長老，常很動人。羅斯教授（A．E．Ross）曾指示老年人在中國是最顯揚的人物，比之西方的老年人，遠爲尊崇而受人敬視。至於歐美的老年人，他們總感覺自己已過了有用的時期，而眼前是無報酬的白白受著兒孫的豢養。一似他們在其壯年時代曾未出力以養育其小輩。或者此輩西洋老年人還會不斷地大聲疾呼，說明他們的精神尙屬壯健可用。這樣的呼聲，徒見其可發一笑。好好受過教育的中國人沒有會無故冒犯一個老年人的，恰如西洋君子會有意得罪女人一樣。這樣的優美習性有些已經消失，然大部分仍存留在中國家庭裏。這就是老年人大都寧靜沉著的原因。中國是這樣一個國家，那裏讓老年人生活於其間，滿覺得舒服安適。著者敢斷言這種普遍敬老情操千倍優於世界各處的養老金制度。

從另一方面言，此社會身分區別主義產生一種特權，這對於享有特權的階級自覺得欣欣有味，直到如今，此風不變，尊敬老年無疑爲好的習性，但尊敬學者和尊敬官吏階級則利弊互見。社會一般對於狀元——殿試第一名——的讚美敬慕，深深彈動一般做母親者的心弦，也激動著一般姑娘們的那顆小心兒。一旦中了狀元，風光十足，自不待言。他跨著滾雪般的白馬，受著皇帝特頒寵典的裝飾，排著花團錦簇的儀仗，遊行街市一匝，表揚他是全國最聰明的一個才子，同時又爲美貌的「花花公子」。這一點倒也非可輕視，因爲中狀元的，總應該是個美少年。這是卓越奇才的光榮，也是高官顯爵的光榮，每當他出門，則銅鑼開道，宣告貴人的即將蒞臨，衙門差役則清除道路，驅逐過路行人好似掃除垃圾。這些衙門的差役常能倚仗主子的權勢與受寵而叨叨光，有時傷害或殺死一、二個人，也算不得一回事。

你倘使讀讀中國古本小說免不掉要看到這些場面。吾們不叫它權勢與榮華，而叫它「氣焰」。蓋言其氣勢如熊熊烈火之盛，不可向邇也。衙門差役唯一所忌憚者，爲無意莽撞了別個官員的鹵簿，這個官員，適爲較其本家老爺高級者（這便是身分主義發生作用）。這官員也許將挫折他的一些氣焰。或者他們糊裏糊塗傷害或殺死一、二個人，適屬於較高級官吏的家族者，到此他們才會高喊「小的該死，小的該死」，然終於難免捉拿起來，於是押解給這個高級官吏聽憑他的裁判，有時吃打屁股，有時收押監禁，不管合乎法律與否。

像這樣的特權是常常具有動人的魔力的。那無疑即便是現代官吏，既已削去了外表的光榮，還是很不願意放棄這種特權。沒有一個人享有這種特權而不覺得窩心，不歡喜它的。不知怎樣，那些民主主義者稱呼現代官吏做「公僕」。實際上這兩個字只配讓他們引用在通電裏面，他們的內心固惡狠狠痛恨這個名詞。一九三四年發生一件案子，有一個高級官員的汽車夫不服從交通信號，在一個熱鬧轉角衝過一條馬路，卻還扯出一支手槍打傷了一個警察的大拇指，因爲這個警察想阻止他。這是他官火的氣焰！不差，特權總是好東西，而且它至今還是光芒萬丈。

特權是平等的對照名詞，而官僚爲民主主義的天然敵人。無論何時，只消官吏肯放棄他們的階級特權，享受較少一些的行動自由，而肯上法庭答辯人家的糾彈，中國真可以一夜之間迅速轉變成真正的共和政體。可惜至今此時機猶未成熟也。因爲倘若人民獲享自由，那麼官僚和軍閥的自由將從何而來呢？倘若人民享有不可侵犯的民權，則軍閥從何而得隨意逮捕報館編輯封閉報館，甚至砍戮人頭以療自己的頭痛（**張毅將軍嘗在著者本鄉福建漳州幹過這件事。著者的敢於直指他的大名，因為他業已去世**）。當人民敢於不敬他們的官長，或少年敢向父母反唇抗辯，我們將大喊「反了反了」。這四個字的意思是天翻地覆，世界臨到末日。

這種意識是很深的種植於中國人的心坎中，其罪惡不只限於官僚，卻是像榕樹的根盤四射，延展可及數里之遙。又像榕樹的頂蓋，它四面展射其寒冷的陰影，掩蔽一切走到它樹下來的人。吾們中國人不欲與此大榕樹鬥爭，而卻趨躲於它的蔭蓋之下。吾們不會彈劾官吏，像美國人；也不會焚燒富人屋宇，像布爾什維克黨員。吾們都想做做權勢人家的守門人，沾沾他們官勢的光。

五 社會階級

清清楚楚，中國只有兩個階級，一個是衙門階級，他們享有治外法權而不用領事裁判，享權的起源，遠在歐洲人來華之前。其他是非衙門階級，他們須付納捐稅而服從法律，說得尖刻一些，中國只有兩種階級，上層奴才與下層奴才，二者彼此互有浮沉。託於樂觀的命定觀念，中國人服習這種綱要很豁達而自然。其實中國並沒有固定的社會階級，只有不同家族之升降，依各家財產的興敗爲準則。社會上有倖進的衙門家族，及有運氣欠佳的家族，他們的兒子沒有入衙門爲官作宰，他們的女兒沒有嫁進衙門世界。然各家族沒有絕對孤立的。由於通婚或由於交誼往來，在中國任何家族中，不難覓得一個遠房表親，他認識張三少爺的教師先生，這位張三少爺的舅嫂是某一局員的大阿姨，這麼牽絲攀藤的關係，逢到有事臨頭，須對簿公庭的時候，極有用處。

衙門家族再可以用榕樹來做比喻：它的根柢糾紛盤結，輾轉旋繞，復向四周做扇形的輻射，中國官僚社會可以比之於生在山巔的榕樹。經過一番調整的作用之後，大家都在向日光的方面爭取一席地，既已得之，則互相安靜地過著日子。有幾棵站在比之別棵較優越的地位。它們都是彼此互相迴護著的——中國有句俗語，叫作「官官相護」。普通平民可比之於泥土，所以培養這些樹木，供給它們以種種營養質料，俾使之生長。如孟子當其辯護君子小人之別時所說：「無君子，莫治野人，無野人，莫養君子。」又似《論語》上說：「齊景公問政於孔子，孔子對曰：『君君臣臣父父子子。』公曰：『善哉，信如君不君，臣不臣，父不父，子不子，雖有粟，吾得而食諸？』」如是，那些樹木上承日光煦照，下接土地氣液之營養，因以發育繁滋。有些樹木比較來得繁榮，它從泥土吸收較多液汁，而人民坐在它們的蔭蔽之下欣賞其茂密的綠葉者，不知此乃吸收土地之液汁而榮發者。

惟官府老爺們則對此情形固熟知其內容。那些候補知縣悶坐在北京城裏候缺的時候，心上牢牢記著，更不斷互相討論著某縣缺肥，某縣缺瘠。他們又把國家稅收用文學的辭藻稱爲「民脂民膏」。搜括民脂民膏的本領是一種科學，其精妙而變化多端，可比之於有機化學。一個優良化學師能把甜菜根煉成糖，更有本領的能從空氣抽收氮素而製成肥料。中國官場的本領比之毫無遜色。

可取之處爲中國向無固定的階級之分，沒有所謂貴族政治。衙門階級並非永久的世襲制度，像歐洲封建地主的貴族政治那樣，也不可以把它跟任何私人的黨派相混合。中國未嘗有任何家族足以自誇其祖先在過去五百年中，能拱坐而食未嘗一勞動其手足，像法蘭西的幾個貴族或奧地利哈斯堡王族者，除掉一個唯一的例外，那便是孔子的後裔，世襲衍聖公，的確在過去兩千年中拱手未嘗勞作。滿族旗兵的子孫，他們的祖先在一六四四年征服了中國，過去三百年確實可以說是拱手不必勞動，而今清朝垮了，他們還是不肯工作——大部分不肯工作。他們現成爲社會學者最感興趣的研究對象。且看一個階級，受國家扶養經過三百年之久將生何等後果？他們是中國真正的有閒階級，但他們又是唯一例外。介乎衙門與非衙門階級之間，其實找不出任何顯著而固定的區分痕跡。

所謂家族，非爲世襲的階級而爲社會的單位組織。此等家族之沉浮升降，真是說不盡的千變萬化，不可捉摸。過了四十歲的人，都能親眼經歷；某些人家怎樣由貧賤而興隆，某些人家怎樣由富貴而衰落。社會的民主，無論在中國或在歐美，並非由於任何法制之維繫，卻是被我們放蕩的敗家浪子所維繫著，像有位學者曾這樣指出過。此等浪子在中國出品頗爲豐富，他們闊綽的揮霍，使富貴家系的永續成爲不可能，因是浪子乃係民主的屏障。文官考試，像中國的科舉之類，常可使懷才的志士從社會底層升騰上來。中國的科舉考試，無人不可參加。除非是乞丐或娼家的兒子。一方面，教育的費用並不昂貴，不致僅讓富裕階級的兒孫獨沾利益。讀書求學，爲有才之士所享的特權，卻非是富裕家庭所享的特權；學問的進修，也從未受貧窮之累，而遭遇任何嚴重的阻撓，由是看來，可以說人人都是機會平等的。

中國社會依著士農工商的次序而分成四個階級。在初期農業社會裏，人民的精神是根本上屬於德謨克拉西的，而中國差不多一向滯留在農業社會的階段。中國沒有階級敵對的心理，因爲沒有此種必要。士農工商四個階級間的互相往來，不受階級意識和勢利心的破壞，除非是上面說過的衙門階級。一個富商或一位高等官吏可以很和氣親睦地跟一位木匠師父對坐品茗，談天說地，這是很平常的，或許比之英國大地主的家人跟佃農說話較少虛文。農大、工匠、商人，都是土地的滋液，大家都是很卑遜、安靜、自重的人民。農人受了孔子學說的影響，被置於農工商三階級之首，因爲關心米穀之中國人，常能明瞭粒粒盤中飧從何而來，是以對農夫感戴無既。農夫與商人和工匠，大家都景仰讀書人——士——認爲一種賦有特權而應受人禮遇的階級。更由於中國文字辨認的困難，此對於書生的尊敬係出自心底的真情。

六　陽性型的三位一體

但是這些讀書人是否配受這樣的尊敬?智力的勞動,當然較高於體力的勞動,二者之間的不平等,看似沒有什麼不自然。人類的征服禽獸,乃賴於人類較高的腦力發展。由於智力的不斷發展,人遂獲得動物界中優越的地位。但是當然有人可以發問這樣一個問句——從動物的觀點上——是否人類有權從獅虎奪取山林,從野牛奪取草澤。犬或許予以同意而狼或許另一想法。人類的得以辯解其正當,僅恃其較高智謀,讀書人在中國,與此情形一般無二。只有讀書人才知道知識的寶藏,只有讀書人才知道歷史和法律,也只有讀書人才知道怎樣在訴狀中機巧地運用字句,以一字而殺人。學問既如此複雜,對之起敬自非異事。這些讀書人及其同類人物,在中國構成所謂「上流社會」,亦即所謂破靴黨。倘再把樹木來做個比喻,則此輩破靴黨便是寄生蟲,他們可以不用費力而爬上最高樹木的頂巔,而一切中國榕樹都受著此輩寄生蟲的包圍。換一句話說,他們能夠爬上樹木,附耳說些甜言蜜語,以求土地的滋液,附帶的揩些油水。更進一步,他們時常從樹木擔任吸吮土地滋液的工作。

這就是所謂「包稅」與「專利」制度。它一方面摧毀人民的經濟基礎,一方面侵害國家稅收本身。此等捐稅專利為本地土豪劣紳的衣食父母,這是一種罪惡,自從民國建立以來曾經大書特書。實際上一種抽稅專利權係從地方政府購得,倘其報效額為三千元一年,常可產生二倍至三倍的利潤,土地的滋液乃似專以豢養這些寄生蟲,可惜人民受了欺壓而毫無裨益於政府或社會，不過肥胖了寄生蟲的家庭。

寄生蟲又是根深柢固的盤據於地方上，致任何新的統治權勢必俯就他們，與之合作，或交託他們經手。他們分配著屠宰稅、書寓捐、賭台捐，從他們的投資動機上著想，他們天然希望撈取最大的報酬。此最大報酬的理想，即足證明對於人民的弊害。他們的貪欲沒有限制，因爲「最大」一詞沒有確定的範圍。而他們用了專業的知識，又可以發明新的捐稅。每位新上任的官府大老爺，他的夾袋裏也都帶著這些破靴黨。而他們倘與大老爺有一面之緣，也可以自動的在公事上或非公事上跟衙門保持著關係。他們或許上衙門去拜訪老爺一次，當其啜茗縱談上下古今的當兒，他們往往會感歎地說：「唉！想想看，每一縣至少應有一萬五千只豢養豬隻的糟缽，每十縣就有十五萬只，假定每只糟缽抽捐一元，其數目就很可觀了」，說著咕嚕嚥一口上好龍井茶。當許多這樣的感歎和見識閃現時，那老爺很敏捷的多學了幾種搜括民脂民膏的技術了。這位老爺真不勝其感激，還半含無此見識的自愧。他正在世道上慢慢兒熟練起來。而接連上豬缽捐，這破靴黨的讀書人又想出棺材捐，又想出花轎捐。

在著者的想像中，常把這些讀書人與中國繪畫中之聖潔而美麗的白鶴聯想在一起，牠們是那樣清白，那樣非塵俗態，故能代表道家隱棲的象徵，而仙家都跨之以升天。有人或許會想牠們是賴吸取天空清虛之氣以生活的，其實牠們卻吃著蛙類和蚯蚓而生活著。牠們的羽毛既如此白潔而光輝，牠們的步伐姿態又如此堂皇，就吃些蛙類蚯蚓下肚，那又何妨呢！討厭的是牠們要吃了東西才能生活。破靴黨先生們知道一切人生的事物，又知道必須生活，而要生活，他們一定要有金錢。

七　陰性型的三位一體

由於社會上的名分原理和分階層的平等概念，某種關於社會行爲之規律遂應運而生。它們是中國人經驗思想體系中三大不變的定律，其永久不變性超乎羅馬天主教教條，其權威超越乎美洲合衆國的聯邦憲法。它們實在是統治中國的三女神，權勢過於當時執政的軍政要人以外。至於它們的名稱便是叫作情面、命運和恩典。此三姊妹永久統治著中國，至今猶然。唯一有價値的革命，應是以反抗此陰性的三位一體的革命。所困難者，此三女子這樣的會體貼人，又這樣的迷人。她們墮落了我們的祭司，諂媚著我們的統治階級；保護權勢，勾引富人，催眠窮漢，小賞懷野心者而腐化革命團體。她們又會痲痺司法界，使各種法令條文不生效力，譏笑德謨克拉西，藐視法典，以人民權利爲笑料，破壞交通規則和俱樂部章程，任意橫行於人民的私人花園。假使她們是專制君王，或者她們是醜陋不堪的，她們的勢力或許不能維持如此久遠；可是她們的聲調恰恰是柔軟的，她們的儀態恰恰是文雅的，她們的纖足無聲地踐踏到法庭上，她們的手指輕巧地把司法機關撥個凌亂，當她們撫弄法官面頰的時候。不差，那是不可限量的慰藉去崇拜這些淫蕩婦人的神座。她們的統治勢力是以在中國一時還不會消滅。

欲知恩典之概念，務先明瞭中國人生活之優美的簡樸性，中國人的理想社會，常爲一種「寡政教，省刑罰」的社會。中國人的政府與法律的概念常深染著人類情感的色彩。中國人普遍地不信任法律與律師和高度機械化的社會。他們理想中的社會是：人民皆能甘其食，美其服，安其居，樂其俗，是一個保存著上古淳樸之風的優良生活的社會。在這種人治而非法治的社會環境裏頭，乃有所謂「恩典」的出現，亦在此等社會環境裏頭，乃有古代中國特性中最優美的感恩報德的情緒的興起。報德心乃適爲與恩典互爲對照的情緒。此種感恩報德的心情，中國普通平民，尤其是農民，莫不充盈滿腹。一個農夫倘受了人家恩惠，將誌之終身不敢忘，或竟替你刻一方長生牌位，供之家屋，早夕禮拜，或者不辭湯火，替你服務。蓋人民並無法律的保障，但聽憑縣令慈悲惻隱之心。倘這縣官是宅心仁厚的，則仁厚是比之什麼都更受人感激，因爲它是不期報酬的。曾有千千萬萬的實例，那些鄉民圍繞著攔住卸任而行將離別的縣官的轎子，跪倒塵埃，感泣零涕。這是中國人感恩圖報的最好表現，也就是中國官吏之恩典的最好表示。因爲人民只知它是一種恩典，而不知道它是一種公義。

這種社會環境爲恩典的發源地，它產生於在勢者與需要保護的人二者之間的私人關係。它可以代替公義的地位，往往如此。當一個中國人被逮捕，假定是沒有正當理由的，那他的親族的天然傾向，不是去請求法律保障而在公堂上求伸雪，乃專門去尋找一位認識縣長的人居間說項，期盼特施恩典。由於重視私人交情和情面，這位居間說項者倘其面子龐大得夠程度，則常常是達到目的的。這樣辦理的方法常覺來得簡便，而且它的費用比之耽延時日的訴訟節省多多。一種社會上的不平等乃由是而興起，就是挾有權勢的官吏、富豪，及有面子的聯絡人，和貧苦階級——他們的環境沒有那麼幸運。

幾年前，安徽發生一件逮捕並監禁兩位大學教授的案件，原因是爲了一些戲謔的無意批評冒犯了當局，他的親屬沒有別的妙法，只有奔向安徽省城晉謁軍事領袖懇求恩典。另一方面，在同一省分中，幾個青年係與某一有力政黨有關，爲了賭博而當場遭逮捕，這幾位青年於釋放之後，便直上省會，請求撤換冒犯了他們的警察當局。沿長江某一城市，有一爿鴉片鋪子被搜查，它的存貨經予以沒收，但經某一當地有力者的一個電報，公安局不但須聲明抱歉，以謝鹵莽，還得派遣警察衛隊送回沒收的鴉片，某一牙醫生嘗替一位顯赫將軍拔出了一顆牙齒，將軍大悅，因授予一個頭銜給他，有一次，某一部內的技師打電話給這位牙醫生，因直呼了他的名字而未用官銜，他馬上跑到部裏去，當著許多職員面前，打了這技師耳光。一九三四年七月，武昌有個婦人，因爲天熱，穿著短褲在戶外睡覺而被捕，監禁了不多幾天，她就病死在監獄裏，後來發現這位婦人是個官太太，那個生事的警察遂被槍決。如此事件層出不窮。復仇是甜美的。但也有許多婦人不是官太太，有時而遭逮捕，其結局遂不是甜美的復仇。儒家學說即代表此等理想，因爲早如《禮記》，已有這樣的說法：「禮不下庶人，刑不上大夫。」

恩典是社會上名分觀念的要素，亦爲孔子理想中的君子統治的具人性的父母政府之邏輯結果。然則如老子所說：「聖人不死，大盜不止」，是否是對的呢？孔子的思想，似乎是天真的稚態，他想來一國之內，盡有那麼許多賢人君子，盡夠遍布全國以統治人民。很明顯，他的算盤是打錯了。在田野風的初民社會的淳樸生活時期，此種思想或許有實現可能，到了現代這個飛機摩托車時代，它一定失敗，淒慘地失敗！

可取之處，上面已經說過，爲中國沒有固定的階級之分，沒有貴族政治。這一點恰使吾人接近「命運觀念」，因使社會上的不平等成爲可忍受。命運的特徵爲無人永久地被踐踏在下面，而壓迫者與被壓迫者常有機會互相對易位置。吾們中國人深信凡人皆有得意之一日，而

「天理循環」，倘一個人而有才幹，意志堅決，抱負不凡，總能攀高升騰。誰得預卜？一個賣豆腐的女兒或許突然的引動了一位貴顯將軍的注目；或許他的兒子交了鴻運，做了縣知事的守門人；或者一個屠夫的女婿，假定是一個貧苦的中年鄉村塾師，可以忽然中了進士，像《儒林外史》所告訴我們的，那時或許馬上有一個鄉紳從城裏巴巴的趕來，邀他去他的公館裏住一程；另一個跑來跟他換庚帖，義結金蘭；第三個殆是富商，送他許多綢緞綾羅，許多袋白銀；縣知事又親自送他兩位艷婢，一個廚子，以替他的鄉下妻子服役；這個屠夫乃喬遷至城中大公館，不勝從心坎底部快樂出來，忘卻往時他怎樣的時常欺凌其女婿，卻說他一向堅信女婿必有發皇之一日，現在他準備放下他的屠刀，而受女婿的奉養。女婿中了進士，岳父也交了好運。吾們羨慕他，但吾們不稱它不公平，因爲吾們叫它命運或幸運。

命運主義不單是中國人的智力習慣，也是孔教傳習意識的一部分。信仰命運與名分觀念的關係如是密切，致使吾人有句流行俗語，叫作「安分守己，聽天由命」。孔子在稱述其自己的精神進展時說：「五十而知天命」，又說：「六十而耳順」。這個命運主義的原理爲人們精力和知足精神的源泉，亦所以產生溫和平靜的中國精神。因爲沒有人常能交好運，而好運又不能臨到每個人頭上，人遂很願意容忍這種不平等，認爲一種合乎天然的法則。經由科舉考試之路，有志才幹之士常能獲得一種上進的機會；更經由運氣或經由才幹，一個人可由非特權階級升入特權階級，就是他的得勢日子。一旦踏進了特權階級，他便愛弄特權。隨著地位的變遷，因生心理的變遷，他乃開始愛好一切社會不平等和一切特權。此種轉變的面目，爲現代每個革命成功人的顯著特例，他握緊他的鐵腕以限制報紙言論自由，比之他在革命初期所高呼打倒的軍閥還要來得猛烈。

因爲現在他有了大面子，他站立於超越乎法律與憲法的地位，交通規則和博物院章程於他微不足道。這面子是心理作用，不是生理作用。彷彿中國人的生理面貌那樣有趣，心理的面子更爲神妙而動人。它不是一張面孔，可以揩洗或刮鬚，卻是可以「得」「失」「爭取」，更可以當禮物一樣「贈送」。這裏吾們達到中國人社會心理最微妙奇異的一點。抽象而不可捉摸的，但卻是最高等最精細的規範。中國人的社交往來，莫不依此爲準則。

中國人的面子，倒是容易舉幾個例子而難以下一界說。例如首都官吏，可以用每小時六十哩速率駕駛汽車，而交通規則限定每小時只許三十五哩爲最高速率，這就是有面子。倘若他的車子撞倒了人，當警察前來，他寫寫意意從小皮夾掏出一張名片，優雅地微笑一下，一聲不發的撥開機輪，駛開去了，那他的面子才大得了不得。倘逢這警察不願給他面子，假裝不認識他，這位官老爺乃開口打其官話，詢問他可認識本人的老子否？說罷，歪歪嘴，吩咐車夫開車，那麼他的面子更大了。再倘使這警察堅持須把這車夫帶入局，於是這官員打個電話給警察局長，局長便將車夫開釋，而下令把那小警察革職，因爲他有眼竟不識泰山，於是他的面子真是大得和「天官賜福」一樣了。

「面子」的意義，不可翻譯，亦無從予以定義。它好像是榮譽而不是榮譽，它不能用金錢購買，卻給予男男女女一種實質的光輝。它是空虛無實際的，而卻是男人家爭奪的目標，又有許多婦女爲它而死。它是不可目睹的，但是它卻存在而展開於公眾之前。它存在於太空之間，其聲息似可得而聞，且其聲崇高而充實；它不負公理上的責任，卻服從社會的習俗；它耽擱訴訟，拆散家產，引起謀殺和自盡。但它也常使人經過同鄉人辱罵之後，勉力自拔於流浪無賴的惡行；它的被珍視，高於塵世上一切所有。它比之命運、恩典，更有勢力，而比之憲法更見重視。它常能決定兵家之勝負而毀壞整個政府機構。就是這空洞的東西，乃爲中國人所賴以生活者。

倘把「面子」與西洋的榮譽觀念混纏，那是大大錯誤。中國女子常爲面子而死；假如她的裸著的玉體無意中給男人家瞧見了，便羞不欲生，好像有些歐美婦女，爲了私生子，很想投河自盡那樣。在歐美，一個人吃了耳光而不能決鬥以報復，那是他失了榮譽，不是失了面子。另一方面，倘有一位道台老爺的醜陋公子逛窯子受了侮辱，他馬上回去帶一隊巡警來逮捕這個妓女，並封閉那妓院。那是他有面子，吾們實在不能說他保持了他的榮譽。

戰爭曾經失利，帝國曾經犧牲，都是爲了將軍們要挾求索幾個尊榮的頭銜，否則大可爲了戰略關係退守新陣地。今有兩造經過熱烈的爭辯，各自堅持己解的辯駁拖延不決的法律爭點，由聰明的裁判者聽來，明知其間並無實際使雙方不可和解的緣由，只消想出一個文雅一些的解決辦法，那辦法恐怕是道歉了事。一位軍事領袖，因爲當眾受了同志的侮辱，可以分裂政黨致變更整個革命進程。男人女人自願大暑天氣整天勞頓，不辭辛苦，俾遵循喪禮而保家聲，家聲即家族的面子，那些世代書香的破落戶，寧可破產，甚至終身負債，都是爲了同一理由。

不給人以面子，是不可寬恕的無禮，猶似歐美人的向人挑釁。許多官吏一夜須應酬三四處宴飲，寧可傷害正常的消化機能，萬不能使任何主人失面子。許多失敗的軍閥理應斬首或監禁，卻常遣送出洋，被以考察實業、考察教育的名義，所以爲其投降的代價。這辦法保全了他們的面子，也就是中國週期性循環內戰的原因。四五年前，全體內閣因爲避免某一閣員之撤職而提出辭呈，解散整個內閣以保全此一閣員之面子，其實此人老實不客氣的說應該滾蛋，或許還得受徒刑的處分（撤職將使閣員失面子，因為此時並無內閣之更迭）。人情，一切太講人情，這個吾們的「面子」！但它又是志氣的刺激物，力能克服中國人貪愛金錢的心理。它曾使一位教員先生感覺老大沒趣，因爲他的外國校長堅決要增加他的薪水，從十八元增至十九元。他情願受取十八元，否則須二十元，不然則寧可自殺，卻不願被呼爲「十九塊人」。一位丈人是不肯留其無聊賴的女婿吃頓夜飯，這樣下了他的面子，卻怕丈人的本意僅欲使其女婿改過像個人；或許當此女婿垂頭喪氣，踽踽獨行的歸途中，倒就是他努力向上的起點。

倘欲跟人家合夥出門，倒是跟沒有面子的人結伴，比較面子太大的來得安全。有兩位丘八太爺乘一條行駛長江的輪船，堅欲賣面子走進一間裝著多箱硫磺的艙間，這艙間本來是禁止閒人入內的，兩位太爺走進去，便在硫磺箱上坐下，掏出香菸呼呼的吸起來，又把香菸屁股很不經意地竟隨隨便便拋擲，輪船買辦的忠告央求，一概置之不理。結局，這一條輪船竟著火爆裂起來，於是此兩位丘八太爺獲得了面子、喪失了生命，同時還犧牲了別人。這樣的事情，不關乎有知識和無知識的問題。有一位受教育的軍官五年前乘坐飛機，自量面子龐大，足以超過飛機的載重限量，故不顧機師的勸告，硬把笨重行李裝載上去；還不止此，他還要在他來送行的朋友面前賣弄特別面子，吩咐機師在機場上空繞一匝，因爲他是有勢力的軍官，這個面子當然得到，可是把這機師弄得團團轉，不免著慌，這機身老是不肯保持平衡而上升，竟觸撞了一棵大樹，結果這位將軍折斷了一條腿，以支付面子的代價。任何人苟相信獲得面子之利益，足以補償飛機載重過量所生之危險，則應該折斷他的腿，還得謝謝它。

由此觀之，面子這樣東西雖無從下一定義，但差不多有一點可以確定，即：在每個人失掉他的面子以前，中國將不成其爲真正的民主國家。平民無論怎麼樣，總沒有多大面子。問題是到什麼時候官僚階級才肯放棄他們的面子？等到街巷鬧市之間消失了面子，我們才有安全的交通。等到法庭上面消失了面子，我們才有公平的裁判。等到內閣各部之間消失了面子，而以面子統治的政府讓給了法治政府，吾們才能有一個真實的民國。

八　鄉屬制度

在缺乏社會精神的環境裏，何以能有博愛慈善的精神？團體公益事業，採取何種形式？其說明可以從鄉屬制度獲得之。它就是家族制度晉身至較高一級的模型。由於愛好家庭，生愛好氏族之心，由於愛好氏族心理，發展一種黏著鄉土的心理。由此萌生一種情緒，可以稱爲地方主義，在中國文字中叫作「同鄉觀念」。這種地方主義將同鄉的人或同縣的人或同省的人連結起來，使之共同負責維持地方上的公立學校、公共積穀倉、同業公會、孤兒院，和其他公共機關。基本上，它們是從家族心理萌生出來而始終不離開家族的基礎觀念。它是家族精神的擴大，成爲某數種市民合作手段的心理的原動力。

在各大城市中，沿海的或內地的，有許多省的或縣的基爾特組織，例如安徽同鄉會、寧波同鄉會，諸如此類。只要同鄉間有了富商鉅賈，此等同鄉會常能被資助以巨大基金。著者本鄉的漳州同鄉會，在上海擁有一百萬以上的資產，它設立了一所學校，同鄉子弟得免費入學。同鄉會又常附有公寓旅社的設備，頗似歐美的俱樂部，內部裝置也相當富麗。同鄉會間有一種特殊制度，即捐款可以購買董事，同鄉會的另一效用為供給遊歷或過路的商人以各種所在地的嚮導工作。前清時，全國各地的讀書人都得上北京去應三年一度的會試，北京城中就沒有一省一縣不有它的同鄉會。倘你找不到縣同鄉會，準可以找到省同鄉會。在這種同鄉會裏，一般舉人和候缺的候補知縣都賴以棲身，有的且帶著家眷同居，宛如永久的逆旅。有幾個省分如安徽、山西，以網形的組織遍布全國各地，俾本省商人得以便利地通行全國，以懋遷有無。

在本鄉，此鄉屬精神使人民發展一種村鎮自治體的政治制度，這在中國為唯一的真實政府，中央政府僅為一班衙門階級抽收捐稅及兵士們所知道的機關，此抽稅者及丘八太爺常為假借公務、張牙舞爪下鄉滋擾的熱心分子。

其實在施行仁政的帝制時代，中央政府所加於人民的捐稅，至為輕微，而鄉民但覺得「天高皇帝遠」，固不知有所謂中央政府的德意。徵兵服役，向非人民所知，蓋國家承平之日久，既無戰爭，又無匪賊，只有那些流氓，那些不事生產的無用之徒，才轉起當兵的念頭。及國家荒亂之秋，那就國家兵卒與地方土匪，怎樣也找不出可以清楚區別之點（譯者按：此當係指軍閥時代之情形）。其實就是二者之間加以區別，亦為非必要者。至於講到法律與裁判的情形，則人民常怕上公堂，百分之九十五的爭執是在本地長老輩面前解決的。被捲入訴訟案件，認為事實上的一種羞恥。年老的安分良民，常引生平未進衙門未上公堂以自誇。是以中央政府的三大作用：課收捐稅、維持和平和保持公正，直接關涉人民者至微。根據中國式的政治哲學，政府統治之最優良者，應最少發揮統治作用，最少管閒事，即垂拱而天下治。此思想歷久而不變，真正統治中國的政治機關，可以稱爲農村社會主義的政府。凡適用於農村者，亦必爲都市共通精神的真髓。

此所謂鄉村或市鎮的地方政治機關是非可目睹的。它沒有具象的權力體，像市長或議員者。它是實際賴道德的觀念受年事較長者之統治。此統治者之資格，亦爲年高德劭，同時亦受一般土豪、劣紳（破靴黨）的統治，則借重其熟悉法律與歷史。基本上，它是受習俗和慣例統治著，所謂不成文法律者近之。倘遇發生爭端，常請出年老者或族長來公斷是非曲直，公斷標準不是單純根據理由，而是依照「人情公理」兩者兼顧。倒是沒有了律師的參加，反而容易察覺誰是誰非，尤其當兩造同係生活於同一社會傳統之下而彼此係屬相識者。因無律師在場，使公正的判斷益見可能，而判斷公正，常使人心折服。鄉村裏的紳士似較城市中者清白一些，雖他們寄生蟲的本質是由於經濟的關係而決定了的。也有良好純正的讀書人，他並不視處理爭訟爲職業，他們因爲德性、學問、名譽，也能分享老年人所受的尊敬之權力。在此等老年人和讀書人治理之下，人民生活著。臨到爭執不能用這種方法解決時，好像犯了傷害人命的刑事案件，或如分析家產，或其兩造都決心爭取面子，誓不干休的時候，那麼他們才請教衙門。但這是僅當兩造都準備毀滅自己的時候，因爲沒有人民不畏怕衙門如同趨避瘟疫病一樣。

中國人民常能管束自己，倘所謂政府者能聽令自存自沒而不加干預，則他們亦很願意與政府不相往來，爾爲爾，我爲我，今如給予人民以十年長期的無政府狀態，在此時期，政府一詞，無人提及，他們很可以安靜地生活下去，他們的事業也會發展而興旺起來，他們會墾殖荒地改成果園，製作用具，輾轉販之於全國，亦將能發掘地下寶藏，擴展各人事業。鴉片將不復有人種植，因爲沒有人迫使之種植，將自然而然絕種。他們還能積舉些積蓄，足以救濟臨時的水旱災荒。讓他沒有高懸「富國利民」匾額的什麼什麼稅局，則國家將趨於強盛，而人民趨於富足。

九 「賢能政府」

以一個國家爲標準，吾們的政治生命中最顯著的特點，爲缺乏憲法，並缺乏公民權利之觀念，這樣的特點之存在，只因爲一種特殊的社會和政治哲理，道德融合的哲理而不是一種效力的哲理。它把道德和政治混合在一起，成爲一種憲法的基本概念，是在預斷的把統治者當作壞坯子看待，他或許會濫用權力而損害我們的權利，吾們乃借重憲法爲捍衛吾人權利的武器。中國對於政府的概念，適與此預斷直捷地相反。中國人只知道政府是人民的父母，謂之「父母政府」，或者是「賢能政府」，他們將照顧人民之權利，一如父母之照料其子女，是以吾們人民把「便宜行事」的權利交託於政府，便予以無限的信任。在此等人手中，吾人付託以數千百萬的資產，從不一問其開支報告；吾們又賦予此輩以無限政治權力，亦從不計及自衛吾人之權益。吾們只把他們當作聖賢君子看待。

對此所謂賢能政府所下的批評，其精審、公平、正確，應無過於二千一百年以前韓非子的偉論，韓非子爲屬於法家之大哲學家，約生於孔子後三世紀。他是法家哲學派中最後亦爲最偉大的一位，他的中心主張便是建立法治政府以代人治政府。他的分析人治政府之罪惡極爲精確，而他所描摹的當時之政治生活現象，極相類似於今日的中國，倘令韓非子復生而親向吾人口述，亦將不易一字。

依照韓非子的意見，政治智慧之起點，始於擯棄道德之俗論並避免道德之改進。著者亦深信吾人停止談論人民的道德感化愈早，則吾人之能建立中國之廉潔政府亦將較早。可是事實上有那麼許多人在議論著道德的改進，以為政治罪惡的解決手段，適足以說明他們的思想之幼稚，和他們的領悟正確的政治問題之低能。他們應該明瞭吾人已經繼續不斷的談道德的腐論歷兩千年之久，卒未能用道德之力量改進國家，或使她有一個比較賢明廉潔的政府。中國人民應該明瞭，倘令道德感化真能有何裨益，中國今日應早已成為天使聖哲的樂園了。

依著者愚見，用道德來改善政治的思想和議論，何以如此流行，且那些官吏們談得尤為起勁，就因為他們知道這樣的改革，至少不會有害於人。可是吾們那些高呼提高道德的大人先生，都是不懷好意，有幾個簡直有一顆墨黑的心。著者固知張宗昌督辦和別位恢復名教禮制而提高他人的道德水準者，通常都廣置姬妾，自五人至十五人不等，又為強姦幼女之老手。吾人說「仁義是美德」，他們亦將回答說：「不差，仁義是良行」，這樣胡胡調，固無傷於任何人。另一方面，吾從未聽見吾們的官僚老爺講起法治政府，因為人民將對之說：「很好，我們嗣後將用法律檢舉你們，而請你們進監獄」。是以吾人停止談論道德愈早，而移其論旨於嚴格推行法治，則吾人愈能及早阻止官僚之閃避法律制裁，使他們不再能託故優游外國租界而寫寫意意誦讀孔子經書。

簡言之，韓非子時代有兩種相對的政治概念，吾人在此現時代亦然。即孔子的賢能政府之概念和法治政府之概念。孔子的政治概念，把每個統治者當作賢人君子，因而亦以對待賢人君子之禮待遇之。法治制度的政治概念，則把每個統治者當作壞蛋看待，因進而製備種種條款，以防止其遂行歪曲意念。很清楚，前者是中國傳統的見地，而後者是西洋的見地，亦即為韓非子的見地。似韓非子所說：「聖人之治國，不恃人之為吾善也，而用其不得為非也」。這就是法家哲學的道德觀之基點。換言之，吾人不以統治者為君子而冀其行仁義之道，吾人應目之為潛伏的囚犯而籌謀種種方法與手段，以期阻止此等可能的罪行，如剝削人民的權利與賣國。你可以很容易看出後者的制度是較易於收實效，其阻止政治腐化的效用，比之靜待此等君子之良心發現高明得多。

在中國，吾們恰恰做了相反的工作。非但不把他們當作潛伏的壞蛋——這是我們老早應該如此的——卻把他們當作君子看待。依古老誠實的孔子之道，吾人盼望統治階級人人成為仁愛的賢人君子而愛民如子。吾們以誠實不欺望之，故對他們說：「直捷地幹吧，你們可以任意使用國家公共資產，吾人不要求你們公開預算，或公布歲支帳目」。吾們對軍閥說：「幹吧，我們信任你將愛民如子，故吾人將聽憑你憑良心抽課人民捐稅」。吾們對外交人員說：「幹吧，吾們對於你們的愛國心具有絕對信仰，故允許你們有權締結任何國際條約，不用徵求人民的同意」。更對全體官吏說：「你倘能做個賢人君子，吾們將替你建立牌坊，以資褒揚，但倘你變成壞蛋，吾們不致把你囚入牢獄」。其他國家中，從未有如此拿對賢人君子的態度對待官吏的。假令韓非子生於今日，他將勸導吾人以壞蛋視之，因而對官僚說：「吾人不欲箴勸你們行仁義之道，亦不復建立牌坊來褒揚你們，即使你表現為賢人君子的行為；但你膽敢做出欺民罔國的壞蛋行為，則吾人將請你進牢獄。」這辦法覺得是消滅腐敗政治的比較健全而敏捷的方法。

這裏且讓吾摘錄一節《韓非子》的文字：

……今貞信之士，不盈於十，而境內之官以百數，必任貞信之士，則人不足官；人不足官則治者寡而亂者眾矣。故明主之道，一法而不求智，固術而不慕信。故法不敗，而群官無姦詐矣。

韓非子否定所謂仁愛的父母政府會有任何效用，因爲，他指出人之情性，莫先於父母，皆見愛，而未必治也。先王之愛民，不過父母之愛子，則民奚遽治哉。韓非子又冷冷地幽默地發問：仲尼，天下聖人也，修行明道以遊海內，海內說其仁，美其義，而爲服役者七十人。以天下之大，而爲服役者七十人，豈非是「貴仁者寡，能義者難」的明證？今欲人主務行仁義者皆如孔子，而臣民愛服德行者皆如列徒，豈非夢想？這短短一段文字，含有動人的嘲弄，峻刻的調笑，同時也含有健全的意識。

韓非子所評述的當時韓國的弱點，深與今日中國之過失相暗合，至於那時的官僚和人民的特性竟那麼相像，使吾們讀了他的文字，直不辨其所描述者是否爲現代之中國。他和盤托出當時官吏的腐敗和人民的冷淡消極，而認爲此等缺點應歸源於法律保障的缺乏，與制度之不完備。他不贊成改進道德效力，而指出那是政治制度與缺乏法律保障在作祟。他說一切禍患，起於無公正之法。他痛恨那時的儒家而稱他們爲一群喋喋的愚夫。這稱呼實在很適配於今日吾人的許多「長袍的愛國同志」。他說到當時的官吏，稱他們的貪污不啻受著鼓勵，因爲沒有嚴刑峻罰以制其後。韓非子這樣爽直地說：「……是故事強，則以外權市官於內；救小，則以內重求利於外：國利未立，封土厚祿至矣；主上雖卑，人臣尊矣；國土雖削，私家富矣；事成則以權長重，事敗則以富退處。」這樣的字句，很可以引用之於現代優游於大連及上海租界別墅中的寓公。他又說因爲缺乏制度，「則以黨舉官，民務交而不求用於法；釋公行，行私術，比周以相爲也。」這樣的情形，何等暗合於今日，只有那些官僚士大夫階級肚皮裏明白。

《韓非子》中有一重要之章節，其中含有一現代的新名詞「公民」一語，殊覺新穎：惟此節文字乃係描述當時人民一般的對於國事之漠不關心的態度。他鄭重地說：「民之故計，皆就安利而避危窮。今爲之攻戰，進則死於敵，退則死於誅，則危矣。棄私家之事，而必汗馬之勞；家困而上弗論，則窮矣。窮危之所在也，民安得勿避？故事私門而完解舍；解舍完則遠戰，遠戰則安。行貨賂而襲當塗者，則求得，求得則私安，私安則利所在，安得勿就？是以公民少而私人眾矣。」

吾們至今仍感覺到公民的太少，而私人的太多，其理由當歸之於適當的法律保障之缺乏。它跟道德的興衰毫無關係。缺點完全在制度（法）。倘人民的公共精神太豐富，常有惹禍的可能，自然他們對於國事將採取消極的態度。倘官吏貪污而無刑罰爲之制裁，那麼你要望他不貪污，實在是過於苛求人類的天性了。

韓非子堅決主張設立一種神聖不可侵犯的法律，爲統治階級與被統治階級所共同遵守，上不避權貴，下不欺庶民。他信仰法律是超然的，在法律的前面，一切人是平等的，而私人的勢力與私人間的關係，應該予以打倒而代以法律。所謂去私曲，就公法也。這裏我們不僅遇到一種歐美式的平等概念，它使吾十分注意者爲一種絕非中國型的思想。可異者，他的思想適與孔子思想立於反對的地位，孔子的格言有「禮不下庶人，刑不上大夫」，而他以其純粹法家的態度說：「法不阿貴，繩不撓曲，法之所加，智者弗能辭，勇者弗敢爭；刑過不避大臣，賞善不遺匹夫。」韓非子想像一種法律，要使「貴賤不相踰，愚智提衡而立」。他推行一種機械式的法治，只要有了完備的法治制度，他信仰治理國政，可不用賢能之士──這一種機械意識，完全不是中國型的。

韓非子的法治制度，也存在有一種道家的基本思想，就是「明君無爲於上」。君主的所以要虛靜無事，無爲於上，因爲他知道那些君主依一般常情而斷，實際上沒有任何辦事的能力，是以應該籌劃一個機械式的政治機關，它的機構作用的行進自然而然公平而完備，不關乎統治者的智愚賢不肖。君主是以成爲一個徒負虛名的骸殼，有如現代的立憲政體。英國現代也有一個國王，他的職務好像專門在主持建築物的奠基典禮，船舶的下水命名，和頒發爵士勳位；是以國王的賢不賢、能不能，對於國家完全無任何重要關係。法治制度將自然發生作用。這在基本上是一種君主無爲主義的學理，爲韓非子所倡導，而現代英國實行而獲有成效者。

那位好好先生孔老夫子而被稱爲政治思想家，不啻是古怪的奇緣。他懦弱的胡言，竟榮被以政治學理之美名。一種政治理想，至盼望德行統治的政府與仁義的統治階級之出現，那是多麼屬於幻想，恐不足以哄騙大學二年級生。譬如你管理百老匯交通，不用紅綠燈信號指揮，而信託汽車夫的自動努力。任何細心研究中國史的學生，一定能夠注意孔子的理想政府，充滿著道德意識，常爲舉世無雙的一大腐敗罪惡。它的原因不在乎中國官吏之特別比歐美官吏來得腐敗，這清楚而確定的政治歷史之真情是；當你以君子之禮待官吏如中國向來之習俗者，則其中十分之一將爲真君子而十分之九將爲惡棍；但是當你以對待壞蛋的心理視之，若歐美之所爲，準備著政治監獄，或示之以監獄之威嚇，則變成壞蛋者將遠少於十分之一，而十足的十分之九將勉力自命爲君子，結果你至少獲得一個廉潔政府的外貌，這一個外貌未始非值得具有的。這就是中國老早應圖改革的真理，也就是韓非子在兩千年前當其未仰藥酒以結束其生命之前，所給予吾人之忠告。

中國所需要者，是以非爲增進道德而爲增加牢獄以待政客。倘貪官污吏結局仍能安全自由的訂購艙位以赴橫濱或西雅圖，則吾人之談論建設廉潔政府終屬徒然。中國所需要者，既不爲仁，亦不爲義，又非爲榮譽，卻爲單純的賞罰，即需要勇氣來槍決掃蕩這班不仁不義不顧廉恥的官吏。唯一保持官吏廉潔的方法，即爲加以逮捕而用槍彈來警戒他們。官吏苟感覺痛苦於吾的以法家見地的對於人類本性的觀察，應該想一想；他們是否願意投資於一個股份公司，它的經營方法完全遵守孔子的君子觀的原理，既沒有股東會議，也沒有會計報告，經理或銀錢司帳員舞弊潛逃，又不能逮捕。中國政府是嚴格尊奉這種君子觀的基本原則處理著的。目前政府組織之稍見進步，乃出於西洋學理的影響，歐美人民蓋大膽敢向統治階級要求公布帳目，毫不畏懼含蓄輕蔑之意，致有損統治階級之君子型的尊嚴。但直等到這種改革全部完成以前，中國政府將永遠像一家雜亂無章的公司，常利於經理及職員，但剝削了股東的權利，股東可擬之於普通人民。

第七章　文學生活

一　文學之特性

中國有說教文學與怡情文學的區別，前者爲真理之運轉傳達工具，所謂「文以載道」之文，後者爲情愫之發表，所謂「抒情文學」。二者之區別，至爲明顯；前者爲客觀的、說明的，後者爲主觀的、抒情的。中國人都一致推崇前者，認爲其價値較後者爲高大。因爲它改進人民的思想，並提高社會道德之水準。從這個觀點出發，他們遂輕視小說戲劇這一類文學，稱爲「雕蟲小技」，不足以登大雅之堂。唯一例外爲詩，詩雖同樣爲抒情文學，他們對之非但不予輕視，且珍愛修養之盛，過於歐美。事實上，中國文人全都暗裏歡喜讀讀小說和戲劇，而官吏階級雖在其冠冕堂皇的論文裏說仁道義，可是在其私人說話裏，往往可以發現，他們很熟悉《金瓶梅》或《品花寶鑑》裏的人物，二者都是淫猥的兩性小說。

其理由易見。那些說教的文學大體上均屬品質低劣的次等作品，充滿了宣揚道德的陳腐之說和質直的理論。思想的範圍又爲畏懼異端邪說的心理所限。故中國文學之可讀者，只是那些含有西洋意識之文學，包括小說、戲劇和詩，這就是幻想的意象的文學而不是思考的文學。讀書人本不是經濟專家，而偏寫討論捐稅的文字，文人學士的手未嘗一執刈鐮，偏寫討論農耕的文字，而政治家本非工程師，乃大寫其「黃河保護計劃」——這一類是很普遍的題目——在思想限閾內，像中國的俗語說法，讀書人都在孔夫子門檻裏翻筋斗。他們都輕視莊子，卻人人皆讀《莊子》，莊子爲毀謗孔氏學說的偉大作家。有幾位學者膽敢玩玩佛學，不過他們對於佛教儀式並不崇奉。茹素戒葷亦不虔誠。他們的畏懼異端學說，有如畏懼達摩克勒斯（Damocles）的利劍，畏懼異端實即畏懼新思想。文學本生存於自然發生的境界中，卻配備以經典的傳統思想，「心的自由活動」之範圍乃大受限制，這在孔夫子門檻裏翻筋斗，不問其本領如何高大，終不過是孔門界限裏的翻筋斗而已。

總之，一國的學者賡續討論仁義達二千五百年之久，自難免重複。不是瞎說，一篇榮膺殿試第一名的大文章，倘譯成簡單的英文，真要以其幼稚淺薄使讀者陷於百思不得其解的困境。偉大的智慧所產生的偉大文藝，予人以一種蝨子戲一樣的異樣詼諧的印象。一個作家是以只能在小說戲劇的境界以內，才能發揮其創作天才，因爲他們在小說戲劇的園地上，始能舒泰地保持一己之個性，於是幻想的意象得以活潑地創造。

衡之實際，一切有價值的文學作品，乃爲作者心靈的發表，其本質上是抒情的，就是發表思考的文學也適用這種原理——只有直接從人們心靈上發生的思想，始值得永垂不朽。愛德華・揚（Edward Young）早於一七九五年已在《原始作文之研究》一書中，很清楚的說明這種觀點。金聖嘆是十九世紀的傑出批評家，在他的著述中屢屢這樣說：「何爲詩，詩者是心之聲。

可見之於婦人之心中，可見之於嬰孩之心中，朝暮湧上你的心頭，無時無刻不在心頭。」文學之原始實在是這麼單純，不管一切文法上修辭上的技巧，怎樣的會叫一般大學裏的教授埋頭磨練起來。金聖嘆又說：「文人非勉強說話，非被迫而說話，但意會所到，出自天機，有不期說而說者。有時敘事，有時舒其胸中積愫，所言者既已盡所欲言，即擱筆不復贅一字。」文學與非文學作品之不同，就在有的寫在筆下，倍覺美麗，有的寫來，拙直無味，自然那些寫得愈是美麗勝過別人的，愈能永垂不朽。

文學之抒情的素性，使吾人得以把文學當作人類性靈的反照，而把一國的文學當作一國的精神反映。倘能把人生比作大城市，那麼人類的著作可以比作屋子頂閣上的窗口，人們可由以俯瞰全景，讀著一個人的著作，吾人乃從作者的窗口以窺察人生，因而所獲得的人生之景象一如作者之所見者，星、雲、山峰，創出地平線的輪廓，而城市裏的一切走廊屋頂，彼此似屬相同，但從窗口裏面窺探的城市景色是具個性的，是有各自的特殊面目的。檢閱一國的文學，吾人是以僅在獲取人生的一瞥，一如中國最優智慧所能見到而經由他們特殊的、個性的手段所表現者。

二　語言與思想

中國文學手段，即中國語言之語格，實爲決定中國文學特殊發展的主要因素。與歐洲語言一加比較，很可以尋索出中國思想與文學之特殊性，乃單純的受所謂單音語言的影響，其程度至深。中國語言之發音，如金、昌、張，其所生之後果，至可驚人，此單音組織決定中國著作之特性，而此著作特性產生中國文學傳統的持續系統，復因而影響及於中國思想之保守性。更進一步，亦爲文言與口語分別之原因。這又轉而使從事學問倍感艱難，於是其勢難免成爲少數階級的專利品，最後，此單音組織直接影響中國文學格調的某些特殊性。

每個國家，都發展一種最適合本國語言的文學作品。歐洲並未發展一種象形主義的作品，因爲印度歐羅巴語派之發音結構其子音比較浪費，而其綴合又變化無窮，是以需要一種分析的字母，因而用這種文字於象形的表示，必至陷於不可藥救的不正確。因爲文字的象形制度，不能單獨應用，以中國文字爲例，我們覺得它需要發音原理來輔助，始能產生任何重要發展。這些基本的象形文字之連綴，其作用純在乎求發音上之功效。而實際上中國字典所收錄之四萬以上的文字，其百分之九十係建築於綴音原則上面，差不多用一千三百個象形字作爲發音記號。語言之單音組織如中國文字者，僅有四百個左右之綴音組合，如秦、昌、張等，也就夠用了。但是在日耳曼語系中，發明新的記號以代表每一個新的聲音綴合，如德文中之schlacht及kraft，或英文中之scrat-ched及scraped、splash及scalpel，則顯然爲不可能。中國語言之未嘗發展西洋意味的表聲書體，因爲象形記號之發音的應用已足敷應付。倘中國語言中曾用到過像德文schlacht kraft、英文Scratched scalpel那樣的文字，他們感於迫切的需要，老早就發明了一種表聲的書體了。

中國單音綴合之語言與書寫字體間之完全調整蓋易於理會。語言缺乏表聲的形式結果，產生多數發聲相同的文字，pao一個聲音，可以表示一打以上的意義：包、抱、飽、泡，依此類推。因爲象形原理的應用，只限於具象的事物或行動，在古時已感覺運用之困難，故原始文字「包」用作純粹的發聲符號，而假借以表示其他同聲的文字。結果發生很多糾紛，而在漢代文字大定以前，吾們有許多這樣的假借文字，以一字表指許多不同的事物。事實上之需要，迫使中國人加添符號（稱為部首），以表示意思的群體，這就是pao字欲用以指示者。

發聲記號的使用，不是十分嚴格而正確，因此，在現代中文中讀作pao或p'ao而聲調不同的便有如下諸字：

抱　跑　袍　飽　泡　炮　鮑　胞　砲　咆　刨　苞　雹

每一個字都帶有原始字根「包」，搭配一個部首或偏旁。像這個樣子，包加上手旁部首，其意義爲懷抱之抱，加足旁部首，意義爲奔跑之跑，加衣旁部首，意義爲長袍之袍，加食旁部首，意義爲吃飽之飽，加水旁部首，意義爲泡沫之泡，加火旁部首，意義爲花炮之炮，加魚旁部首，意義爲鮑魚之鮑，加肉旁部首，意義爲胞胎之胞，加石旁部首，意義爲槍砲之砲，加口旁部首，意義爲咆哮之咆，加艸頭部首，意義爲苞芽之苞，加雨頭部首，意義爲冰雹之雹，加刀旁部首，意義爲刮刨之刨。這就是解決同音異義問題的調整方法。

假定這個問題不是在同音異義上，假定中國文字裏頭也有像英文裏頭scraped、scratched和Scepel那樣的字，則首先就感到有區別發音的必要，這樣，恐怕中國文字也就會有了歐洲語系的字母，因而識字的人也會普遍了。

中國文字既屬於單音組合，殆無可避免的必須用象形字體。單是這個事實，大大地變更了中國學術的特性和地位。由於它們的自然本質，中國文字在口語發音中不易多所變化。同一記號，在不同方言中，可以讀作各別的聲音，不同的方言甚至可以視為不同的語言，如基督十字架的記號在英文中讀作cross，在法文中可以讀作croix。這是與中國古代文化的一貫性具有密切的關係的。更重要於此者，使用此等文字，使吾人隔了千百年以後還能直接誦讀孔氏經書。孔氏的經書在吾們自己的紀元第六世紀時幾將變成不可誦讀，試一想及此，很覺有趣，倘真遇到這樣情形，孔子的尊崇地位將受到何等影響呢？

的確，中國文字當秦始皇焚書坑儒之際，發生過重大變革，至今研究孔氏學說的學者，分成兩大陣營，其一信仰「古文」的經書本子，所謂古文據說是砌藏於孔氏居宅壁間，得免燔灼，而經後來壞壁發現的原本；別一派信仰「今文」書本，這是年老儒生口授傳誦而筆錄下來的，這些老儒生係將經書熟記，幸免於暴秦的厄運者。但從此以後（紀元前二一三年）屢有寫作，在形式上有比較不甚重要之改進，此等寫作對於孔氏經書之深入中國人心之催眠作用，有很大貢獻。凡符合於孔氏經書早期寫本者，亦符合於全部文學的傳統，繼漢代以後者尤然。一個中國學生，凡能誦讀百年以前之著作者，即能由此訓練誦讀第十三世紀、第十世紀，甚至第二世紀的著作，亦猶現代藝術家之欣賞維納斯、欣賞羅丹之作品同樣容易。倘令古代學術不能若是易於瞭解，那古典文學之傳統勢力還會這樣雄大，而中國人的心理還會這麼保守嗎？怕未見得。

但使用此象形文字，一方面有助於固定不變的文言之產生，致與口語判離，而使尋常學子幾難於通暢。至於發聲組合的字體，自然將依隨現行語言的變遷與慣用語法。書寫的語言如其不甚依賴發聲，在慣用語與文法方面，獲得較大之自由。它不消遵守任何口語的法則，它有它自己的結構法則和大量的慣用語，係自歷代著作蒐集而來的文學成語。如此，它乃產生一種獨立的實體，多少是服從文學範型的。

隨時代之進展，此文學語言與當代通行語言間之差別，愈來愈大，直至今日，學習古代語言，從心理上感到之艱難觀之，幾等於學習外國語言。普通句段結構之法則，書寫的文言與口說的白話是不同的，是以你不能僅把古文字眼填入現行字的地位便可算寫成一篇古文了。例如一個簡單的連語「三兩銀子」，在文言中卻要變更造句法，寫成「銀三兩」，又似現行語中說「吾從未見過」，古文中的慣用語為「余未之見也」。此目的格的一字，經常置於動詞之前，倘其動詞為否定格的時候。現代中國學生是以常易犯語風上的錯誤，有如英國學生在學習法文時之說jevois vous。恰等於學習外國語言，在一個人真能寫確實流利的古文以前（至少需十年），需要範圍廣泛的使用法之熟習，是以練習之時，經年累月的背誦古代傑作亦為免不了的手續。又恰如很少有人真能暢通外國語言一樣，也就很少中國文人真能寫確實流利的古文。實際上，中國今日只不過三四人能寫流利的周代經典式的古文。吾們大部分乃不得不苦苦忍耐這種書本上的語言，此在外國人固非難以治理的。這書本上的語言且又缺乏語言本身的真意味。

使用中國的象形文字，使脫離語言真意味的文字得以逐漸發展，文字與發聲原則分離而獨立，加速它的單音組合的性質。而且事實上口語中的二連音的字眼，仍可以用單音文字來代表，因為文字本身由其組合作用已使意義表顯得很清楚。例如吾們在口語中需要一個二連音

「老虎」，以資在聽覺上辨別與其他讀「虎」字音的字眼相混淆，但在書寫文字中就用一個虎字已夠了。文言是以較之白話更見傾向於單音，因為它的基本是在視覺上，而非在聽覺上。

從此極端的單音主義乃發展一種極端簡潔的格調，這種格調不能用口語來模仿而獲免不可理解的危險，而此格調亦即為中國文學特性的美點。如是吾人乃創造一種韻律，恰恰每七字一行，可以包括大致似英文無韻詩的二行字的意義。這種技巧在英文中是不可想像的，在其他別種語言中亦是不可想像的。不論在散文或詩詞中，此用字之經濟，產生一種風格，其間每一個字每一音節，其韻調輕重衡量務須達到「恰到好處」之程度，而往往負擔過分之意義。如那些絲毫不苟的詩人，一字一音莫不細予斟酌。是以此爽利的體裁之真實的練達，實即選用字面之極端老練。由此興起一種用字矜飾的文學傳統，它後來變成社會的傳統觀念，而最後成為中國人的心智之習慣。

文學技巧上的困難，限制了中國識字教育的普遍，識字教育本無需乎推敲修飾的。此識字的限制又轉而變更中國社會的全部組織，改易了中國文化的全部容貌。有些人有時真會發生疑問：倘中國人民的語言是一種活用變化的語言，因而使用字母排列的文字，則他們是否將這樣馴良從順，這樣尊敬其長上？我有時感覺到倘中國人能設法在語言中保留較多殿末或起首的子音字，不但他們將根本搖動孔子的權威，復很可能早就擊碎了傳統的政治結構。賴於知識的普遍，經過數千年的閒暇，將進研其他學術而徐徐超越文學之技巧，說不定也能給予世界以較多之發明，如印刷、火藥之類，並影響地球上人類文化的歷史了。

三 學術

前面曾述及非經典文字或意象的文學，多屬於一般不顯著的或無名作家的作品。他們打破了經典傳統，他們的作品是從自己內心的喜悅情緒寫出來的，寫作的動機單純為創造的嗜好。易辭以言之，這些作品在西洋意識中，是富創造性的優美文學。不過在吾人將述及此等小說戲劇之前，似宜先行檢討經典文學的內容，中國學術的品質，並那班智識階級群的生活和修養。他們安坐而食，受人民之供養，雖推進了相當道德教訓，然毫無創造。此輩學者寫了些什麼？什麼是他們的智力工作？

中國是學人的領域，學人便是統治階級，至少當承平之世，人民之崇拜讀書人身分的心理常被孜孜不倦的培育著。此學人身分的崇拜，形成一種普遍的迷信形式，有字紙不許隨意拋擲，並不許用於不敬的用途，常有專職的人四出蒐集，聚而燔之於廟宇或學校中。至戰亂之世，則此故事稍微變更，因為軍人往往闖進學者的居屋，或將古版珍本付之一火或用以拭鼻，或者連屋子一股腦兒縱火了事。但是這個國家的文學活動力至為雄大，軍人焚書尤踴躍，書籍之收藏量尤鉅。

當時，約當紀元六百年，皇家收藏之書籍已達三十五萬冊。及唐代，皇家之收藏者，計二十萬零八千冊。一〇〇五年，當北宋中葉。第一部百科全書，包括各類書籍一千冊，告成。總之有御纂叢書《永樂大典》之出世。此書蒐集精選古代珍本二萬二千八百七十七卷，分裝一萬一千九百九十五冊，爲明初永樂皇帝（一四〇三—一四二四）所主持編纂。清時，乾隆皇帝所頒最具有大政治家風度之法令，爲徹底審查現存未毀之書籍，其表面之目的爲保存典籍，但其同等重要之目的，則在毀滅那些不滿異族統治的著作，及其完成，蒐集保存本來面目之著作三萬六千二百七十五冊，分成七部，即著名之《四庫全書》。

但乾隆皇帝同時又完成另一功業，他下令銷毀全部或一部之書籍凡兩千種，興文字之獄二十餘起，其著作人或翻革，或監禁，或流配，或處死刑，有時還得毀滅著作人的祖祠，而將家眷充作官奴官婢——這一切罪戾，都可由誤用一字而起，《永樂大典》與《四庫全書》，卷帙浩繁，代表依據正統派標準認爲值得保存的著作之選集。有許多著作僅在書目提要中予以簡短的褒譽介紹，其本書卻不收入《四庫全書》俾永傳不朽。真實具有創作價值的著作像《水滸》、《紅樓夢》當然不蒙選入，雖《四庫全書》中仍包括不少筆記，寫些零星瑣事，自歷史考證以至雅茶名泉，神狐水怪，貞節嫠婦之記述，此等筆墨，均爲中國學人之興會所寄者。

然則此等書籍，所寫者爲何事？試一檢閱由《四庫全書》流傳下來的正統派圖書分類編目法，極有興味。中國書籍被分成四大部類：（甲）經、（乙）史、（丙）子、（丁）集。經部包括經籍和經籍註釋書，此類工作曾耗費極大部分中國學人的光陰。史部包括歷代通史、專史、傳記、雜錄、地理（包括遊記、鄉土志、名山志）、文官考試制度、法典、律令、書目提要，和歷史批評。子部名稱之由來，本係採自周代諸子，但其內容卻包括了中國的一切專門技術與科學（有如西洋大學中之哲學院），其中有軍事學、農藝、醫藥、占星術、天文學、巫術、卜筮、命相、拳擊、書法、繪畫、音樂、房屋裝飾、烹飪、本草、生物學、儒家哲學、佛學、道家、參考書籍，和無數上述之筆記，包含雜亂無章的奇談野乘，海闊天空，不可分類，凡宇宙間之現象都有記載，而尤多鬼怪神仙之說。各大書局亦有將小說歸入子部者。集部亦可稱爲文學部，因爲它包括學者的著述、文學批評，和詩詞戲曲的專集。

所謂科學之著述，試一審其內容，則覺其內質不如外表之動人。實際上，中國並無所謂專門的科學，除了經籍訓詁與歷史考證。這其實不過爲科學的一個分支，它供給埋頭苦幹者以研究園地。天文學，除了一部分天主教學者的著作，很相近於占星術，而動物學植物學很近似烹調術，因爲許多動物果蔬是可食的。醫學常處於卜占星相之列，所謂醫卜星相。心理學、社會學、工程學、政治經濟學都錯雜包含於筆記中。有些作家的作品得列入子部的本草動物學類或史部的雜記類，乃他們的筆記顯出較明顯之專門特性，而受優越的待遇。但除了特殊超越的幾部著作外，其精神與技術在根本上與集部所收的筆記並無多大區分。

中國學者的發抒其特殊天才，簡括地分循三條路線：考究、舉子業，和經籍意識的文學。吾們可以依此把中國讀書人分成三個典型，學者、破靴黨、文學家。學者的訓練和準備應試科舉的訓練是極不同的，是以早年須於二者之間加以抉擇。有些舉人——第二級官缺候補資格——竟至終身未讀過《公羊傳》（十三經之一），也有許多淵博的學者終身不能寫一篇八股文以應科舉考試。

但中國老學究的精神是大可敬佩的。學究之最優秀者，具有歐洲科學家的精神，具有同樣治學的毅力，獻身學問不辭辛苦，然他們往往缺乏專門的科學方法，他們的著作缺乏西洋明晰的文體與確鑿有力的理論。因爲中國古來學術需要無限的艱苦，異常的博識，與幾乎超人的記憶力，致使學者須窮其畢生之力以研習之，有幾個學者竟能背誦卷帙浩繁的司馬遷《史記》，自始至終，鮮有脫誤。因爲缺乏索引的工作，學者得一切仰賴記憶的積累。實際容易揭明出處的知識在任何百科全書中可能找到者，常被輕視，而優秀學者是不需要任何百科全書的。吾們固有許多鮮皮活肉的活動百科全書。臨到探本溯源欲有所引證時，在昔時長閒的生活中，固滿不在乎出於一時之記憶，抑或費全日工夫始尋獲者。英國貴族常費其終日以縱犬獵狐，樂此不厭；而中國學者之興奮失望於鑽研考究，其情緒幾與之相同。用此孜孜不倦的精神，巨大著作常由一人單獨完成。如馬端臨的《文獻通考》，鄭樵的《通志》，朱駿聲的《說文通訓定聲》，段玉裁的《說文解字注》。清初，一代大師顧炎武，當其考究文化地理時，常載書籍三車，隨以周遊四方，隨時尋獲與向說不符之實質證據，或從父老口中獲得矛盾相反之故事——它的論據材料即多自此輩父老口中蒐集者——他將馬上在書上加以校正。

這樣的知識之探索，在精神上無異於歐美科學家的工作。中國學術中有某些範圍適於艱苦工作與有條理訓練的研究。這些學業可以下述數種爲例，如中國文字之進化（《說文》），中國聲韻之歷史，古籍之校正，散逸古書之整理，古代儀禮、習俗、建築裝飾之研究，經籍中所見鳥獸魚蟲名目之分類，銅器石刻甲骨文字之研究，《元史》中異族名字之考究。其他依個別的癖愛，研究古代非儒家諸子哲學、元劇易經、宋儒哲學（理學）、中國繪畫史、古泉幣、回蒙語言等等。大體蓋依賴其所受業之業師與當代專門研究風尚而定。滿清中葉，值中國考據學藝達全盛期，蒐集於《皇清經解》與《續皇清經解》之著述達四百種，凡一千餘冊，包括各種極度專門化之學術論文，在本質與精神上極類似現代大學之博士論文。不過其學術較爲成熟，而著述經過時期較為長久。據著者所知，其中有一部著作經過三十年之著述期。

四　學府制度

但是真有價值的科學家，為數至為稀少，其情形恐為中國與歐美彼此相同也。不過吾們有許許多多士大夫階級的文人，如舉人進士之類，為數之多，不亞於美國哲學博士，此輩在名利場中爭取頭銜，一以為衣食計，一以抬高社會上之身分地位。或許中國的舉人，比之美國的哲學博士，蠹害社會，為禍尤深。他們都得經過一度嚴格考試，故須賴其平庸之智力，下一番苦功。他們都想獵取一種目的，純粹商業性的目的，他們所受的那種專應考試程式的教育，全部無所適用於任何工作，只有挾著書本子販賣其常識而已。

中國的哲學博士相公們，都挾有顯明的官僚資格。其中也有真實才幹的人才，他們的摭拾功名除了興會與易取以外，無其他塵世上的理由可言，他們常能攀登很高的名位，直到考試最後階段的殿試而成為進士或翰林，此輩或外放為知縣或留京為京官。不過大多數的士子常沉滯於初級考試階段或中級考試階段，稱為秀才（約等於B. A.）或舉人（約等於M. A.），更大多數的連秀才資格還趕不上則稱為諸生，即為生員之意。全國有許許多多這樣的生員受地方官府的廩食，成為群集四鄉的變相遊民。

秀才、舉人，以及那些名落孫山的讀書人，其較優之行業為充當教席，惡劣者即為「土豪地棍」。他們是清客串式的律師而以代人包攬訴訟為職業者。他們恆與衙門中科員之輩互相勾結，上下其手。或者承包捐稅，則與當地富商互相勾結。他們對於學術修養一無所知，但能出於強記的背誦四書五經而已，大多數且能同時背誦朱熹的註解。朱熹的註解稱爲監本，是給他們習誦的唯一經籍解釋本。他們既不能寫好詩，所受專應科舉考試的訓練，範圍至爲狹隘，而他們所學習的八股文又那麼因襲老套，致使他們不能依事實寫一篇清楚正確的新聞報告，或寫一張簡單商業便條，開列普通商品名目，倒是有經驗的小夥計，寫來比他高明。可是他們的勢力卻是不可輕侮，他們有一種階級自覺，一種階級組織，也有一種階級理想。顧炎武嘗有一篇專論此輩生員的文字，題爲〈生員論〉，茲摘錄其一節如下：

合天下之生員，縣以三百計，不下五十萬人，而所以教之者，僅場屋之文；然求其成文者，數十人不得一，經通古今，可為天子用者，數千人不得一也。而嚚訟逋頑，以病有司者，比比而是……一得為此，則免於編氓，不受侵於里胥，齒於衣冠，得以禮見官長，而無笞捶之辱。故今之願為生員者，非必其慕功名也，保身家而已。以十分之七計，則保身家之生員，殆有三十五萬人。此與設科之初意悖，而非國家之益也……今天下之出入公門，以撓官府之政者，生員也；倚勢以武斷於鄉里者，生員也；與胥吏為緣，甚有自身為胥吏者，生員也；官府一拂其意，則群起而鬨，生員也；把持官府之陰事，得與之為市者，生員也。前者譟，後者和；前者奔，後者隨；上之人欲治之而不可治也，欲鋤之而不可鋤也。小有所加，則曰：是殺士也，是坑儒也……天下之患，莫大乎眾五方不相識之人而教之，使為朋黨。生員之在天下，近或數百千里，遠或萬里，語言不同，姓名不通，而一登科第……朋比膠固，牢不可解。書牘交於道路，請託偏於官曹。其小者，足以蠹政害民，而其大者，至於立黨傾軋，取人主太阿之柄而倒持之，皆此之繇也……

顧炎武寫這篇文章的時期，定當此種罪惡最嚴重的時朝。而此秀才舉人或上等遊民的寄生蟲的本質，直至今日，根本上未有變更，不過它的名目換成了「大學畢業生」。

當然不是全體都是惡棍，各城鎮各鄉村也有自好謙讓、節儉而知足的讀書人，他們是屬於被壓迫階級而非屬於壓迫階級的，因爲他們自甘安貧而不爭。市鎮上偶爾也有一二高尚的學者，他們不願踏進科場，而終生獻身學術。有價值的著作，僅能期之於此輩學者，否則應期之才具較高的士大夫階級文人。

話雖如此，從大體上講，老學究比之現代大學畢業生還是來得高明。他的世界地理的知識或許不甚可靠，不過他的德性與禮儀的訓練實較爲透徹。舊式和新式的教育制度，大家都上了一個愚昧信仰的大當，蓋他們誤信知識才學的高低可以用賡績的考試方法來測量的。考試制度由其本質的性能，不能不是機械式的，不能不集中注意於知識量的蓄藏，而忽略判斷的智質之發展。因爲鑒識力是不容易分等級的，也不是容易用分數品評的，至於出一個羅馬迦太基戰爭日期的問題，則其答案可以用分數來評分了。任何大學考試，都是同一性質，學生總能接到通知後一星期內預備之，否則大家都得不及格了。任何知識，凡能在一星期內預備速成強記者，其遺忘之速亦如是。防免應急速成的考試方法，至今尚未發明，而受其欺的可憐蟲，只是那些大學教授，他們真會相信他們的學生確實明瞭所學的科目。

舊式的學府制度，不論鄉村的學塾或書院（高級的學府），顯然較優越於現代學校，事實極簡單，即是他的學業進修，並不依賴學程分數爲手段，至於科舉考試，那是例外，舊時學府是一個師傳監護制度，教師很明瞭學生讀過什麼書，未讀過什麼書，教師與學生之間，有著很密切的關係。沒有人升級，也沒有人畢業，也沒有人爲了文憑奬狀而求學，因爲沒有這種設備。總之，沒有人必須依照規定時期而前進，致須守候最駑鈍分子趕上標準限度。沒有人被動的每星期三上午必須讀三頁經濟學而停止於第二節。倘若高興，他可以一口氣讀完這麼一章，其實讀書時倘真感到興趣，是應該如此的。總說一句，無人能相信，亦不能使人相信，謂把心理學、宗教、推銷術、英國憲法史這樣疊床架屋的累積起來，可以培養出一個有學問的人。沒有人相信，也不能相信，謂試驗一個人對於莎士比亞樂府的體會程度，可用下述的方法：解釋莎翁名著的一節，或出一個問題，問他《奧賽羅》（Othello）的著作日期，或叫他回答伊莉莎白時代的慣用語。大學教育真正施之於人者，只是不斷灌輸一些令人深惡痛絕的伊莉莎白時代的慣用語以及諸家集註，致令其餘生欲躲避莎翁著作一如躲避毒藥一般。

五 散文

中國的古典文學中，優美之散文很少，這一個批評或許顯見得不甚公平而需要相當之說明。不差，確有許多聲調鏗鏘的文章，作風高尚而具美藝的價值，也有不少散文詩式的散文，由它們的用字聲調看來，顯然是可歌唱的。實實在在，正常的誦讀文章的方法，不論在學校或在家庭，確是在歌唱它們。這種誦讀文章的方法，在英文中找不到一個適當的字眼來形容。這裏所謂唱，乃係逐行高聲朗讀，用一種有規律、誇張的發聲，不是依照每個字的特殊發音，卻是依照通篇融合的調子所估量的音節徐疾度，有些相像於基督教會主教之宣讀訓詞，不過遠較為拉長而已。

此種散文詩式的散文風格至五六世紀的駢麗文而大壞，此駢麗文的格調，直接自賦衍化而來，大體用於朝廷的頌讚，其不自然彷彿宮體詩，拙劣無殊俄羅斯舞曲。駢麗文以四字句六字句駢偶而交織，故稱為四六文，亦稱駢體。此種駢體文的寫作，只有用矯揉造作的字句，完全與當時現實的生活相脫離。無論是駢麗文、散文詩式的散文、賦，都不是優良的散文。它們的被稱為優良，只有當用不正確的文學標準評判的時候。所謂優良的散文，著者的意見乃係指一種散文具有酣暢的圍爐閒話的風致，像大小說家笛福、斯威夫特或鮑斯韋爾（Boswell）的筆墨然者。那很明白，這樣的散文，必須用現行的活的語言，才能寫得出來，而不是矯揉造作的語言所能勝任。特殊優美的散文可從用白話寫的非古典文字的小說中見之。但吾人現在先講古典文辭。

使用文言，雖以其特殊勁健之風格，不能寫成優美的散文。第一，好散文一定要能夠烘托現實生活的日常事實，這一種工作舊體的文言文是不配的。第二，好散文必須要具有容納充分發揮才能的篇幅與輪廓，而古典文學的傳統傾向於文字的極端簡約。它專信仰簡練專注的筆法。好散文不應該太文雅，而古典派的散文之唯一目的，卻在乎文雅。好散文的進展必須用天然的大腳步跨過去，而古典派散文的行動扭扭捏捏有似纏足的女人，每一步的姿態都是造作的。好散文殆將須用一萬至三萬字以充分描寫一個主要人物，例如斯特雷奇（Lytton Strachey）或布雷德福（Gamaliel Bradford）的描寫筆墨。而中國的傳記文常徘徊於兩百字至五百字的篇幅。好散文必不能有太平衡的結構，而駢體文卻是顯明地過分平衡。

總之，好散文一定要條暢通曉而娓娓動人，並有些擬人的。而中國的文學藝術包藏於含蓄的手法，掩蓋作者的真情而剝奪文章的性靈。吾人大概將巴望著侯朝宗細細膩膩的把他的情人李香君描寫一下，能給我們一篇至少長五千字的傳記。誰知他的《李香君傳》恰恰只有三百五十字。好像他在替隔壁人家的祖母老太太寫一篇褒揚懿德的哀啓。緣於此種傳統，欲研究過去人物的生活資料，將永遠摸索於三四百字的描寫之內，呈現一些極簡括素樸的事實大概。

實在的情形是文言文乃完全不適用於細論與傳記，這就是爲什麼寫小說者必須乞靈於土語方言。《左傳》爲紀元前三世紀的作品，乃爲記述戰爭文字的權威。司馬遷（紀元前一四〇—八〇）爲中國散文之第一大師，他的著作與他當時的白話保持著密切接近的關係，甚至膽敢編入被後世譏爲粗俗的字句，然他的筆墨仍能保留雄視千古的豪偉氣魄，實非後代任何古典派文言文作者所能企及。王充（二七—一〇七）寫的散文也很好，因爲他能夠想到什麼寫什麼，而且反對妝飾過甚的文體。可是從此以後，好散文幾成絕響。文言文所注重的簡潔精練的風格，可拿陶淵明（三六五—四二七）的〈五柳先生〉傳來做代表，這一篇文字，後人信爲他自己的寫照，通篇文字恰恰只一百二十五字，常被一般文人視爲文學模範。

先生，不知何許人也，亦不詳其姓字，宅邊有五柳樹，因以為號焉。閒靜少言，不慕榮利；好讀書，不求甚解，每有會意，便欣然忘食。性嗜酒，家貧不能常得，親舊知其如此，或置酒而招之。造飲輒盡，期在必醉，既醉而退，曾不吝情去留。環堵蕭然，不蔽風日；短褐穿結，簞瓢屢空，晏如也。常著文章自娛，頗示己志，忘懷得失，以此自終。

這是一篇雅潔的散文，但是照我們的定義，它不是一篇好散文。同時，是一個獨一無二的證據，它的語言是死的。假定人們被迫只有讀讀如此體裁的文字，它的表白如此含糊，事實如此淺薄，敘述如此乏味——其對於吾人智力的內容，將生何等影響呢？

這使人想到中國散文的智力內容之更重要的考慮。當你翻開任何文人的文集，使你起一種迷失於雜亂短文的荒漠茫然不知所措的感覺，它包括論述、記事、傳記、序跋、碑銘和一些最駁雜的簡短筆記，有歷史的，有文學的，也有神怪的。而這些文集，充滿了中國圖書館與書坊的桁架，真是汗牛充棟。這些文集的顯著特性為每個集子都包含十分之五的詩，是以每個文人都兼為詩人。所宜知者，有幾位作家另有長篇專著，故所謂文集，自始即具有什錦的性能。從另一方面考慮，此等短論、記事，包含著許多作家的文學精粹，它們被當作中國文學的代表作品。中國學童學習文言作文時，須選讀許多此等論說記事，作為文學範本。

做更進一步的考慮，這些文集是代表文學傾向極盛的民族之各代學者的巨量文字作品的主要部分，則使人覺得灰心而失望。吾們或許用了太現代化的定則去批判它們，這定則根本與它們是陌生的。它們也存含有人類的素質，歡樂與悲愁，在此等作品的背景中，也常有人物，他的個人生活與社會環境為吾人所欲知者。但既生存於現代，吾人不得不用現代之定則以批判之。當吾人閱讀歸有光之〈先慈行狀〉——當時第一流作家與文學運動領袖的作品——就會想起這是他一生志學的結晶，然而卻又發現它不過是把模古的、純粹語言的技巧，裹覆於缺乏特性、空泛不實與情感膚淺之上。令人失望是理所當然。

中國古典文學中也有好的散文，但是你得用新的估量標準去搜尋它。或為思想與情感的自由活躍，或為體裁、風格之自由豪放，你要尋這樣的作品，得求之於一般略微非正統派的作者，帶一些左道旁門的色彩。他們既富有充實的才力，勢不能不有輕視體裁骸殼的天然傾向。這樣的作者，隨意舉幾個為例，即蘇東坡、袁中郎、袁枚、李笠翁、龔定盦，他們都是智識的革命者，而他們的作品，往往受當時朝廷的苛評，或被禁止，或受貶斥。他們具有個性的作風和思想，為正統派學者視為過激思想而危及道德。

六　文學與政治

那是天然的因果，即語言的束縛產生思想的束縛。文言是死的，致不能正確恰當地表明一種思想。它常茫然自失於曖昧模糊的通性裏，培育長大於這種通性而根本缺乏邏輯理論的訓練，中國文人常顯出論辯的極端稚態來。思想與文學之懸殊，致掀起一種環境，那裏思想與文學被視為彼此無關係的東西。

這使吾人想起文學與政治的關係。要明瞭中國政治，你必先明瞭中國文學。或許這裏吾們應該避免用文學二字而說「文章」以代之。這樣狂熱的崇拜文章，在國內已變成一種真實的精神病。這在現代宣言中表示得最明顯，不論是學生團體、商業機關、政黨，當草擬宣言或類此文件時，第一個想像，是怎樣使它音節嘹亮可誦，怎樣鋪排得字面美觀，而一個讀報者的第一個想像，亦爲此等宣言之美麗可誦與否。這樣的宣言，差不多都是說不出一些事實而卻篇篇說得很美麗。一個明顯的謊語倘用了優美的形式說出來，也可以受到讚美。

這樣，產生一種文章，當其譯成英文，便覺得十分可笑。在一次最近的某一重要政黨所發表的宣言中有云：「凡損害吾國主權，侵犯吾國疆土者，吾人將逐出之！凡危及世界和平者，吾人將制止之！吾人已下決心……吾人決出全力以赴之……吾人必須團結一致……」一個現代的社會，殆將拒絕接受如此一篇宣言。他們需要當前外交內政環境的更準確切當的分析，他們需要知道用以抗拒侵略並制止破壞國際和平之方法與手段的更詳細說明。此種文學的惡癖有時導致極端的無聊。有如一個宣傳絲襪的廣告，用五百字以上的論文形式，開端寫起「慨自東省失陷……」云云。

這並不就說中國人腦筋的簡單，他們的文學充滿了共通性，但卻不是簡單。非但不簡單，此等庸俗的通性，不著邊際，說來奇怪，會發展成很優美的辭令。中國人嫻熟於此種文學訓練，習知怎樣探求言外之意，卻不是異國人所能有的本領。由於外國人的不能探求言外之意，或爲低劣翻譯者之過失，疏漏了此言外之意，致令外國記者罵中國人又罵自己，爲了弄不清楚此等用字聰明而無損於人的宣言的頭腦。

因爲中國人曾經發達一種文字矯飾的藝術——大致緣於文言的單音節的特性前面已經說

過。——而吾們又極崇拜文字。吾們甚至賴文字而生活著，文字又可決定政治立法的鬥爭之勝負。中國的內戰常以通電的形式先開一場筆戰。平民大眾乃大可專心致志的誦讀此等謾罵而斯文的互訐文電之往來，其內容或至爲無恥的謊語。當讀者辨味其文學體裁之孰爲優美時，腦筋上固已體會出不祥之戰雲已瀰漫於天際。這在中文中叫作「先禮而後兵」。凡政黨將發動革命，則指責中央政府爲腐敗與賣國，而中央政府則比較圓滑的請求革命黨「合作以維和平」，又說什麼「爲了國家之團結」，「因爲吾人生當國難時期」等等。而同時雙方軍隊愈開愈近的接觸火線，而雙方的壕溝也愈掘愈深。革命黨方面抓握住喊得響亮的口實，在大眾的眼裏獲得了勝利。死的語言乃變成欺人的語言，只要你用反面名字稱呼它，什麼事情都是可以原諒的。

中國人善用文學的巧猾手腕，可舉下述爲例。當一省政府正欲著手鴉片公賣，它想出極端巧妙的四字句口號，叫作「寓禁於征」。現在吾們發現只有這條標語才能順利推行這個政策，沒有別的可生同等效力。當中國中央政府從南京遷都洛陽，發現另一口號，叫作「長期抗戰」。四川省有幾位軍閥仁兄，強迫農民種植鴉片，竟異想天開，發明「懶稅」。此種捐稅乃課於一般懶惰不肯種植鴉片的農民。後來四川省又發明了一種新稅，叫作「利益稅」，這就是一種特稅，加於許多捐稅之上，而其原來的稅額本已三十倍於正常田賦。這種捐稅欲在人民與兵士之間產生一種好意，蓋將此稅支付給兵士，則欠餉的士兵不致再勞自己動手以謀經濟出路了。這就是爲什麼吾們談論間常笑外國人之頭腦簡單。

此等文學上的妖孽，只有在一個信仰僞妄的文學標準的民族才會發現，而實際上即爲初級小學中用差誤方法教授作文的結果。現代中國人，鑒於這種文學悲劇的演出，他們只有兩個辦法，而於此二者之間擇一而從。第一，他們可以依從歷來傳統的文學觀念而柔順地把它當作美文學，美文學固無須乎與事實相聯繫——事實爲著作所欲傳達者——並須辨別言外之意而讀之，否則他必須要求字面與思想的更密切接近，和一個新的文學標準，須用一種語言更能表達一人的生活與思想者。換言之，他應把那些冗長宣言的流行視爲源於文學的惡行，而非政治根性的惡行。但是他同時必須信仰除非這種文學惡行根本肅清，則政治惡行亦將繼續不輟。

七 文學革命

文學革命爲事實上之需要，卒於一九一七年發動了。這個文學革命運動是由胡適與陳獨秀所領導，他們主張用白話文爲文學工具。在這一次運動之前，古時亦曾有過革命。唐朝韓愈的反抗五六世紀之駢體文，主張使用簡明之體裁，導文學歸於比較健全的標準，而給予吾人稍微可讀之散文。但韓愈的革命運動卻是復古運動，使更遙遠的返於周代的文學形式。這在觀點上仍不脫爲經典的，他僅想努力仿古。可是這件工作大不容易。自經韓愈倡導之後，文學時尚逡巡於模仿周文與秦漢文之間，及韓愈本人成爲古代人物，唐代文章亦爲後代競相模仿。宋人模仿唐文，明清作者模仿唐宋，文學風尚乃成爲模仿競爭。

直到十六世紀末期，忽然崛起一位人物，他說：「現代的人應該用現代語言寫作。」這個主張，垂示給吾人一個健全的歷史眼光。這位人物就是袁中郎和他兩位兄弟。袁氏膽敢將通常社會慣用語，甚至世諺俗語寫入他的文章。而有一時期，他的作風曾成爲盛行的文學時，尚擁有相當信徒，自成一派，世稱公安派（公安為袁中郎出生的地名）。他首先主張解放文章形式的束縛。他又說，寫文章的方法，只消信手寫來。他又主張個性獨立的文體，堅信文學只爲性靈之表現，性靈不應加以壓迫。

但日常語與俗諺的使用馬上給正統派作者怒目而視，施以苛酷的批評。而結果，袁中郎所收的報酬是文學史中一束輕視的頭銜，如「輕佻瑣細」，「粗俗不雅」，「非正統」。直至一九三四年，這位性靈文學的始創者始從幾被全部埋沒的厄運中翻身轉來。但袁中郎亦未有膽略或見識以主張白話的應用。倒還是一般通俗小說的作者，他們蓋已放棄了一切博取文名的野心，而他們爲求大眾的瞭解起見，不得不用白話來寫，這一來奠下了用活的現代語的文學之礎石。而當胡適博士提倡採用白話爲文學工具的時候，他曾屢屢聲述這種基本工作已有前人替他徹底準備，歷一千年之久，凡欲用此新文學工具寫作者，盡有現成的第一流模範作品放在面前。因是而三四年間，白話文運動收到空前迅速之成效。

緊接文學革命之後，有兩大重要變遷。第一爲尚性靈的淺近文體的寫作培養，以周氏兄弟爲代表，即周作人、周樹人（魯迅）。所堪注意者，爲周作人受公安派之影響甚深。第二個變遷即所謂中文之歐化，包括造句和字彙。西洋名詞之介紹，實爲自然的趨勢，因爲舊有名詞已不足以表現現代的概念。在一八九〇年前後，爲梁啓超所創，但一九一七年之後，此風益熾。鑒於一切時尚之醉心西洋事物，此文體之歐化，誠微不足道；但所介紹的文體既與中國固有語言如是扞格不入，故亦不能持久。這情形在翻譯外國著作時尤爲惡劣，它們對於中國通常讀者，其不合理與不可解，固爲常事。

實在此等困難乃爲翻譯者之罪，其理無他，即爲他們的對於外國語言的通曉練達之不夠。使他們不得不一字一字的翻譯，而缺乏全句概念之體會。試想那些把冗長英文關係句接連前行詞翻成中文之畸形，此關係句（中文中無此結構）乃易成一長串的形容句，在說出所要形容的一詞以前，可延長至數行之文句。某幾種變遷顯然是進步，如寬散句法之介紹便是。又似把「假設」句段放於主句之後向爲不可能者，現已可能的有這樣寫法的了，這使散文大爲柔和而具伸縮性。

中國散文還有其光明的未來，假以時日，它可以匹敵任何國家的文學，無論在其力的方面或美的方面。最好的現代英國散文乃以善描摹的具體文字，採自土著的英語，與採自拉丁派遺傳的具有確切意義與文學意味的文字的健全融合著稱的。一種書寫的語言倘把下述種種詞句，如「新聞之嗅覺」，「知識之蛛網」，「語言之追逐」，「跨於勝利潮流之上」，「勞合・喬治（Lloyd Ceorge）向保守黨的賣弄風情」，當作好的標準英語，將仍保留爲剛健的文學工具。一個不正確的文學標準，它將抽去這些字眼像「嗅」、「蛛網」、「追逐」、「潮流」等等，而代以像「玩味」、「累積」、「傾向」、「前進」等等字眼，則將立刻失去其剛健的活力。兩種組織要素，具體字與抽象字，很豐富的含存於中國語言中。它的基本結構始終是具體的，像盎格魯撒克遜文字，而古典文學的傳統遺給我們一部字彙，意義很精細而又新穎，相等於英文中的羅馬學語。將此兩大元素經文學大匠之手加以融合，必且有最大的力與美的散文出現。

八 詩

如謂中國詩之透入人生機構較西洋爲深，宜若非爲過譽，亦不容視爲供人愉悅的瑣屑物。這在西方社會是普通的。前面說過，中國文人，人人都是詩人，或爲假充詩人，而文人文集的十分之五都包含詩。中國的科舉制度自唐代以來，即常以詩爲主要考試科目之一。甚至做父母的欲將其多才愛女許配與人，或女兒本人的意志，常想揀選一位能寫一手好詩的乘龍快婿，階下囚常能重獲自由，或蒙破格禮遇，倘他有能力寫二、三首詩呈給當權者。因爲詩被視爲最高文學成就，亦爲試驗一人文才的最有把握的簡捷方法。中國的繪畫亦與詩有密切關係，繪畫的精神與技巧，倘非根本與詩相同，至少是很接近的。

吾覺得中國的詩在中國代替了宗教的任務，蓋宗教的意義爲人類性靈的發抒，爲宇宙的微妙與美的感覺，爲對於人類與生物的仁愛與悲憫。宗教無非是一種靈感或活躍的情愫。中國人在他們的宗教裏頭未曾尋獲此靈感或活躍的情愫，宗教對於他們不過爲裝飾點綴物，用以遮蓋人生之裏面者，大體上與疾病死亡發生密切關係而已。可是中國人卻在詩裏頭尋獲了這靈感與活躍的情愫。

詩又曾教導中國人一種人生觀，這人生觀經由俗諺和詩卷的影響力，已深深滲透一般社會而給予他們一種慈悲的意識，一種豐富的愛好自然和藝術家風度的忍受人生。經由它的對自然之感覺，常能醫療一些心靈上的創痕，復經由它的享樂簡單生活的教訓，它替中國文化保持了聖潔的理想。有時它引動了浪漫主義的情緒，而給予人們終日勞苦無味的世界以一種寬慰，有時它迎合著悲愁、消極、抑制的情感，用反映憂鬱的藝術手腕以澄清心境。它教訓人們愉悅地靜聽雨打芭蕉，輕快地欣賞茅舍炊煙與晚雲相接而籠罩山腰，留戀村徑閒覽那蔦蘿百合，靜聽杜鵑啼，令遊子思母。它給予人們以一種易動憐惜的情感，對於採茶摘桑的姑娘們，對於被遺棄的愛人，對於親子隨軍遠征的母親，和對於戰禍蹂躪的劫後災黎。總之，它教導中國人一種泛神論與自然相融合；春則清醒而怡悅；夏則小睡而聽蟬聲嘈嘈，似覺光陰之飛馳而過若可見者然；秋則睹落葉而興悲；冬則踏雪尋詩。在這樣的意境中，詩很可稱為中國人的宗教。吾幾將不信，中國人倘沒有他們的詩——生活習慣的詩和文字的詩一樣——還能生存迄於今日否？

然倘令沒有特殊適合於詩的發展條件，則中國的詩不致在人民生活上造成這樣重要的地位。第一，中國人的藝術和文學天才，係設想於情感的具象描寫而尤卓越於環境景象的渲染，乃特殊適宜於詩的寫作。中國人特性的寫作天才，長於約言、暗示、聯想、凝鍊和專注，這是不配散文的寫作的，在古典文學限度以內為尤然，而卻是使詩的寫作天然的流利。倘如羅素所說：「在藝術，他們志於精緻，在生活，他們志於情理」，那中國人自然將卓越於詩。中國的詩，以雅潔勝，從不冗長，也從無十分豪放的魄力。但它優越地適宜於產生寶石樣的情趣，又適宜用簡單的筆法，描繪出神妙的情景，氣韻生動，神雋明達。

中國思想的樞要，似也在鼓勵詩的寫作，它認為詩是文藝中至高無上的冠冕。中國教育重在培育萬能的人才，而中國學術重在知識之調和。十分專門的科學，像考古學，是極少的，而便是中國的考古學家，也還是很廣達人情，他們還能照顧家務，弄弄庭前花草。詩恰巧是這樣形式的創作，它需要普通的綜合才能，易辭以言之，它需要人們全般的觀念人生。凡失於分析者，輒成就於綜合。

還有一個重要理由，詩完全是思想染上情感的色彩，而中國人常以情感來思考，鮮用分析的理論。中國之把肚皮視作包藏一切學問知識的所在，如非偶然，蓋可見之於下述常用語中，如「滿腹文章」或「滿腹經綸」。現在西洋心理學家已證明人的腹部爲蓄藏情感的位置，因爲沒有人的思惟能完全脫離情感。著者很相信我們的思考，用肚皮一似用頭腦，思考的範型愈富於情感，則內臟所負思想的責任愈多。鄧肯女士說女子的思想，謂係起自下腹部，沿內臟而上升，男子的思慮則其自頭腦而下降。這樣的說法，說的正是中國人，很對。這證實了作者「中國人思想爲女性型」的學理（見第三章）。又似吾們在英語中說，當一個人作文時竭力搜求意思之際，叫作「搜索腦筋」以求文思，而中國語叫作「搜索枯腸」。詩人蘇東坡曾有一次飯後，問他的三位侍妾；我腹中何所有？最慧黠的朝雲回答說，他是滿腹不合時宜的思想。中國人之所以能寫好詩，就因爲他們用肚腸來思想。

此外則中國人的語言與詩亦有關係。詩宜於活潑清明，而中國語言活潑清明。詩宜於含蓄暗示，而中國語言全是簡約的語旨，它所說的意義常超過字面上的意義。詩的表白意思宜於具象的描寫。而中國語言固常耽溺於「字面的描摹」。最後，中國語言以其清楚之音節而缺乏尾聲的子音，具有一種明朗可歌唱的美質，非任何無音調的語言所可匹敵。中國的詩是奠基於它的調音價值的平衡的，而如英文詩則基於重音的音節。中國文字分平上去入四聲，四聲復歸爲二組，其一爲軟音（平聲）音調拖長，發聲的原則上爲平衡的，實際則爲高低音發聲的。第二組為硬音（仄聲），包括上去入三種發聲，最後之入聲以P. T. K. 音殿者，在現行國語中已經消失。中國人的耳官被訓練成長於辨別平仄之韻律與變換。此聲調的韻節雖在散文佳作中亦可見之，不啻說明中國的散文實際上亦是可唱的。因為任何具完備耳官的人，總能容易的在羅斯金（Ruskin）或沃爾特．彼得（Walter Peter）的散文中，體會出聲調與韻節的。

在盛唐詩中，平仄音節的變換是相當複雜的，例如下面的正規格式。

一、平平仄仄仄平平（韻）
二、仄仄平平仄仄平（韻）
三、仄仄平平平仄仄
四、平平仄仄仄平平（韻）
五、平平仄仄平平仄
六、仄仄平平仄仄平（韻）
七、仄仄平平平仄仄
八、平平仄仄仄平平（韻）

每一句的第四音以下有一頓挫，每二句自成一聯，中間的兩聯必須完全對偶。就是上聯的字必須與下聯相對應的字在聲韻與字義方面互相均衡。欲瞭解此輪流交替的感覺，最容易的方法為想像兩個人對談，每人輪流各說一句。把每句首四字與後面三字當作兩個各別的單位，而用兩個英文字代入，結果便成爲如下的概略款式。

（A）ah, Yes?
（B）but, no?
（A）but, Yes!
（B）ah, no!
（A）ah, Yes?
（B）but, no?
（A）but, Yes!
（B）ah, no!

注意第二個對話者常想對抗第一個，而第一個在第一組中常連續第二個語氣的線索。但在第二組中，則變換起來。感歎符號與詢問符號乃表示有兩種語氣不同的「是」與「否」。注意除了第一聯的第二組，其他各組在聲調方面都是正式對偶的。

但是吾們對於中國詩的內在技術與精神，所感興趣甚於韻節的排列式。用了什麼內在的技巧，才能使它臻於如此神妙的境界？它怎樣用寥寥數字在平庸的景色上，撒布迷人的面幕，描繪出一幅實景的畫圖，益以詩人的靈感？詩人怎樣選擇並整理其材料，又怎樣用他自己的心靈報導出來，而使它充溢著韻律的活氣？中國的詩與中國的繪畫何以爲一而二，二而一？更爲什麼中國的畫家即詩人，詩人即畫家？

中國詩之令人驚歎之處，爲其塑形的擬想並其與繪畫在技巧上的同系關係，這在遠近配景的繪畫筆法上尤爲明顯。這裏中國詩與繪畫的雷同，幾已無可駁議。且讓吾人先從配景法說起，試讀李白（七〇一—七六二）詩，便可見之：

山從人面起，
雲傍馬頭生。

這麼兩句，不啻是一幅繪畫，呈現於吾們的面前，它是一幅何等雄勁的輪廓畫，畫著一個遠遊的大漢，跨著一匹馬，疾進於崇高的山徑中。它的字面，是簡短卻又犀利，驟視之似無甚意義，倘加以片刻之沉思，可以覺察它給予吾人一幅繪畫，恰好畫家所欲描繪於畫幅者。更隱藏一種寫景的妙法，利用幾種前景中的實物（人面和馬頭）以抵消遠景的描寫。假若離開詩意，謂一個人在山中登得如此之高，人當能想出這景色，由詩人看來，只當它繪在一幅平面上的繪畫。讀者於是將明瞭，一似他果真看一幅繪畫或一張風景照，山頂真好像從人面上升，而雲氣積聚遠處，形成一線，卻爲馬首所衝破。這很明顯，倘詩人不坐於馬上，而雲不臥於遠處較低的平面，就寫不出來。充其極，讀者得自行想像他自己跨於馬背上而邁行於山徑之中，並從詩人所處的同一地點，以同一印象觀看四面的景色。

用這樣的寫法，確實係引用寫景的妙法，此等「文字的繪畫」顯出一浮雕之輪廓，迥非別種手法所可奏效。這不能說中國詩人自己覺察此種技術之學理，但無論如何，他們確已發現了這技巧本身。這樣的範例，可舉者數以百計。王維（六九九—七五九），中國最偉大的一位寫景詩人，便用這方法寫著：

山中一夜雨，
樹梢百重泉。

當然，設想樹梢的重泉，需要相當費一下力。但適因這樣的寫景法是那麼稀少，而且只能當高山狹谷，經過隔宵一夜的下雨，在遠處形成一連串小瀑布，顯現於前景的幾枝樹的外廓時，讀者才能獲得此配景的印象，否則不可能。恰如前面所舉李白的例句，其技巧係賴在前景中選擇一實物以抵消遠處的景物，像雲、瀑布、山頂和銀河，乃聚而圖繪之於一平面。劉禹錫（七七二—八四二）這樣寫著：

清光門外一渠水，
秋色牆頭數點山。

這種描寫技巧是完美的：隔牆頭而望山巔，確乎有似數點探出於牆頭的上面，給人以一種從遠處望山的突立實體的印象。在這種意識中，吾們乃能明瞭李笠翁（十七世紀），當他在一部戲曲裏這樣寫：

已觀山上畫，
更看畫中山。

詩人的目光，即爲畫家的目光，而繪畫與詩乃合而爲一。繪畫與詩之密切關係，當吾人不僅考慮其技巧之相同性，更考慮及他們的題材時，更覺自然而明顯，而實際上一幅繪畫的題旨，往往即爲採自詩之一節一句。又似畫家繪事既竟，往往在畫幅頂部空隙處題一首詩上去，也足爲中國畫的另一特色。關於這些詳情，下面吾們論述繪畫時，當再加以詳論。但這樣的密切關係，引起中國詩的另一特點，即其印象主義傾向的技巧。這是一種微妙的技巧，它給予人以一連串印象，活躍而深刻，留縈著一種餘韻，一種不確定的感覺，它提醒了讀者的意識，但不足以充分使讀者悟解。中國詩之凝鍊暗示的藝術，和藝術的含蓄乃臻於完美圓熟之境。詩人不欲盡量言所欲言，他的工作卻是用敏捷、簡括而清楚的幾筆，呼出一幅圖畫來。

於是興起一種田園詩派，一時很爲發達。它的特長是善於寫景和使用印象派的表現法。田園詩派詩人的大師爲陶淵明（三七五—四二七）、謝靈運（三八五—四三三）、王維和韋應物（七四〇—八三〇）。不過作詩技巧在大體上跟別派詩人是融合的。王維（即王摩詰）的技巧據說是詩中有畫，畫中有詩，因爲他同時又爲大畫家。他的《輞川集》所收的殆全是一些田園的寫景詩。一首像下面的詩，只有深體中國繪畫神髓者，才能寫得出：

颯颯秋雨中，淺淺石流瀉；
跳波自相濺，白鷺驚復下。（〈欒家瀨〉）

這裏吾們又逢到暗示問題。有幾位現代西洋畫家曾努力嘗試一種不可實現的工作，他們想繪畫出日光上樓時的音響。但這種藝術表現的被限制問題卻給中國畫家部分的解決了，他們用聯想表現的方法，這方法實在是脫胎於詩的藝術的。一個人真可以描繪出音響和香氣來，只要用聯想表現的方法。中國畫家會畫出寺院敲鐘的聲浪，在畫面上根本沒有鐘的形象，卻僅僅在深林中露出寺院屋頂的一角，而鐘可能地表現於人的面部上。有趣的是中國詩人的手法，在以聯想的暗示一種嗅覺，實即爲畫面上的筆法。如是，一個中國詩人形容曠野的香氣，他將這樣寫：

踏花歸去馬蹄香。

如把這句詩用作畫題，則沒有別的表現香氣方法比畫一群蝴蝶迴翔於馬蹄之後更容易顯出，這樣的畫法，足證中國畫之與詩的相通，而宋時固曾有這樣一幅名畫。用此同樣聯想表現的技巧，詩人劉禹錫描寫一位宮女的芳香：

新妝宜面下朱樓，深鎖春光一夜愁。
行到中庭數花朵，蜻蜓飛上玉搔頭。

這寥寥數行，同時雙關的提示給讀者玉簪的香美與宮女本身的香美。美和香誘惑了蜻蜓。從這樣的印象派聯想的表現技巧，又發展一種表現思想與情感的方法，吾人稱爲象徵的思考。詩人之烘托思想，非用冗長的文句，卻喚起一種共鳴的情緒，使讀者接受詩人的思想。這樣的意思，不可名狀，而其詩景之呈現於讀者則又清楚而活躍。因是用以引起某種意想，一似某幾種弦樂在西洋歌劇中常用以提示某種角色之入場。邏輯地講，物景與人的內心思想當無多大聯繫關係。但是象徵的與情感的方面，二者確實有聯繫關係。這作法叫作「興」，即喚起作用，在古代之《詩經》中即用之。例如在唐詩中，盛朝遺跡，亦用象徵的方法，千變萬化的歌詠著，卻不說出作者思想的本身。如是，韋莊的歌詠金陵逝去的繁華，有一首〈金陵圖〉，你看他怎樣寫法：

江雨霏霏江草齊，六朝如夢鳥空啼。
無情最是台城柳，依舊煙籠十里堤。

延袤十里的柳堤，已夠引起他的同時人的回憶，那過去的陳後主盛時的繁華景象，如重現於目前，而其「無情最是台城柳」一句，烘托出人世間的浮沉變遷，與自然界的寧靜對比。用此同樣技巧，元稹描摹其對於唐明皇、楊貴妃過去的繁榮的悲鬱，卻僅寫出白髮老宮女在殘宮頹址邊的閒談，當然不寫出其對話的詳情。

寥落古行宮，宮花寂寞紅；
白頭宮女在，閒坐說玄宗。

劉禹錫描述烏衣巷殘頹慘愁景象，也用同樣的筆法。烏衣巷曾為六朝顯貴王、謝家邸所在。

朱雀橋邊野草花，烏衣巷口夕陽斜；
舊時王謝堂前燕，飛入尋常百姓家！

最後而最重要的一點，為賦予自然景物以擬人的動作、品性和情感，並不直接用人性化的方法，卻用巧妙的隱喻法，如「閒花」、「悲風」、「怒雀」，諸如此類。隱喻本身並無多大意義，詩，包含於詩人的分布其情感於此景物，而用詩人自己的情感之力，迫使之生動而與自己共分憂樂。這在上面的例子中可以看得很清楚。那首詩中，那蜿蜒十里長的煙籠著的楊柳，被稱為「無情」，因為它們未能記憶著實在應該記憶的陳後主，因而分受了詩人痛切的傷感。

有一次，著者跟一位能詩友人旅行，吾們的長途汽車行過一個僻靜的小山腳，悄悄兀立著一座茅舍，門戶全都掩著，一棵孤寂的桃樹，帶著盛放的滿樹花朵，呆呆地立在前面。這樣的鮮花，處於這樣的環境，分明枉廢了它的芳香。於是吾友人在日記簿上題了一首詩，吾還記得他的絕句中的兩句：

相影連翩下紫陌，
桃花悱惻倚柴扉。（依英文意譯）

它的妙處是在替桃花設想一種詩意的感想，假想它是有感覺的，甚至有「慘愁欲絕」之慨，這感想已鄰近於泛神論。同樣的技巧——不如說態度——在一切中國佳構詩句中所在都有。即似李白在他的大作裏頭有過這樣兩句：

暮從碧山下，
山月隨人歸。

又似他的那首膾炙人口的名作〈月下獨酌〉便是這樣寫法：

花間一壺酒，獨酌無相親。

舉杯邀明月，對影成三人。
月既不解飲，影徒隨我身。
暫伴月將影，行樂須及春。
我歌月徘徊，我舞影零亂。
醒時同交歡，醉後各分散。
永結無情遊，相期邈雲漢！

這樣的寫法，已比較暗譬更進一步，它是一種詩意與自然合調的信仰，這使生命隨著人類情感的波動而波動。

此種泛神論或引自然爲同類的感想語法，以杜甫的絕句〈漫興〉一詩，所見尤爲明顯。它接續的將自然物體人格化，用一種慈悲的深情，憫憐它的不幸，一種純清的愉悅與之接觸，最後完全與之融合。此詩之首四句爲：

眼看客愁愁不醒，無賴春色到江亭。
即遣花開深造次，使覺鶯語太丁寧。

這些字面像「無賴」、「丁寧」、「鶯語」，間接地賦予春及鶯鳥以人的品格。接著又推出對於昨夜暴風的抱怨，蓋欺凌了他庭前的桃李。

手種桃李非無主，野老牆低還似家。
恰似春風相欺得，夜來吹折數枝花。

此對於花木慈惠的深情又反覆申述於末四句：

隔戶楊柳弱嫋嫋，恰如十五女兒腰。
誰謂朝來不作意？狂風折斷最長條。

又來一次，楊柳柔美地飄舞於風中，指爲顛狂；而桃花不經意地飄浮水面，乃被比於輕薄的女兒。這就是第五節的四句：

腸斷江春欲盡頭，杖藜徐步立芳洲。
顛狂柳絮隨風去，輕薄桃花逐水流。

這種泛神論的眼界有時消失於純清的愉快情感中，當在與蟲類小生物接觸的時候，似見之於上面杜詩的第三節第四句者。但是吾們又可以從宋詩中找出一個例子來，這是葉李的一首〈暮春即事〉：

雙雙瓦雀行書案，點點楊花入硯池；
閒坐小窗讀周易，不知春去幾多時。

此種眼界的主觀性，輔以慈愛鳥獸的無限深情，才使杜甫寫得出「沙頭宿鷺聯拳靜，船尾跳魚撥剌鳴」。那樣活現當時情景的句子。此處吾們認識了中國詩的最有趣的一點——內心的感應。用一個拳字來代替白鷺的爪，乃不僅爲文學的暗譬，因爲詩人已把自己與它們同化，他或許自身有了握拳的感覺，很願意讀者也跟他一同分享此內在的情感。這兒吾們看不到條分縷析的精細態度，卻只是詩人明敏的感覺，乃出於真性情，其感覺之敏慧犀利一似「愛人的眼」，切實而正確，一似母親之直覺。此與宇宙共有人類感情的理想，此無生物之詩的轉化，使蘚苔能攀登階石，草色能走入窗簾。此詩的幻覺因其爲幻覺，卻映入人的思惟如是直覺而固定。它好像構成了中國詩的基本本質。比論不復爲比論，在詩中化爲真實，不過這是詩意的真實。一個人寫出下面幾句詠蓮花詩，總得多少將自己的性情融化於自然——使人想起海涅（Heine）的詩。

水清蓮媚兩相向，鏡裏見愁愁更紅。
秋羅拂水碎光動，露重花多香不銷。

取作詩筆法的兩面，即它的對於景與情的處理而熟參之，使吾人明瞭中國詩的精神，和它的對於民族國家的軟化價值。此教化價值是二重的，相稱於中國詩的兩大分類：其一爲豪放詩，即爲浪漫的、放縱的，無憂無慮，放任於情感的生活，對社會的束縛吶喊出反抗的呼聲，而宣揚博愛自然的精神的詩。其二爲文學詩，即爲遵守藝術條件，慈祥退讓，憂鬱而不怨，教導人以知足愛群，尤悲憫那些貧苦被壓迫的階級，更傳播一種非戰思想的詩。

在第一類中，可以包括屈原（紀元前三四三—二九〇）、田園詩人陶淵明、謝靈運、王維、孟浩然（六八九—七四〇）和瘋僧寒山（約當西元九〇〇年前後），相近於杜甫的詩人爲杜牧（八〇三—八五二）、白居易、元稹（七七九—八三一）和中國第一女詩人李清照（一〇八一—一一四一）。嚴格的分類當然是不可能的，而且也還有第三類的感性詩人以愛情詩著稱，像李賀（李長吉，七九〇—八一六）、李商隱（八一三—八五八）和與之同時代的溫庭筠、陳後主（五三一—六〇四）以及納蘭性德（清代旗人，一六五五——一六八五）。

第一類豪放詩人，莫如以李白爲代表，他的性格，杜甫有一首詩寫著：

李白斗酒詩百篇，長安市上酒家眠。
天子呼來不上船，自稱臣是酒中仙。

李白是中國浪漫詩壇的盟主，他的酣歌縱酒，他的無心仕宦，他的與月爲伴，他的酷愛山水，和他的不可一世的氣概：

手中電曳倚天劍，
直斬長鯨海水開。

無一處不表現其爲典型的浪漫人物。而他的死也死得浪漫，有一次他在船上喝醉了酒，伸手去撈水中的月影，站不住一個翻身，結束了一切。好，真是再好不過了，誰想得到沉著鎭定、明顯寡情的中國人，有時也會向水中撈月，而死得這麼富含詩意！

中國人具有特殊愛好自然的性情，賦予詩以繼續不斷的生命。這種情緒充溢於心靈而流露於文學。它教導中國人愛悅花鳥，此種情緒比其他民族的一般民眾都來得普遍流行。著者嘗有一次親睹一群下流社會的夥伴，正要動手打架，因爲看見了關在樊籠中的一頭可憐的小鳥，深受了刺激，使他們復歸於和悅，發現了天良，使他們感覺到自身的放浪不檢而無責任的感覺，因而分散了他們的敵對心理，這性情只有當雙方遇見了共同愛悅的對象時始能引起。崇拜田園生活的心理，也渲染著整個中國文化，至今官僚者講到「歸田」生活，頗有表示最風雅最美悅最熟悉世故生活志趣之意。它的流行勢力真不可輕侮，就是政治舞台上最窮凶極惡的惡棍，亦往往佯示其性情上具有若干李白型的浪漫風雅的本質。實際據管見所及，就是此輩敗類也未始不會真有此等感覺，因爲到底他也是中國人。蓋中國人者，他知道人生的寶貴。而每當夜中隔窗閒眺天際星光，髫齡時代所熟讀了的一首小詩，往往浮現於他的腦際：

終日昏昏醉夢間，忽聞春盡強登山；
因過竹院逢僧話，又得浮生半日閒。

對於這樣的人，這首詩是一種祈禱。

第二類詩人，莫如以杜甫爲代表，用他的悄靜寬拓的性情，他的謹飭，他對於貧苦被壓迫者的悲憫、慈愛、同情，和他隨時隨地流露的厭戰思想，完成其完全不同於浪漫詩人的另一典型。

中國也還有詩人像杜甫、白居易輩，他們用藝術的美描畫出吾們的憂鬱，在我們的血胤中傳殖一種人類同情的意識。杜甫生當大混亂的時代，充滿著政治的荒敗景象，土匪橫行，兵燹饑饉相續，真像我們今日，是以他感慨地寫：

朱門酒肉臭，
路有凍死骨。

同樣的悲憫，又可見之於謝枋得的〈蠶婦吟〉。

子規啼徹四更時，起視蠶稠怕葉稀；
不信樓頭楊柳月，玉人歌舞未曾歸。

注意中國詩的特殊結束法，它在詩句上不將社會思想引歸題旨，而用寫景的方法留無窮之韻味。就以這首詩，在當時看來，已覺其含有過分的改革氣味了。通常的調子乃為一種悲鬱而容忍的調子，似許多杜甫的詩，描寫戰爭的慘酷後果，便是這種調子，可舉一首〈石壕吏〉以示一斑：

暮投石壕村，有吏夜捉人。老翁踰牆走，老婦出門看。
吏呼一何怒，婦啼一何苦！聽婦前致詞：「三男鄴城戍。
一男附書至，二男新戰死。存者且偷生，死者長已矣！
室中更無人，惟有乳下孫。有孫母未去，出入無完裙。
老嫗力雖衰，請從吏夜歸。急應河陽役，猶得備晨炊。」
——夜久語聲絕，如聞泣幽咽。天明登前途，獨與老翁別。

這就是中國詩中容忍的藝術和憂鬱感覺的特性。它所描繪出的一幅圖畫，發表一種傷感，而將其餘的一切留給讀者，讓讀者自己去體會。

九 戲劇

戲劇文學之在中國，介乎正統文學與比較接近於西洋意識的所謂意象文學二者之間，占著一個低微的地位。後者所謂接近西洋意識的意象文學包括戲劇與小說，這二者都是用白話或方言來寫的，因是受正統派文學標準的束縛最輕微，故能獲得自由活潑的優越性，而不斷地生長發育。因為中國的戲劇作品恰巧大部分是詩，因能被認作文學，而其地位得以較高於小說，幾可與唐代的短歌相提並論。以學者身分而寫戲曲，似比之寫小說覺得冠冕一些，不致怯生生怕人知道。總之，戲曲的作者不致掩匿其原來的姓名，亦不致成為批評家的眾矢之的，若寫小說者然。

下面吾們講述此意象文學的主要部分何以能不斷生長發育其美的技巧，而漸臻於重要地位，以至恃其本身的真價值，強有力地獲取現代之承認，並施展其影響力於一般人民，正統文學蓋從未能收此同樣偉大的成效。

中國戲劇之間雜的特性，乃為其特殊作法與偉大的普遍影響力之根源。中國戲劇為白話方言和詩歌的組合；語體文字為一般普通民眾所容易瞭解者，而詩歌可以謳唱，且常富含高尚的詩情的美質。它的本質是以大異於傳統的英國戲劇。歌詞插入於短距離間隔，其地位的重要超過於說白。自然，喜劇多用對話，而悲劇及人世間悲歡離合的戀愛劇則多發為詩歌。實實在在，在中國，一般上戲院的人們，其心理上還是為了聽戲的目的大，而看戲劇的表演次之。北方人都說去聽戲，不說去看戲，是以把中國文字中這個「戲」字譯作英語drama一字，意義未免錯誤，正確一些的說，不如譯作「中國的歌劇」（Chinese Opera）來得妥當。

先明瞭了中國的所謂戲，乃為一種歌劇的形式，然後它的所以能迎合一般民眾心理和其戲劇文學之特殊性，才能真正被瞭解。因為戲劇之用——尤其是現代英國戲劇——大部分是激發人類悟性的共鳴作用，而歌劇則為運用聲色環境與情感的聯合作用。戲劇之表演手段賴乎對白，而歌劇之手段賴乎音樂與歌唱。上戲院的人們，他們的臨觀一戲劇，巴望領會一件故事，這故事的足以使他喜悅，由於劇中人物的錯綜交互的關係和表演的新奇而引人入勝。而一個去看歌劇的人，乃準備花費這一個晚上的工夫，其間他的理智接受麻痺樣的享受，他的感覺接受音樂色彩歌唱的媚惑。

這就是使得戲劇的表演，大多數不值得第二遭複看，而人們觀看同一歌劇重複至十四五次之多，仍覺其精彩不減。這可以說明中國戲院的內容。中國之所謂京戲，其常現的普通戲目不過百餘齣，常反覆上演，演之又演，總不致失卻其號召力。而每當京調唱至好處，觀眾輒復一致拍掌，采聲雷動，蓋此種京調，富含微妙的音樂趣味。音樂是以為中國戲劇之靈魂，而演劇僅不過為歌唱的輔助物。本質上滯留於與歐美歌伎同等水平線之地位。

中國觀劇的人是以在兩種範疇下讚美伶人，在他的「唱」和他的「做」。但是這所謂「做」，常常是純粹機械式的而包含某種傳統的表演方法——歐美戲劇裏頭在東方人看來認為怪現狀的，為故意的增高貴婦人式的乳峰，使之做刺眼的突出。而在東方戲劇裏頭使歐美人看了發笑的，是用長袖揩拭無淚的眼眶。倘使演劇的伶人，其體態美麗可愛，歌喉清越悅耳，則此小有才的演技已夠使觀眾感到滿足了。要是演來真有精彩的話，則每一個身段、每一種姿態都能使人起一種美感，而每一個模樣兒，都可說是出色的畫面。

依乎此理，梅蘭芳之所以深受美國人士的熱烈歡迎，根本上是對的，雖說他的歌唱，究有若干值得被讚美的藝術價值，猶成問題。人們驚慕他的美麗模樣，他的玉葱樣的雪白指尖，他的頎長而烏黑的眉毛，他的女性型的婀娜步態，他的賣弄風情的眼波，和他全部僞飾女性美的裝束——這些條件就是迎合全國無數戲迷心理的骨子。當這樣的演技出自如此一位偉大的藝術家，他的迎合觀眾心理是混同全世界的，是超國界的，因爲他用姿態來表白了語言。姿態是國際性的，一似音樂舞蹈之無國界隔別。至以現代意識來論戲劇演技，則梅蘭芳怕還需要跟諾瑪・希勒、魯思・查特頓（Ruth Chatterton）學學初步演劇術才是。當他捏了馬鞭而裝作上馬的姿勢，或當他擺著划槳假作搖船的模樣，那他的演技恰恰跟著者的一個五歲小女兒所做的不相上下，吾的女兒的騎馬法則用竹竿夾於兩腿之間而拖曳之也。

倘吾們研究元劇及其以後的戲曲，吾們將發現其結構常如西洋歌劇一般，總不脫淺薄脆弱之特性，對話不被重視而歌曲成爲劇的中心。實際表演時又常選其中最盛行最精彩的幾段歌劇，而不演全部戲劇。恰如西洋音樂會中的歌劇選唱。觀眾對於所觀的戲劇，其情節大率都先已很熟悉於胸中，而劇中的角色，則由其傳統規定的臉譜和服裝而辨識，不在乎對話之內容而表明。初期的元劇見之於現存的大名劇家作品者，全劇都包括四折，很少有例外者。每折中的歌曲是依照著名的大套樂曲，採取其中一調，然後依其聲調拍子譜成歌詞，對話不居重要位置，許多古本戲曲中，對話且多被刪節，這大概是因爲對話部分，大都係台上表演時臨時說出的。

在所謂「北曲」中，每一折中的曲詞，乃自始至終由一個人單獨歌唱，雖有許多角色在劇中表演和講對話，但不擔任歌唱的任務——大概因為歌唱人才的缺乏。南曲中則演劇技術上的限制不若北曲之嚴，故具有較大之自由伸縮性。南曲係由北曲繁衍而來，全劇不限四齣，故為較長之劇本，這種南曲盛於明代，稱為傳奇（一齣劇情之長度，約等於英國戲劇的一幕）。北曲每折一調一韻到底，傳奇則一齣不限一調，且可換韻，故其腔調抑揚有致，不同於北曲（一折即一齣）。

北曲可以《西廂記》、《漢宮秋》（描寫昭君出塞和番的故事）為代表作，南曲可以《拜月亭》、《琵琶記》為代表作。《西廂記》全劇雖為二十齣，然依其進行順序的性質而區分之，可分為五本，每本仍為四齣。

中國歌劇與西洋歌劇，二者有一重要不同之點。在歐美，歌劇為上流人士的專利品，此輩上流人士之上歌劇院，大都為社交上之吸引力，非真有欣賞音樂之誠心；至於中國歌劇則為貧苦階級的知識食糧。戲曲之深入人心，比之其他任何文學與藝術為深刻。試想一個民族，他的群眾而熟習《唐豪瑟》（Tannhauser）、《崔斯坦和綺瑟》（Tristan und Isolde），和《萍奈福》（Pinafore）的歌曲，還能優游風趣地謳歌哼唱於市井街頭，或當其失意之際，也來唱它幾句，洩洩鳥氣，那你就獲得中國戲曲與中國人民所具何等關係之印象。中國有種嗜好戲劇成癖的看客，叫作「戲迷」，這是中國所特有的人物，其性質非歐美所知。你往往可以看見下流社會的戲迷，頭髮蓬鬆，衣衫襤褸，卻大唱其《空城計》。在古老的北京城市街中，且常有擺手作勢，大演其諸葛亮之工架者。

異國人之觀光中國戲院者，常吃不消鑼鼓的嘈雜囂噪聲浪，每當武戲上場，簡直要使他大吃一驚。與鑼鼓聲同樣刺激神經的為男伶強作高音的尖銳聲，而中國人顯然非此不樂。大體上這情形應歸因於中國人的神經本質，無異於美國人的欣賞薩克斯風及爵士音樂。這些可使任何一位中國大爺攪得頭痛。真是無獨有偶！一切的一切不過是順應環境的問題。中國戲院裏頭鑼鼓的起源，和矯飾尖銳聲之創始，只有明白了中國劇場的環境以後，才能理會。

中國劇場的流行式樣，大都用木板布篷架搭於廣場之上，形如伊莉莎白時代的戲院。大概情形，戲台係用臨時木架搭成，台面離地甚高，而又露天，有時則適搭於大道上面，蓋演唱完畢，便於撤卸。劇場既屬露天，伶人的聲浪得與闤場小販的嘈雜叫賣聲競爭——賣飴糖的小鑼聲，理髮匠軋刀聲，男女小孩的呼喊號哭聲，以至犬的叫吠聲。處乎這樣喧嘩鬨鬧聲上面，只有逼緊聲帶，提高喉嚨，才能勉強傳達其歌唱聲於觀眾。這樣情形，人人都可以去實地體驗。鑼鼓的作用，也在所以吸引注意力，它們都是演劇前先行敲擊，所謂鬧場，其聲浪可遠傳一哩以外，這就代替了影戲廣告之街頭招貼。但既已有了現代化的戲院建築，還須沿用此等聲響，未免可怪。不過中國人好像已習慣於此，好像美國人的熟習於爵士音樂。時代將抹去這些殘跡，中國的戲劇最後總會靜雅而文明化起來，只要把劇院建築現代化。

從純粹的文學觀點上觀察，中國的戲曲，包括一種詩的形式，其勢力與美質遠超於唐代的詩，著者深信：唐詩無論怎樣可愛，吾們還得從戲曲與小調中尋找最偉大的詩。因為正統派的詩，其思想格調總擺脫不了傳統的固定範型。它具有修養的精美技巧，但缺乏豪邁的魄力與富麗的情調。一個人先讀了正統派詩然後再讀戲曲中的歌詞（中國戲曲，前面已經指出，可認為詩歌的集合），他所得到的感覺，恰如先看了插在花瓶中的美麗花枝，然後踱到開曠的花園裏，那裏繁錦富麗另是一番景象，迥非單調的一枝花可比了。

中國的詩歌是雅致潔美的，但總不能很長，也從不具闊大閎深的魄力。由於文體簡淨的特性，其描寫敘述勢非深受限制不可。至於戲曲中的歌詞，則其眼界與體裁大異，它所用的字眼，大半要被正統派詩人嗤之以鼻認爲俚俗不堪的。因爲有劇中人的形象出現，戲劇場面的托出，需要範圍較廣之文學魄力，它當然不能就範於正統派的詩歌界域之內。人的情感達到一種高度，非短短八行的精雅律詩體所能適應了。所寫的語言本身，即所謂白話，已解脫了古典文學的羈絆，獲得天然而自由的雄壯美質，迥非前代所能夢想得到。那是一種從人們口角直接取下來的語言，沒有經過人工的矯揉修飾而形成天真美麗的文字，從那些不受古典文學束縛的作家筆下寫出來。他們完全依仗自己的聲調與音樂藝術的靈感。幾位元曲大作家就把土語寫進去，保存它固有的不可模擬的美，它簡直不可翻譯，不能翻譯成現代中文，也不能翻譯成別國語言。譬如下面馬致遠所作的《黃粱夢》中一節，欲將其譯爲外國語言，只能勉強略顯其相近的意思而已。

我這裏穩丕丕土坑上迷颩沒騰的坐；
那婆婆將粗剌剌陳米來喜收希和；
的播那蹇驢兒柳蔭下舒著足，乞留惡濫的臥；

那漢子脖項上婆娑，沒索的摸；
你早則醒來了也麼哥！
你早則醒來了也麼哥！
可正是窗前彈指時光過。

戲劇歌詞之作者得適應劇情之需要，故其字句較長，並得插入格外的字眼，韻律亦較寬而適合於劇曲所用的白話文，宋詞韻律比較自由的特長，導源於歌行，現以之應用於曲調中，故長短行之韻律，早經現成的準備成熟，這種韻律乃所以適應白話而非所以適應文言者。在戲曲裏頭，韻律來得更為寬鬆。下面所摘的《西廂記》——這是中國文學的第一流作品——中的一節，為不規則韻律的示例。這一節是描寫女主角鶯鶯的美麗。

未語人前先靦腆，櫻桃紅綻，玉粳白露半晌恰方言。

當她轉身見其側形的時候，她美艷的姿容像下面的描寫著：

偏，宜貼翠花鈿；
宮樣眉兒新月偃，斜侵入鬢雲邊。

當她輕移蓮步，又這麼樣的描寫：

行一步，可人憐，解舞腰肢嬌又軟，
千般裊娜，萬般旖旎，
似垂柳晚風前。

戲劇既挾有廣大的普遍勢力，它在中國民族生活上所占的地位，很相近於它在理想界所處的邏輯地位。除了教導人民對於音樂的摯愛，它教導中國人民（百分之九十為非知識階級）以歷史知識，驚人動魄，深入人心。逸史野乘和完全歷史的文學傳說，對於劇中人物的傳統觀念，控制普通男女的心和理想。這樣，任何老嫗都能認識歷史上的英雄像關羽、劉備、曹操、薛仁貴、楊貴妃，其具體概念較優於作者，蓋他們都從戲台上看得爛熟。作者童年時代，因爲受教會教育，觀劇很受拘束，只能從冷冷清清的歷史書本，一樁一樁零星片段的閱讀。未到二十歲，我知道了許多西洋故事，知道了約書亞（Joshua）的喇叭吹倒耶利哥（Jericho）的城牆，可是直到近三十歲，才知道孟姜女哭夫哭倒萬里長城的故事，像這樣的淺陋無知，在非知識階級中倒不容易找得出。

戲劇除了普遍廣布歷史與音樂於民間，也具有同等重要的教育功用。供給人們以一切分辨善惡的道德意識，實際上一切標準的中國意識，忠臣孝子，義僕勇將，節婦烈女，活潑黠詭之婢女，幽靜癡情之小姐，現均表演於戲劇中。用故事的形式來扮演各個人物，人物成爲戲劇的中心，孰爲他們所憎，孰爲他們所愛，他們深深的感受著道德意識的激動。曹操的奸詐，閔子騫的孝順，卓文君的私奔，崔鶯鶯的多情，楊貴妃的驕奢，秦檜的賣國，嚴嵩的貪暴，諸葛亮的權謀，張飛的暴躁，以及目蓮的宗教聖潔——他們都於一般中國人很熟悉，以他們的倫理傳統意識，構成他們判別善惡行爲的具體概念。

下記的一段《琵琶記》故事，乃所以顯示戲劇廣被於中國民眾的道德勢力的一種。《琵琶記》那樣的故事，對於家庭的節孝，直接激發一種讚美心理，此種節孝心理已普遍地控制著民眾的理想。《琵琶記》的長處，不在乎現代意識中所稱的戲劇的一貫性，它的全劇分至四十一齣，劇情演進時期延長至數年之久：也不在乎意象之美雅，《牡丹亭》在這方面遠勝於它；也不在乎美麗的詩的辭藻，這方面，《西廂記》遠勝於它；也不在乎熱情的濃郁，這方面，應較《長生殿》爲遜色；但是《琵琶記》終不失其崇高之聲望，純因其表揚家庭間孝與愛的動人此等美德，常在中國人心上抓握住溫熱的情愫。它的影響尤爲真實而典型。

東漢之季，有蔡邕者，沈酣六籍，貫串百家，抱經濟之奇才，當文明之盛世。本取功名如拾芥，奈以白髮雙親，未盡孝養，倒不如聊承菽水之歡，暫罷青雲之想。新娶妻趙氏五娘，才方兩月，儀容俊雅，德性幽閒，正是夫妻和順，父母康寧。是年適值大比之年，郡中有吏辟召蔡邕。惟路途遙遠，旅程羈延，深恐經年累月，盡忠則不能盡孝，盡孝則不能盡忠。卒以嚴父之命，入京應試。自是膝下承歡唯五娘是賴。

殿試發榜之日，邕以首甲狀元登科，朝為田舍郎，暮登天子堂。時丞相牛公，膝下單生一女，美而慧，頗屬意於邕，邕雅不願棄糟糠之妻，然逼於權勢，竟入贅牛府。成禮之日，雖備極榮貴，邕悒悒寡歡，心未嘗一刻不思五娘也。牛小姐偵知其情，頗有意玉成邕志，乃白於父，請許新夫婦回鄉一度省親。丞相殊不悅，因未能成行。

是時邕家中景況日非，五娘賴纖纖十指，略事女紅，支撐全家生活，已自艱難，那堪復遭饑荒。所幸當地有義倉開賑，五娘亦領得施米一份，弱息可欺，歸途中動歹徒之覬覦，盡劫其所有以去。五娘悲不欲生，將就道旁露井而躍入。繼念家中二老，侍養需人，義不容死，因欲躍又止。無奈，詣邕友張老處借得白米一把，歸奉二老，而五娘暗中自食糠麩。不久，邕母謝世，其老父又臥病甚劇。五娘獨侍湯藥，夜不交睫。旋蔡翁亦繼之去世。五娘鬻其斷髮而葬之。承張老之助，五娘為翁姑手築塋墓。疲極而暈，倒臥於墓旁。夢土地神憐其境遇，遣二鬼役助之工作。及醒，則墳墓已完成。五娘驚喜，以之告張老。

張老因勸五娘入京尋訪丈夫。五娘以為然，乃就記憶所及，手自描一丈夫之畫像，易尼姑裝，抱琵琶沿途行乞至洛陽。適是時洛陽佛會甚盛，五娘至廟中張掛其丈夫之畫像於熱鬧處。是日，邕詣廟會行香，睹之，取此畫像而歸。次日，五娘蹤至相府，佯為尼姑求施捨者。事為牛小姐所聞，親迎入府，且謀戲試其丈夫之真情，終得雙妻團圓，受天子之榮典。

這樣的情節，便是一齣戲劇能在中國著名而流行的要素。故事既具有此高貴的素質，使它受中國人之吸引歡迎，一似社會動態受英國報紙讀者的同情。故事中有科舉考試，這在中國故事中有關各人的命運變遷，故輒爲重要關鍵。吸引力之尤大者爲敘述一節義的妻子和懇摯的女兒；一對年老的父母需要扶養，一個患難中的忠實朋友；一位模範的夫人，她不妒忌情敵；最後一個高官，權勢烜赫，得意忘形。這是中國戲劇的幾種本質，一般民眾之知識食糧即賴以供給。此同樣的性質，使「賴婚」（Way Down East）、「慈母淚」（Over the Hill）兩張影片在中國大大地出了鋒頭。這樣的情形，也可以顯示中國人爲一易爲感情所動的民族，具有多愁善感的弱點。

十 小說

中國小說家常有一種特殊心理，他們自以爲小說之寫作，有謬於儒教，卑不足道，且懼爲時賢所斥，每隱其名而不宣。舉一比較晚近的例子，像十八世紀夏二銘寫的《野叟曝言》。他寫得一手高論卓識的好古文和美麗的詩詞，也有不少遊記傳記，其筆墨固無異於一般正統派文學家之傳統典型，現均蒐集於《夏懋修全集》。但是他又寫了《野叟曝言》，可是《野叟曝言》不具撰著人姓名。他爲《野叟曝言》的撰著人是明確的，可從他自己的詩文集裏頭的文字來證明。一八九〇年秋，他孝順的曾孫替他重印《夏懋修全集》，俾傳夏君之名於不朽，然而無論這位曾孫是不敢還是不願意，總之並沒有把這部小說收入集子裏頭，其實這部小說倒是夏君的不容爭辯的最佳文學作品。又似《紅樓夢》，直到一九一七年，始由胡適博士的考證，確定其著作人爲曹雪芹，他無疑地是中國最偉大的散文作家之一，也可以說是空前絕後的唯一散文大師（**就白話文而言**）。吾人至今還不甚明瞭《金瓶梅》著者究爲何人。吾們又至今未能決定施耐庵、羅貫中二人之間，誰是《水滸傳》的真正作者。

《紅樓夢》的開場和結尾便是此種對待小說態度的特徵。你且看他怎樣說法：

卻說女媧氏煉石補天之時，於大荒山無稽崖煉成高十二丈寬二十四丈的頑石三萬六千五百零一塊，那媧皇只用了三萬六千五百塊，單單賸下一塊未用，棄在青埂峰下。此石後經一僧一道攜向紅塵走了一遭，又經過了不知幾世幾劫，因有個空空道人訪道求仙，從這大荒山無稽崖青埂峰下經過，忽見一大塊大石，上面字跡分明，編述歷歷，上面敘著墮落之鄉，投胎之處，以及家庭瑣事，閨閣閒情。空空道人看了一回，曉得這石頭有些來歷，從頭至尾，抄寫回來，問世傳奇。後因曹雪芹於悼紅軒中披閱十載，增删五次，纂成目錄，分出章回，並題一絕。即此便是《石頭記》的緣起。詩云：

滿紙荒唐言，一把辛酸淚；
都云作者癡，誰解其中味。

這故事的結束，正當此深刻的人間活劇演到最悲慘緊張的一刻，那時主角賈寶玉削髮出家，他的那顆多情善感的靈性已回復了女媧氏所煉的頑石的原形，那個先前的空空道人又從青埂峰下經過，他瞧見那補天未用之石仍在那裏，上面字跡，於後面偈文後，又歷敘了多少收緣結果的話頭，因再抄錄一番，袖了輾轉尋到悼紅軒來，遞示給曹雪芹先生。曹雪芹笑道：「既是假語村言，但無背謬矛盾之處。樂得與二三同志，酒餘飯飽，雨夕燈窗之下，同消寂寞。又不必大人先生品題傳世。似你這樣尋根究柢，便是刻舟求劍，膠柱鼓瑟了。」那空空道人聽了，仰天大笑，擲下抄本，飄然而去。一面走著，口中說道：「果然是敷衍荒唐，不但作者不知，抄者不知，並閱者亦不知。不過遊戲筆墨，陶情適性而已。」又據說後人見了這本傳奇，亦曾題過四句詩，為作者緣起之言：

說到辛酸處，荒唐愈可悲。
由來同一夢，休笑世人癡。

這雖是些荒唐無稽之談，卻是說來很悲鬱，很動人，倒也十分佳妙。因為這些文章是隨興之所至，為了自尋快樂而傾瀉出來。他的創作，完全出於真誠的創作動機，不是為了愛金錢與名譽。又因為它是正統文學界中驅逐出來的劣子，反因而逃避了一切古典派傳統的陳腐勢力。小說的著作人非但絕不能獲得金錢與名譽的報酬，且有因著作小說而危及生命安全的。

江陰乃《水滸》作者施耐庵的故鄉，至今仍流傳一種傳說，述及施耐庵逃脫生命危險的故事。據說施耐庵真不愧為一位具有先見之明的智士。原來他當初不欲服仕於新建的明朝，寫了這部小說，度著隱居的生活。有一天，明太祖跟劉伯溫遊幸江陰，劉伯溫為施耐庵的同學，那時因為贊襄皇業有功，朝廷倚為柱石，施耐庵所著的那部《水滸傳》的稿本，放在桌子上，這一次恰給劉伯溫瞧見，他馬上認識施耐庵的天賦奇才，不由因慕生妒，起了謀害之意，當是時，朝廷新建，大局未臻穩定，對於人民思想多所顧忌。乃施耐庵的說部其內容處處鼓吹「四海之內皆兄弟也」的平民思想，連強盜也包括在內，未免含有危險因素。劉伯溫根據這個理由，有一次乃上奏聖天子請旨宣召施耐庵入京受鞫訊。及聖旨抵達，施耐庵發現《水滸》稿本被竊，私計此番入京，凶多吉少，因向友人處張羅得白銀五百兩，用以賄賂舟子，叫他盡量延緩航程。因得在赴南京途中趕快寫完了一部幻想的神怪小說《封神榜》，叫皇帝讀了相信他患了神經病，在此假瘋顛遮掩之下，他得以保全了性命。

自是以後，小說在不公開的環境下滋長發育起來，有如野草閒花對踽踽獨行的遊客做斜睇，無非盡力以期取悅而已，像野草閒花之生長於磽瘠不毛之地，小說之滋興，全無培育獎掖之優容環境，它的出世，非有所望於報酬，純粹出於內在的創作動機。有時這種野生植物隔個二十多年才開放一次鮮葩，可是這難得開放的鮮葩不開則已，開放出來的花朵真是說不盡的綺麗光輝！

這樣的鮮花不是輕易取得生存的，它灑過生命的血始得鮮艷地盛放一回，卒又萎謝而消逝。這就可以比喻一切優美的小說和一切優美小說的本源。塞萬提斯（Cervantes）這樣寫法，薄伽丘（Boccacio）也是這樣寫法，他們純粹出於創作的興趣，金錢毫無關涉於其間。即在現時代有了版稅版權的保障，金錢仍爲非預期的目的。無論多少金錢絕不能使無創作天才的人寫出好的作品來，安逸的生活可以使創作天才者從事寫作爲可能，但安逸生活從不直接生產什麼。金錢可以把狄更斯（Charles Dickens）送上美洲的旅途，但不能產生《塊肉餘生錄》（David Copperfield）。吾們的大作家，像笛福、菲爾丁（Fielding），像曹雪芹、施耐庵，他們的所以寫作，因爲他們心上有一樁故事，非將它發表不可，而他們是天生的講故事者，天好像有意把曹雪芹處於荒淫奢華的家庭環境中，卒因浪費無度，貲產蕩析，然後一旦豁悟，看穿了人生的一切空虛，及其晚年，已成窮儒，度其餘生於朽敗之第舍中，不時追憶過去之陳跡，宛若幻夢初醒，此夢境乃時而活現於幻想中，常使他覺得心頭有一樁心事，以一吐爲快，於是筆之於書，吾們便稱之爲文學。

依著者之評價，《紅樓夢》誠不愧爲世界偉大作品之一。它的人物的描寫，它的深切而豐富的人情，它的完美的體裁與故事，足使之當此推崇而無愧色。它的人物是生動的，比之吾們自己的生存的朋友還要來得跟吾們接近熟悉而懇摯，而每一個人物，只消吾們聽了他的說話腔調，吾們也很能熟識他是誰了。總之它給了吾們一樁值得稱爲偉大的故事：

瑤台瓊館，一座玫麗璚皇的大觀園，富貴榮華，一個世代簪纓的大官族，那兒姊妹四人和一個哥兒，又來了幾個姿容美艷的表姊妹，彼此年歲相若，一塊兒耳鬢廝磨的長大起來，過著揶揄戲謔的快樂生活；幾十個絕頂聰明而怪迷人的婢女，有的性情溫文而陰密，有的脾氣躁急而直爽，也有幾個跟主子發生了戀愛；也有幾個不忠實的傭僕老婆鬧了一些吃醋醜聞的穿插。一位老太爺長年在外服官，居家日少，一切家常瑣務，委於二三媳婦之手，倒也處理得井井有條，那個最能幹、最聰明、最饒舌、最潑辣、最可愛的媳婦，便是鳳姐兒，卻是個根本不識字的娘兒。

主角賈寶玉，是一個正當春情發動期的哥兒，有著伶俐聰明的性情，端的愛廝混在脂粉隊裏，照書上的說法，他是給仙界遣送下凡來歷劫，叫他參透情緣便是魔障的幻境。寶玉的生活，跟中國許多大家族中的獨嗣子一樣，受著過分的保護，尤其是他的老祖母的溺愛，那位祖母老太太是闔家族至高的權威者。但寶玉也有一個見了怕的人，便是他的父親，寶玉一見了父親便嚇得不敢彈動。大觀園中的姊妹們，個個喜歡寶玉，而寶玉的飲食起居，都是讓幾個婢女來照顧著，她們服侍他洗浴，以至通夜守護著他睡覺。他的鍾情於林黛玉，黛玉是一個沒了父母而寄居於賈家的小姑娘，卻是寶玉的表妹，她是一個多愁善病的姑娘，她患著消化不良症，喝著燕窩湯過日子，可是她的美麗和詩才都勝過她的姊妹行，她的愛寶玉完全出於純潔的真摯的處女心。

寶玉的另一個表姊是薛寶釵，她也愛著寶玉，不過她的熱情是含蓄而不露的，她的性情則比較切實，從老輩看來，她比之黛玉是較為適宜的妻子；最後乃由幾位老太太作主，瞞過了寶玉和黛玉，定下了聘寶釵的親事，黛玉直等到寶玉和寶釵即將成婚的時候，才得到這個消息，這使她歇斯底里地狂笑了一陣子，一縷香魂脫離這個塵世，而寶玉一些不知道這個消息，直等到成婚的一夜。寶玉覺察了自己親父母的詭局，變成癡騃的獃子，好像失去了魂魄，最後，他出了家。

這樣詳詳細細都是描寫一個大家族的興衰。其家族的不幸環境之漸次演進，至故事之末段令人喪氣；它的歡樂的全盛時期過去了，傾家蕩產的險象籠罩著每個人的眉頭，無復中秋月下的盛宴，但聽得空寂庭院的鬼哭狼號；美麗的姑娘長大起來了，各個以不同的命運嫁到各別的家庭去了；寶玉的貼身侍女被遣送而嫁掉了，而最不幸的晴雯保持著貞潔與真情香消玉殞了。一切幻影消滅了。

假使，像有些批評所說《紅樓夢》足以毀滅一個國家，那它應該老早就把中國毀滅掉了。黛玉和寶玉已成爲全民族的情人，不在話下，也還有許多別樣的典型，讓人去體會：晴雯的熱烈，襲人的溫柔，史湘雲的豪爽，探春的端莊，鳳姐的潑辣，妙玉的靈慧，一個有一個的性格，一個有一個的可愛處，每個各代表一種特殊的典型。欲探測一個中國人的脾氣，其最容易的方法，莫如問他歡喜黛玉還是歡喜寶釵，假如他歡喜黛玉，那他是一個理想主義者，假使他贊成寶釵，那他是一個現實主義者。有的歡喜晴雯，那他也許是未來的大作家，有的歡喜史湘雲，他應該同樣愛好李白的詩。而著者本人則歡喜探春，她具有黛玉和寶釵二人品性揉和的美質，後來她幸福地結了婚，做一個典型的好妻子。寶玉的個性分明是軟弱的，一些沒有英雄氣概，不值青年的崇拜。但不問氣概如何，中國青年男女都把這部小說反覆讀過七八遍，還成立了一門專門學問叫作「紅學」，其地位之尊崇與研究著作的卷帙浩繁，不亞於莎士比亞與歌德著作的評註書。

《紅樓夢》殆足以代表中國小說寫作藝術的水準高度，同時它也代表一種小說的典型。概括地說，中國小說根據內容，可以區分爲下述數種典型。它們最著名的代表作茲羅列於下：

一、俠義小說——《水滸傳》

二、神怪小說——《西遊記》

三、歷史小說——《三國演義》
四、愛情小說——《紅樓夢》
五、淫蕩小說——《金瓶梅》
六、社會諷刺小說——《儒林外史》
七、理想小說——《鏡花緣》
八、社會寫實小說——《二十年目睹之怪現狀》

嚴格的分類，當然是不容易的。例如《金瓶梅》雖其五分之四係屬猥褻文字，卻也可算爲一部最好的社會寫實小說，它用無情而靈活的筆調，描寫普通平民、下流夥黨、土豪劣紳，尤其是明代婦女在中國的地位。這些小說的正規部類上面，倘從廣義的說法，吾人還得加上故事筆記，這些故事都是經過很悠久的傳說，這樣的故事筆記，莫如拿《聊齋志異》和《今古奇觀》來做代表。《今古奇觀》爲古代流行故事中最優良作品的選集，大都係經過數代流傳的故事。

著者曾把許多中國小說依其流行勢力的高下加以分級，倘把街市上流行的一般小說編一目錄，則將顯出冒險小說，中國人稱爲俠義小說者，允居編目之首。這是一個奇怪的現象，因爲俠義和勇敢的行爲，時常受到父母教師的訓斥摧抑，這種心理不是難以解釋的。在中國，俠義的兒子容易與巡警或縣官衝突，致連累及整個家族，這班兒孫常被逐出家庭而流入下流社會；而仗義行俠的人民，因爲太富熱情，太關懷公眾，致常干涉別人事務，替貧苦抱不平，這班人民常被社會逐出而流入綠林。因爲假使父母不忍與他們割絕，他們或許會破碎整個家庭——中國是沒有憲政制度的保障的。一個人倘常替貧苦被壓迫者抱不平，在沒有憲法保障的社會裏，一定是一個挺硬的硬漢。很明顯那些剩留在家庭裏頭和那些剩留在體面社會裏頭的人，是不堪挫折的人，這些中國社會裏的安分良民是以歡迎綠林豪俠，有如一個纖弱婦人之歡迎面目黧黑、胸毛蓬蓬、落腮鬍子的彪形大漢。當一個人閒臥被褥中而披讀《水滸傳》，其安適而興奮，不言可喻，讀到李逵之闖暴勇敢的行徑，其情緒之亢激舒暢更將何如？——記著，中國小說常常係在床臥讀者。

神怪小說記載著妖魔與神仙的鬥法，實網羅著大部分民間流傳之故事，這些故事是很貼近中國人的心坎的，本書第三章「中國人的心靈」中，曾指出中國人的心理，其超自然的神的觀念，常常是跟現實相混淆的，《西遊記》，理查茲博士（Dr. Timothy Richards）曾把它摘譯成英文，稱爲《天國求經記》（A Mission to Heaven），係敘述玄奘和尚印度求經的冒險壯舉，可是他此番壯舉卻由三個極端可愛的半人形動物陪伴。那三個夥伴是猴子孫悟空、豬玀豬八戒，和一個沙和尚。

這部小說不是原始的創作，而是根據宗教的民間傳說。其中最可愛最受歡迎的角色，當然是孫悟空，他代表人類的頑皮心理，永久在嘗試著不可能的事業。他吃了天宮中的禁果——一顆蟠桃，有如夏娃吃了伊甸園中的禁果——一顆蘋果，乃被鐵鍊鎖禁於岩石之下受五百年的長期處罰，有如盜了天火而被鎖禁的普羅米修斯（Prometheus）。適值刑期屆滿，由玄奘來開脫了鎖鍊而釋放了他，於是他便投拜玄奘爲師，擔任伴護西行的職務，一路上跟無數妖魔鬼怪奮力廝打戰鬥，以圖立功贖罪，但其惡作劇的根性終是存留著，是以他的行爲的現形表象一種刁悍難馴的人性與聖哲行爲的爭鬥。他的頭上戴著一頂金箍帽，無論什麼時候只要當他獸性發作，犯了規，他的師父玄奘便念一首經咒，立刻使他頭上的金箍愈逼愈緊，直到他的腦袋痛得真和爆裂一樣，於是他不敢發作了。同時豬八戒表象一種人類獸欲的根性，這獸欲根性後來經宗教的感化而慢慢地滌除。

這樣奇異的人物做此奇異的長征，一路上欲望與誘惑的牴牾紛爭不斷出現，構成一串有趣的環境和令人興奮的戰鬥，顯神通，施魔力，大鬥法寶，孫悟空在耳朵裏插一根小棒，這根小棒卻可以變化到任何長度，不但如此，他還有一種本領，在腿上拔下毫毛，可以變成許許多多小猴子助他攻擊敵人，而他自身也能變化，變成各色各樣的動物器具，他會變成鷺鷥，變成麻雀，變成魚，或變成一座廟宇，眼眶做了窗，口做了門，舌頭做了泥菩薩；妖魔一不留神，跨進這座廟宇的門檻，準給他把嘴巴一闔，吞下肚去。孫悟空跟妖魔的戰鬥尤爲神妙，大家互相追逐，都會駕霧騰空，入地無阻，入水不溺，這樣的打仗，怎麼會不令小弟弟聽來津津有味，就是長大了的青年，只要他還沒有到漠視米老鼠的程度，總是很感興趣的。

愛談神怪的習氣，不只限於神怪說部，它間入各式各樣的小說，甚至像第一流作品《野叟曝言》亦不免受此習氣之累，因而減色，《野叟曝言》爲俠義兼倫理說教的小說。愛談神怪的習氣又使中國偵探故事小說如《包公案》爲之減色，致使其不能發展爲完備的偵探小說，比美歐美傑作。它的原因蓋緣於缺乏科學的論理觀念和中國人生命的輕賤。因爲一個中國人死了，普通的結論就只是他死了也就罷了。包公可算是中國歷史上的一個大偵探家，本人又爲裁判官，他解決一切隱秘暗殺案件，常賴夢境的指示，而不用福爾摩斯那樣論理分析的頭腦。中國小說結構之鬆懈，頗似勞倫斯（D. H. Lawrence）的作品，而其冗長頗似俄羅斯小說中之托爾斯泰和杜斯妥也夫斯基（Dostoievsky）的作品。中國小說之和俄羅斯小說的相像是很明顯的。大家都具備極端寫實主義的技術，大家都耽溺於詳盡，大家都單純的自足於講述故事，而缺歐美小說的主觀特性。也有精細的心理描寫，但終爲作者心理學知識所限。故事還是硬生生的照原來的故事講。邪惡社會的逼真描寫，《金瓶梅》絲毫不讓於《卡拉馬助夫兄弟》（The Brothers Karamazov）。愛情小說一類的作品，其結構通常是最佳的，社會小說雖過去六十年中盛行一時，其結構往往游移而散漫，形成一連串短篇奇聞逸事的雜錦。正式的短篇小說則直到最近二十年以前，未有完美之作品出世。現代新作家正竭力想寫出一些跟他們所讀過的西洋文學一樣的作品，不論是翻譯的還是創作的。

大體上，中國小說之進展速度很可以反映出中國人民生活的進展速度，它的形象是龐大而駁雜的，可是其進展從來是不取敏捷的態度的，小說的產生，既明言是爲了消磨時間，當盡有空閒時間可供清磨，而讀者亦無須乎急急去趕火車，真不必急急乎巴望結束。中國小說宜於緩讀，還得好好耐著性兒。路旁既有閒花草，誰管行人閒摘花？

十一　西洋文學之影響

當兩種不同文化接觸，那較豐富的一種將向外灌輸，而較貧弱的一種將接受之，這是自然而合乎邏輯的。但事實似有使人難以置信者，便是文化的向外灌輸，其蒙受幸福卻是勝於承受外來文化者。中國在最近三十年間，文學與思想方面分明進步了不少，這應該說是全部仰賴於西洋文化的輸入。此種承認西洋文學內容豐富之一般的優越，在自號「文學國家」的中國人聽來，未免爲之大吃一驚。五十年前，中國人對於西洋的印象只是砲艦，三十年前，又多了西洋政治制度的印象，到了二十年前，他們發覺西洋甚至也有很優美的文學，而現在，人們方徐徐發覺西洋甚且有較優越的社會意識與禮俗風尙。

這對於一個老大而自傲的國家實在是過大而吞不下嚥的一口東西，但以中國之大，或許竟能吞得下去。無論怎樣，文學的變動終於臨頭了。中國文學勢不得不在內容方面，在體裁方面，遭逢廣大的變遷，爲過去兩千年間所未經見者，直接受了外來的影響，口說的白話輪到被作爲文學的手段：語言的解放，從一個深染西洋思想的人提倡起來。它的字彙大大地增富起來，那即是新的概念的增加，科學的、藝術的、文學的，大概總之比吾們固有思想的故舊材料遠爲恰當而確定。賴有此思想原料的新補充，體裁上乃發生新變遷，這體裁的現代化，跟固有的完全換了一個面目。致老學究們無力追隨此新的規範——倘叫他寫一篇在內容上在體裁上趕得上現代標準的雜誌文字，將使他茫然不知所措。不但體裁上發生了變遷，形式上又產生了許多新的文學形式，於是吾們也有了自由詩、散文詩、短篇小說和現代戲劇劇本，而寫小說的技巧，尤其大大地修改過。總之，老的批判標準業經廢棄，所謂老的批判標準，很近似法國新經典派之阻礙歐洲認識莎士比亞至百五十年之久。吾們現在有較新穎較豐富較寬廣的文學理想來代替陳舊的批判眼光。結果使文學與人生獲得較接近的和諧，思想獲得較完美的正確和生命獲得較大的真實性。

當然文化輸出的民族是比較發皇的民族，而接受外來文化的民族，由於環境的劇變，總不免引起紛亂。進步是有味的，但進步也是痛苦的。更不止此，進步還是險惡的。青年中國的心田上，掀起了廣博的精神風浪，吾們喪失了思想的重心，吾們喪失了欣愉的共通意識。調整守舊與革新間的工作，往往非是常人所能勝任，而現代中國思想界尤具有思惟不成熟、性情輕躁、理想淺薄的特性。瞭解舊的文化固甚困難，而明瞭新的亦非容易。新的文化含有一些浪漫主義的又有一些自由主義的思想，缺乏批判和理智的重心，極端不能容忍任何舊式的和中國式的一切，無止境的接受每年外來的思想新範型，不斷的廣泛的搜尋最新作家，從南斯拉夫搜尋詩人，從保加利亞搜尋小說家。對於外人之揭發任何中國的舊有範型，極度敏感，這僅足證其缺乏自信，一個十八世紀的唯理主義，間歇的憂鬱與過分的熱心，一年一年的追逐新的口號，有似自噬其尾——此等特性，顯露於現代中國的作品。

吾們喪失了堅定的和全般的人生觀察立場。今日，文學受著政治陰影的籠罩，而作家分成兩大營壘，一方面捧出法西斯主義，一方面捧出共產主義，兩方面都想把自家的信仰當作醫治一切社會病態的萬應藥膏，而其思想之缺乏真實獨立性，大致無以異於古老的中國。雖有明顯的思想解放之呼聲，可是那排斥異端的舊的心理作用仍然存在，不過穿了一件現代名詞的外褂。因爲，骨子裏，中國人的愛好自由，有如愛悅一個外國蕩婦，沒有真摯的愛情可言。這些是文化變遷過渡期惡劣一面的形象，但他們到了政治組織上了軌道，靈魂上減少靈智的污點時候，會自然滌蕩消滅的。

這些變遷，一切都是經由歐洲文學的影響而傳來的。這影響自然不限於文學，因為中國在一個收割期收穫了所有西洋學術的果實，無論在哲學方面、心理學方面、科學方面、工藝學方面、經濟學方面和其他一切包括於現代精密法則的文化者。甚至小孩子的遊戲、歌唱、舞蹈，現在也都輸入了進來。文學進步的真正結果，已概述於文學革命的一節中，此影響為翻譯歐洲作品之直接結果。試一觀此等翻譯的內容與種類，將顯示此影響之形式與程度。

一九三四年的《中國圖書年鑒》載有一羅列最近二十三年來翻譯的詩歌、短篇小說、長篇說部的書篇名單，原作之國籍達二十六國。這一張表未見得是完全的，但很夠供給我們眼前的參考。倘將原作者國籍依譯作原著者人數之多寡順次排列，則英國四十七人，法國三十八人，俄國三十六人，德國三十人，日本三十人，美國十八人，義大利七人，挪威六人，波蘭五人，西班牙四人，匈牙利三人，希臘三人，非洲二人，猶太二人，其餘則瑞典、比利時、芬蘭、捷克、奧國、拉脫維亞、保加利亞、南斯拉夫、波斯、印度、暹羅、敘利亞各得一人。

先查考從英國翻譯的作品，則主要小說作家為：艾略特（Eliot）、菲爾丁、笛福（《蕩婦自傳》亦經譯出）、金斯利（Kingsley）、斯威夫特、哥爾德斯密斯（Goldsmith）、勃朗特姊妹（Bronte，《洛雪小姐遊學記》和《狹路冤家》）、斯科特（Scott）、康拉德（Conrad）、蓋斯凱爾夫人（Gas-kell）、狄更斯（《塊肉餘生錄》、《孤雛淚》、《雙城記》、《聖誕述異》、《勞苦世界》、《孝女耐兒傳》、《冰雪因緣》、《滑稽外史》），哈葛特（Haggard）的筆墨經過林紓譯筆的渲染，獲得的聲譽遠過於原作的地位。詩人的主要者為：斯賓塞（Spenser，《荒唐言》）、布朗寧（Browning）、彭斯、拜倫（Byron）、雪萊（Shelley）、華茲華斯、道森（Dowson）。五種莎士比亞戲劇（《威尼斯商人》、《皆大歡喜》、《第十二夜》、《亨利第六遺事》、《羅密歐與朱麗葉》）亦經幾位譯者譯出。戲劇的主要作者爲：高爾斯華綏（Galsworthy，七種劇本）、平內羅（Pinero）、瓊斯（Jones）、謝里登（Sheridan，《造謠學校》）和蕭伯納（《華倫夫人之職業》、《英雄與美人》、《人與超人》、《賣花女》、《鰥夫之室》、《好逑者》等）。愛爾蘭作家可以約翰・辛格（Synge）、鄧薩尼（Dunsany）爲代表。散文作家主要者爲：蘭姆（Lamb）、本涅特（Bennett）、馬克斯・比爾博姆（Max Beerbohm）。巴里（Barrie）和王爾德（Wilde）引起了中國文藝界的廣大注意；《少奶奶的扇子》有兩種譯本，《莎樂美》有三種譯本：《朵蓮格萊的畫像》和《獄中記》亦經譯出。威爾斯（H. G. Wells）以其《世界史綱》一書最被重視，其餘的作品爲：《八十萬年後之世界》、《火星與地球之戰爭》、《明眼人》。哈代（Hardy）則僅以其短篇小說及詩著稱於中國，雖哈代之名傳遍一時，曼斯菲爾德（Mansfield）經徐志摩之推薦，亦甚著名。這一張名單包括那些作者的文學作品經譯成中文而有單行本印行的，但當然並不包括別種著作的作者，像羅素他的影響力是非常大的。

在法國方面，較重要的作家爲巴爾札克、莫里哀（Moliere）、莫泊桑（Maupassant，全部作品）、法朗士（France，已譯出九種著作，《黛絲》有兩種譯本）、紀德（Gide）、伏爾泰（Voltaire，《甘地特》）、盧梭（Rousseau，《懺悔錄》、《愛彌兒》）、左拉（少代表作）、高提耶（Gautier）、福樓拜（Flaubert，《包法利夫人》有三種譯本，《薩郎波》及《坦白》）。大仲馬小仲馬（Dumas）父子固已久負盛名，特別是《茶花女》一書，幾已成爲中國人的共同愛物。雨果的代表作爲：《悲慘世界》、《鐘樓怪人》、《雙雄義死錄》、《呂伯蘭》、《歐那尼》、《呂克蘭斯・鮑夏》、《噫有情》。早期浪漫主義作家以夏多布里昂（Chateaubriand，《少女之誓》）和聖皮埃爾（Bernardine de Saint-Pierre）爲代表。都德（Daudet）的《莎弗》和普雷沃（Prevost）的《漫郎攝實戈》當然是人人愛讀的作品。波德萊爾（Baudelaire）享名甚盛，羅斯丹（Rostand）的《西哈諾》亦爲一般所愛讀。巴比塞（Barbusse）的小說《砲火》和《光明》各有兩種譯本，就如羅曼・羅蘭（Rolland）冗長的《約翰・克利斯朵夫》也有了中文譯本，他還有《白利與露西》、《孟德斯榜夫人》、《愛與死之角逐》等幾種的譯本。

德國的古典文學，自然推歌德爲代表，在他的作品中，《浮士德》、《少年維特之煩惱》（兩種譯本）、《哀格蒙特》、《克拉維歌》、《史推拉》和《威廉的修業時代》的一部分都已譯成中文；席勒（Schiller）的作品譯出者爲《奧里昂的女兒》、《威廉・退爾》、《瓦輪史丹》和《強盜》。重要作家還有萊辛（Lessing，《英雄兒女》）、夫賴塔格（Freytag，《新聞記者》）、海涅（《歌曲之書》、《哈爾次山旅行記》）……富凱（Motte-Fouque）的《渦堤孩》和斯托姆（Storm）的《茵夢湖》（三種譯本）爲極端風行的作品。豪普特曼（Hauptmann）以其《火焰》、《獺皮》、《織工》、《寂寞的人們》和新近出版的小說《異端》（有兩種譯本）著稱，而他的《沈鐘》一劇名稱一度被用作雜誌的名稱。其餘爲：蘇德爾曼（Sudermann）的《憂愁夫人》，以及較爲晚出的魏德金德（Wedekind）的《春醒》和弗蘭克（Leonhard Frank）的《靈肉的衝突》。

除了霍桑、斯托夫人（Mrs. Stowe）、歐文（Irving）、馬克・吐溫和傑克・倫敦（Jack London）的少數譯本以外，一般對於美國文學之注意力，集中於比較現代的作品。其中最著名的是辛克萊（Upton Sinclair），他的盛名乃隨著蘇聯共產主義文學狂潮而來。他的作品譯成中文者，已有十三種之多。而在這一類作品中，不可忽略戈爾德（Michael Gold）的短篇故事，和他的小說《無錢的猶太人》。劉易斯（Lewis）較著名的作品只有《大街》一種，德萊塞（Dreiser）則為短篇小說集，雖然兩人都很著名。尤金・奧尼爾（O' Neill）的戲劇有兩種（《天水》及《加利比斯之月》）曾經譯出。賽珍珠女士（Pearl S. Buck）的《大地》已有兩種中文譯本，同時，她的《兒子們》及短篇小說亦已譯出。

蘇俄文學的狂潮開始捲入中國，約在一九二七年南京政府成立，推行清黨運動之時。與英國於政治的雅各黨主義落敗之後，文學的雅各黨主義繼之勃興相似，文學的布爾什維克主義繼乎國民革命之成功而氾濫中國。龐大驚人的青年熱情，嘗大有助於一九二六至二七年的國民革命，但由於國民黨官方對青年運動的壓制，使之得不到表現的舞台，於是產生了內向的作用力。強大的潛流因此便奔向他們對當前一般現狀的不滿。

於是潮流轉向了。「革命文學」（同義於普羅文學）的號角吹響了，而且馬上吸引了大批的追隨者。一九一七年文藝復興運動的領袖，一夕之間成為過時人物，還被寬大地貼上「老人」的標籤。青年中國不啻被唾棄、被背叛。多數知識領袖都學會默不作聲，轉而去蒐集骨董和古印章。只有胡適繼續大聲呼號，可是他的議論碰到了比較冷淡而無動於衷的讀者，他們需要的是更急進的言論。周作人、郁達夫和《語絲》派的作家，都太偏向個人主義，不曾加入群眾。魯迅力抗狂潮約一年，然後就變節了。

在短短不到兩年當中（一九二八—二九），差不多有一百多種蘇聯文學作品，長篇和短篇，狂熱而迅速的蜂擁上中國的出版界，致促起當局之關切。這些出版物包括下列諸人的作品：Luna-charsky, Liebediensky, Michels,Fadeev, Gladhov, Kollontay, Shishkov, Romanov, Pilniak, Ognyov, Sosnovsky, Shaginian, Yakovlev, AlexeiTolstoy, Demidov, Erenburg, Arosev, Babel, Kasatkin, Ivanov, Iva, Luuts, Sannikoff, Seyfullina, Bakhmetev, Fedin, Ser-afimovitch, Prishvin, Semenov, Sholokhov, NVNV, Vessely, Zoschenko, Tretiakev, Sobole, Kolosov, Formanov, Figner。

當然，吾們還沒提及革命以西帝俄時期的作家，像普希金（Pushkin）、契訶夫（Tchekov）、托爾斯泰和屠格涅夫（Turgeniev），這幾位作家在這個時期以前，讀者就已經很熟悉了。契訶夫的全部著作都已經譯了出來；托爾斯泰的作品譯出者計二十種，包括冗長的《戰爭與和平》（只譯出了一部分）、《婀娜小史》及《復活》；杜斯妥也夫斯基極受喜愛，他的作品譯出者計七種，包括《罪與罰》；屠格涅夫早就出了名，他的作品經譯出者有二十一種之多。高爾基（Gorky）橫跨兩個時代，不用說，非常普及。愛羅先珂（Eroshenko）、安特列夫（Andreyev）和阿志巴綏夫（Artzybashev）三人，因爲魯迅的影響也很受歡迎。一百零幾種革命後的蘇聯作品中，有二十三種同時有兩種譯本由不同公司競相出版，且有四種作品甚至有三種譯本。舉其享名較盛之作品，爲哥倫泰夫人（Madame Kollontay）的《偉大的戀愛》（Red Love，兩種譯本）、革拉特珂夫（Gladhov）的《士敏土》（三種譯本）、奧古郁夫（Ognyov）的《共產黨校童日記》（三種譯本）、阿志巴綏夫的《沙寧》（三種譯本）、西拉菲莫維支

（Serafimovitch）和皮涅克（Pilniak）的許多作品、西什科夫（Shishkov）和依凡諾夫（Ivanov）的劇作和盧納察爾斯基（Lunacharsky）的評論作品。

如此大量的食物，年輕的中國一時似乎難以吞嚥，如果消化不良，亦無可厚非。霍桑和法朗士已不可挽救地過時了，是毫無疑義的。當局對於文藝事業現正矚視而思有所作爲。他們所能施行的方法如何，其後果如何，無人能預料。檢查制度是容易施行的，最近已見之實施。所困難者，在眼前的環境中將拿什麼來滿足人民。這裏有三個方法。第一是謀些好差缺給那班作家，這個方法有時是很有效的，已有例可援。第二爲禁止他們表示不滿意，這個方法當然是下策。第三爲真實的謀民族的福利而使一般感到滿足，這光是檢查制度是不行的。中國人民現在可分爲樂觀主義者與悲觀主義者兩派，而後者實居大多數。除非是積極進行建設工作，用公正的態度考慮一切，但憑標語口號，華而不實的多言，不會賦予中國以新的生命，不論是共產主義抑或是法西斯主義。上一輩，他們想把中國倒推進古舊的禮教思想的軌道，包括婦女的遮掩生活，寡婦的守節制度的崇拜，結果絕不能使青年中國同情。同時，那些共產主義理想者，脅下挾了大部馬克斯著作，蓄了亂蓬蓬的長頭髮，口吸蘇俄捲煙，不斷地攻擊這個那個，也救不了中國的苦難。文學這樣東西，依作者鄙見，還是文人學士茶餘酒後的消遣品，古派也好，新派也好。

第八章　藝術家生活

一　藝術家

就著者所見，中國文明範疇的一切狀態中，只有藝術可予世界文化以不朽的貢獻。這論點，我想無須大事爭辯。至論到中國的科學，無論怎樣，未見有可以引為自負者，雖中國無學理根據的醫藥學可貢獻給世界，予以豐富的研究與發明之園地。中國的哲學，不會在西方留不朽的印象，因為中國哲學以其中庸、謹飭、和平的特性，永遠不會適合歐美人的氣質。這種中國哲學的特性，完全係體力減退的結果，而歐美人的氣質則充溢著進取的活力。

為了同一理由，中國的社會組織也將永不會適合歐美社會。孔子思想太拘守於事實，道家思想的態度太冷漠，而佛教思想過於消極，不適於西洋積極的人生觀。天天遣送人員去北極探險、去征服太空或打破速度紀錄的民族，一定不會變成純良的佛教徒。著者曾經遇見過幾個歐洲僧侶，可以拿來作例子，他們說話是那樣宏亮而熱切，全然掩不住他們心底騷擾的情緒。最特別的是，我見過一個僧侶，他在狠狠地痛斥歐洲社會的時候，很想叱吒風雲，呼風喚雨，從天宮召硫磺烈焰，一把火把整個歐洲燒個乾淨。當西洋人披上袈裟，竭力想顯出平靜消極的態度，只覺得頗堪引人發笑耳。

進而言之，倘把中國看作一個沒有藝術理解力的國家是不公平的，中國人某種深深隱藏的心曲，只有從他的藝術的反映中被瞭解，因爲，像貌醜心美的貝爾熱拉克（Cyrano de Bergerac），中國精神的最銳敏最精細的感性，是隱藏於那些不甚引人愛悅的表面後面。中國人的呆板無情的容貌底下，隱蓄著一種熱烈的深情，沉鬱規矩的儀態背後，含存有活潑豪爽的內心。那些粗魯的黃色手指會塑造出愉快而和諧的形象，而高顴骨的上面，從杏形的眼睛裏閃出溫和的光線，很愉快的凝集於細膩的姿容上面。上自祠天的聖殿，下至文人信箋及其他美藝品，中國藝術顯示出一種纖巧和諧的情調，判別出人類性靈最優美的技巧的產物。

中國藝術的特性，可由平靜與和諧判別出來，而平靜和諧出自中國藝術家的心底。中國藝術家是這麼一種典型的人，他們的天性安靜和平，不受社會的桎梏，不受黃金的引誘，他們的精神深深地沉浸於山水和其他自然的現象之間。總之，他們的胸懷澄清而不懷卑劣的心意。因爲一位優越的藝術家，吾們相信一定是個好人，他必須首先要堅貞其心志，曠達其胸襟，達到這種目的的重要方法爲遊歷，或爲沉靜的內省。這是中國畫家所應經過的嚴格訓練，這樣的訓練極易舉出任何一個中國畫家來做例證。文徵明曾言：人品不高者畫品便見卑下。中國的藝術家，必先有優越的修養與淵博的學問，董其昌爲一代大師，其言曰：「讀萬卷書，行千里路，胸中脫去塵濁，自然丘壑內營，立成鄞鄂，隨手寫出，皆爲山水傳神。」是以中國藝術家的學習繪畫，不是走進畫室，叫一個姑娘把衣褲剝個精光，然後細細審察她肉體的每一部分，描繪她的輪廓與線條；也不摹擬古代希臘羅馬的石膏像——歐美有些守舊的美術學校便用這個方法訓練繪畫。中國的藝術家乃縱情於山水之間，注重遊歷，安徽的黃山、四川的峨嵋都是很好的去處。

中國畫家的隱逸山林生活，有幾種理由是很關重要的。第一，藝術家須貫注全神於自然界的千變萬化的形態，以攝取其印象，同時觀摹其棲息附著的草蟲樹木煙雲瀑布。欲將此等形象靈活地收之腕底，必先出以真情的愛好，使其精神與之融會貫通；他必先熟習它們自然的條理，他得稔悉樹林早晚陰影色彩之變換，他得親歷岫雲的盤峰岩、繞林樹的情景。但較之冷靜沖淡之觀察尤爲重要者，爲其全部精神的受自然之洗禮。明代李日華（一五六五——一六三五）嘗這樣描寫大畫家的精神修養：

> 黃子久終日只在荒山亂石叢木深篠中坐，意態忽忽，人不測其為何。又每往泖中通海處，看激流轟浪，雖風雨驟至，水烶悲詫而不顧。噫，此大癡之筆，所以沉鬱變化，幾與造物爭神奇哉！

第二，中國繪畫科目有所謂山水畫者，常描繪山巒煙樹，尤多崢嶸古怪之峰岩，其形狀非曾經親歷其境者，幾不敢置信。是以棲隱山林，實即爲一種對於自然的壯麗之追求。中國畫家倘到了美國，他的題材上的第一個目標，將揀選大峽谷（Grand Canyon）或班夫（Banff）附近的山林。到了這種偉大的環境裏面，自然他獲得精神上的興奮，同樣也獲得體力上的興奮。說來稀奇，這個世界上精神的興奮往往是伴隨著體力的興奮而發展的，而生命的觀念，居於五千呎高度者與地面上又自不同。歡喜騎馬的人時常對人說，當一個人跨上馬背，他對於這個世界，另有一種看法。我相信是千真萬確的，棲隱山林的意義是以亦在提高道德修養，這殆爲一般畫家從事遊歷的最重要最終極的理由。這樣，那些畫家棲居於飄飄欲仙的高處，用其舒泰的精神，俯瞰世界，而這種精神就灌注到繪畫裏去。及思慮既經澄清，意志既經貞潔，然後重返城市生活，以其所獲，施捨於那些不得享清福的人們。他的題材可以變更，他的山林的恬靜精神永久存留。當他感覺自己喪失了這種精神清磨已罄，則他將重事遊歷，重受山林清逸之洗禮。

就是此恬靜和諧精神，山林清逸之氣又沾染一些隱士的風度，表徵著一切中國繪畫的特性。結果，它的特性不是超越自然，而與自然相融合。

二 中國書法

一切藝術的悶葫蘆，都是氣韻問題。是以欲期瞭解中國藝術，必自中國人所講究的氣韻或藝術靈感之源泉始。假定氣韻有世界通性，而中國人也未嘗獨占自然氣韻的專利權，惟很可能的尋索出東西兩方的感情強度的差異。上面論述理想中的女性時，已經指出，西洋藝術家一例地把女性人體當作完美韻律的最高理想的客體看待；而中國藝術家及藝術愛好者常以極端愉快的態度玩賞一隻蜻蜓、一隻青蛙、一頭蚱蜢或一塊崢嶸的怪石。是以依著者所見，西洋藝術的精神，好像是較爲肉體的，較爲含熱情，更較爲充盈於藝術家的自我意識的；而中國藝術的精神則較爲清雅，較爲謹飭，又較爲與自然相調和。吾們可以引用尼采學派的說法，說中國藝術是詩歌之神阿波羅（Apollo）的藝術，而西洋藝術乃爲酒神戴奧尼索斯（Dionysus）的藝術。這樣重大的差別，只有經由不同的理解力和韻律欣賞而來。一切藝術問題都是氣韻問題，吾們可以說任何國家都是一樣；也可以說直到目前，西洋藝術中的氣韻還未能取得主宰地位，而中國繪畫則常能充分運用氣韻的妙處。

所可異者，此氣韻的崇拜非起於繪畫，而乃起於中國書法的成爲一種藝術。這是一種不易理解的脾氣，中國人往往以其愉悅之神態，欣賞一塊寥寥數筆勾成的頑石，懸之壁際，早以觀摩，夕以瀏覽，欣賞之而不厭——此種奇異的愉悅情緒，迨歐美人明瞭了中國書法的藝術原則，便容易瞭解了。是以中國書法的地位很重要，它是訓練抽象的氣韻與輪廓的基本藝術，吾們還可以說它供給中國人民以基本的審美觀念，而中國人的學得線條美與輪廓美的基本意識，也是從書法而來。故談論中國藝術而不懂書法及其藝術的靈感是不可能的。舉例來說，中國建築物的任何一種形式，不問其爲牌樓，爲庭園台榭，爲廟宇，沒有一種形式，它的和諧的意味與輪廓不是直接攝取自書法的某種形態的。

中國書法的地位是以在世界藝術史上確實無足與之匹敵者。因爲中國書法所使用的工具爲毛筆，而毛筆比之鋼筆來得瀟灑而機敏易感，故書法的藝術水準足以並肩於繪畫。中國人把「書畫」並稱，亦即充分認識此點，而以姊妹藝術視之。然則二者之間，其迎合人民所好之力孰爲廣博，則無疑爲書法之力。書法因是成爲一種藝術，使有些人費繪畫同樣之精力，同等之熱情，下工夫磨練，其被重視而認爲値得傳續，亦不亞於繪畫。書法藝術家的身分不是輕易所能取得，而大名家所成就的程度，其高深迥非常人所能企及，一如其他學術大師之造詣。中國大畫家像董其昌、趙孟頫輩同時又為大書法家，無足為異。趙孟頫（一二五四－一三二二）為中國最著名書畫家之一，他講他自己的繪畫山石，有如寫書法中之「飛白」，而其繪畫樹木，有如書法中之篆體。繪畫的筆法，其基本且肇端於書法的「永」字八法。苟能明乎此，則可知書法與繪畫之秘笈，係出同源。

據我看來，書法藝術表顯出氣韻與結構的最純粹原則，其與繪畫之關係，亦如數學與工程學天文學之關係。欣賞中國書法，意義存在於忘言之境，它的筆畫、它的結構只有在不可言傳的意境中體會其真味。在這種純粹線條美與結構美的魔力的教養領悟中，中國人可有絕對自由以貫注全神於形式美，而無庸顧及其內容。一幅繪畫還得傳達一個對象的物體，而精美的書法只傳達它自身的結構與線條美。在這片絕對自由的園地上，各式各樣的韻律變化，與各種不同的結構形態，都經嘗試而有新的發現。中國之毛筆具有傳達韻律變動形式之特殊效能，而中國的字體，學理上是均衡的方形，但卻用最奇特不整的筆姿組合起來，是以千變萬化的結構布置，留待書家自己去決定創造。如是，中國文人從書法修鍊中漸習的認識線條上之美質，像筆力、筆趣、蘊蓄、精密、猷勁、簡潔、厚重、波磔、謹嚴、灑脫；又認識結構上之美質，如長短錯綜，左右相讓，疏密相間，計白當黑，條暢茂密，矯變飛動，有時甚至可由特意的萎頹與不整齊的姿態中顯出美質。因是，書法藝術齊備了全部審美觀念的條件，吾們可以認作中國人審美的基礎意識。

書法藝術已具有兩千年的歷史，而每一個作家都想盡力創造獨具的結體與氣韻上的新姿態。是在書法中，我們可以看出中國藝術精神的最精美之點。有幾種姿態崇拜不規則的美，或不絕的取逆勢卻能保持平衡，他們慧黠的手法使歐美人士驚異不置。此種形式在中國藝術別的園地上不易輕見，故尤覺別致。

書法不獨替中國藝術奠下審美基礎，它又代表所謂「性靈」的原理。這個原理倘能充分瞭解而加以適當處理與應用，很容易收得有效的成果。上面說過，中國書法發現了一切氣韻結體的可能姿態，而他的發現係從自然界攝取的藝術靈感，特別是從樹木鳥獸方面——一枝梅花，一條附了幾片殘葉的葡萄藤，一隻跳躍的斑豹，猛虎的巨爪，麋鹿的捷足，駿馬的勁力，熊羆的叢毛，白鶴的纖細，松枝的糾稜盤結，沒有一種自然界的氣韻形態未經中國書家收入筆底，形成一種特殊風格者。中國文人能從一枝枯藤看出某種美的素質，因爲一枝枯藤具有自在不經修飾的雅逸的風致，具有一種含彈性的勁力。它的尖端蜷曲而上繞，還點綴著疏落的幾片殘葉，毫無人工雕琢的痕跡，卻是位置再適當沒有，中國文人接觸了這樣的景物，他把這種神韻融會於自己的書法中。他又可以從一棵松樹看出美的素質，它的軀幹勁挺而枝杈轉折下彎，顯出一種不屈不撓的氣脈，於是這種氣脈融會於他的書法風格中。吾們是以在書法裏面，有所謂「枯藤」、所謂「勁松倒折」等等名目以喻書體者。

有一個著名高僧曾苦練書法，久而無所成就，有一次閒步於山徑之間，適有兩條大蛇，互相爭鬥，各自盡力緊掙其頸項，這股勁勢顯出一種外觀似覺柔和迂緩而內面緊張的力。這位高僧看了這兩條蛇的爭鬥，猛然而有所感悟，從一點靈悟上，他練成一種獨有的書體，叫作「鬥蛇」，乃係摹擬蛇頸的緊張糾曲的波動。是以書法大師王羲之（三二一—三七九）作〈筆勢論〉，亦引用自然界之物象以喻書法之筆勢：

劃如列陣排雲，撓如勁弩折節，點如高峰墜石，直如萬歲枯藤，撇如足行之趨驟，捺如崩浪雷奔，側鈎如百鈞弩發。

一個人只有清醒而明察各種動物肢體的天生韻律與形態，才能懂得中國書法。每一種動物的軀體，都有其固有的和諧與美質。這和諧是直接產生自其行動的機能。一匹拖重載之馬，牠的叢毛的腿和其碩大的軀幹，同樣具有美的輪廓，不亞於賽馬場中一匹潔淨的賽馬的輪廓。這種和諧存在於敏捷縱跳的靈猩獵犬的輪廓，也存在於鬈毛蒙茸的愛爾蘭㹴犬的輪廓。這種㹴犬，牠的頭部和足端差不多形成方的構形——這樣的形態奇異地呈現於中國書法中之鈍角的隸書體（此體流行漢代，經清世鄧石如之表揚而益見重於藝林）。

這些樹木動物之所以爲美，因爲它們有一種對於波動的提示。試想一枝梅花的姿態，它是何等自在、何等天然的美麗，又何等藝術的不規律！清楚而藝術的懂得這一枝梅花的美，即爲懂得中國藝術的性靈說的原理。這一枝梅花就令剝落了枝上的花朵，還是美麗的，因爲它具有生氣，它表現一種生長的活力。每一棵樹的輪廓，表現一種發於有機的衝動氣韻，這種有機的衝動包含著求生的欲望，意求生長則向日光伸梁，抵抗風的凌暴則維持幹體均衡的推動力。任何樹木都含有美感，因爲它提示這些推動力，特別是對準一個方向的行動或對準一個物體的伸展。它從未有意的欲求美觀，它不過欲求生活。但其結果卻是完美的和諧與廣大的滿足。

就是自然也未曾故意的在其官能作用以外賦予獵犬以任何抽象的美質；那高而弓形的猩犬的軀體，牠的連結軀體與後腿的線條，是以敏捷爲目的而構造的，牠們是美的，因爲牠們提示敏捷性。而且從此和諧的機能功用現出和諧的形體。貓的行動之柔軟，產生柔和的外觀。甚至哈巴狗蹲踞的輪廓，有一種純粹固有的力的美。這說明自然界範型的無限豐富。這樣範型常常是和諧，常常充溢著飽滿的氣韻而千變萬化，永遠不會罄盡它的形態，易辭以言之，自然界的美，是一種動力的美，不是靜止的美。

此種動力的美，方爲中國書法的奧秘關鍵。中國書法的美是動的，不是靜止的，因爲它表現生動的美，它具有生氣，同時也千變萬化無止境。一筆敏捷而穩定的一劃之所以可愛，因其敏捷而有力地一筆寫成，因而具有行動之一貫性，不可摹仿，不可修改，因爲任何修改，立刻可以看出其修改的痕跡，以其缺乏和諧。這是爲什麼書法這一種藝術是那麼艱難。

把中國書法的美歸諸性靈說的原理，並非著者私人的理想，可以從中國通常的譬喻來證明。他們把筆劃用「骨、肉、筋」這些字眼來形容，雖其哲理的含義迄未自覺地公開，直到一個人想起要設法使歐美人明瞭書法的時候。晉時有位女書家，世稱衛夫人，王羲之嘗師事之，她的論述書法這樣說：

善筆力者多骨，不善筆力者多肉。多骨微肉者謂之筋書，多肉微骨者謂之墨豬。多力豐筋者聖，無力無筋者病。

波動的動力原理，結果產生結構上的一種原理，為瞭解中國書法所不可不知者。僅僅平衡與勻稱的美，從未被視為最高之風格。中國書法有一個原則，即一個四方形不宜為完全的四方形，卻要此一面較他一面略高，左右相濟，而兩個平均的部分，其位置與大小也不宜恰恰相同。這個原則叫作「筆勢」，它代表動力的美。其結果在這種藝術的最高範型中，吾們獲得一種組織上的特殊形體，它的外表看似不平衡而卻互相調劑，維持著平衡。這種動力的美，與靜止的僅僅勻稱的美，二者之間的差異，等於一張照片，拍一個人或立或坐，取一個休息的姿態；與另一個速寫的鏡頭，照著一個人正揮著他的高爾夫球桿，或照著一個足球健將，正把足球一腳踢出去的比較。又恰像一個鏡頭，攝取一個姑娘自然地仰昂著臉蛋兒，較勝於把臉蛋保持平衡的正面。是以中國書體，其頂頭向一面斜傾者較之平頂者為可愛。這種結構形式的最好模範為魏碑張猛龍碑，它的字體常有鸞鳳騰空之勢，但還是保持著平衡。如此風格，求之當代書家中，當推監察院長于右任的書品為最好模範。于院長獲有今日之地位，也半賴其書法的盛名。

現代的藝術為尋求韻律而試創結構上的新形體，然至今尚無所獲。它只能給予吾人一種印象，覺得他們是在力圖逃遁現實。其最明顯之特性為它的成效不足以慰藉我們的性靈，卻適足以震擾我們的神經。職是之故，試先審察中國書法及其性靈說的原理，並賴此性靈說原理或氣韻的活力，進而精細研習自然界之韻律，便有很大可能性。那些直線、平面、圓錐形的廣博的應用，僅夠刺激吾們，從未能賦予美的生氣。可是此等平面、圓錐、直線及波浪形，好像已竭盡了現代藝術家的才智。何以不重返於自然？吾想幾位西洋藝術家還得用一番苦功，創始用毛筆來寫英文字，苦苦練它十年，然後，假使他的天才不差，或能真實明瞭性靈的原理，他將有能力寫寫泰晤士大街上的招牌字，而其線條與形態才值得稱爲藝術。

中國書法之爲中國人審美觀念的基礎之詳細意義，將見之於下節論述中國繪畫及建築中。在中國繪畫之筆觸及章法中，及在建築之形式與構造中，吾們將認識其原則係自書法發展而來。此等氣韻、形式、筆勢的基本概念，賦予中國各項藝術如詩、繪畫、建築、瓷器及房屋裝飾以基本的一貫精神。

三　繪畫

繪畫殆爲中國文化之花。它完全具有獨立的精神與氣韻，純然與西洋畫不同。中國畫之異於西洋畫，猶如中國詩之不同於西洋詩。這種差異是難以瞭解亦難以言宣的。繪畫有某種情調與氣韻，西洋畫中亦可見之，但根本上兩方是不同的，而且用不同的方法表現出來。

中國畫顯出其材料的經濟，可注意其許多空白的地位，一種調和組織的意象，用它自己的和諧來構成，而顯著有某種神韻的靈活特徵，更有一種筆觸上的豪邁與活潑的情態。這使觀者留下深刻不可磨滅的印象。陳設在吾們面前的繪畫，它是曾經作者性靈的內在轉化的。作者刪除題材不對題、不恰當、不和諧的成分，只給予我們一個完善的整體，這樣真實的表現生命卻又這樣不同於生命。意匠更爲顯明，材料之整理更爲嚴峻，相對點與集中點較易於案索，吾們可以堅決地覺察，藝術作家一定曾經干涉過材料本身的現實，而僅呈現給我們現實所表顯於他意匠中的形象，而不失其基本的逼真，亦不致喪失別人的可能理解性。它是主觀的，但沒有西洋畫家強烈的「自我」主張，也沒有西洋畫之非普通人所能瞭解之弊。它所構成的主觀的物體外觀，不致有所歪曲。它並不將一切意匠繪之於畫面，卻剩下一部分須待觀者的擬想，但也不把現實的形體改成令人迷茫的幾何形體。有時對於某一直覺對象之專注意味那樣濃厚，致整幅畫面只畫一條梅枝的梢頭，就算工作圓滿。可是雖將材料的現實加以主觀的處理，其效果不是作家自我困擾的固執，卻是與自然完全的融合。這樣的效果何由得之？此特殊的傳統法式如何生長起來？

這種藝術的傳統法式非出於倖致，亦非出於偶爾無意的發現。它的特性，我想最好用「抒情性」一詞來統括起來。而此抒情性乃來自人類精神及文化的某種典型。吾們必須記得，中國畫在精神上與技巧上都與中國書法和中國詩密切相關聯。書法賦予它技巧，起頭第一畫即決定它後來的發展；而中國詩則假之以神韻。因為詩書畫在中國為關係密切的藝術。欲期懂得中國繪畫藝術的最好途徑，為研究此構成特殊傳統法式的各種勢力。

簡言之，此特殊傳統法式，吾人所稱為抒情性者，為兩種改革的成果，這種變革，現代西洋畫正在經歷其過程，而中國則在第八世紀時已經出現於繪畫史上了。這種改革便是反對畫家的線條受繪畫的物象支配，反對將題材現實做照相式的重現。中國書法幫助它解決第一難題，中國的詩幫助它解決第二個難題。將此等改革及此傳統法式之起源一加研究，使吾人得以明瞭中國繪畫何由演成今日之特性。

中國畫的第一個問題亦即一切繪畫的問題，即不論在帆布上繪油畫抑在絹本上繪水墨畫，第一須問作家將何以善用其線條或筆畫。此問題純粹為技術問題即「筆觸問題」。沒有一個畫家可以避免筆觸的應用，而筆觸將決定他作品的全般風格。倘此線條機械地摹擬所繪對象物體的線條，不夠獲得具個性的豪放精神，吾人不久終將厭棄之。

這種反叛與吾人今日見之於現代藝術者相同，這個反叛在中國係由吳道子（約七〇〇—七六〇）發起，吳道子運用其神妙之筆為手段，筆觸豪放自由為其特色。畫家非但不隱藏線條，而且還加以發揚光大（吾人在中國建築中將見此同樣原理）。顧愷之（三四六—四〇七）僵硬卑馴的線條，宛如用鋼筆所畫者，乃由吳道子的所謂「蓴菜條」取而代之，此種線條曲折粗細變化無窮，筆意所至，無不暗合自然韻律。他的門人張旭實脫胎於吳氏的筆觸，而始創驚雷激電、雄視千古的狂草。王維（摩詰，六九九—七五九）更縱其天才，益精鍊其筆致以從事繪畫，時而改進前人模擬輪廓的方法，結果創造了南派畫宗。他所遠被的影響，吾人在下面即將見之。

第二個問題為：作家的個性將怎樣投入作品中，而使此一作品值得稱為藝術，超越無意義的寫真，但不犧牲物體的真性及和諧？反對單純的物理上的正確性，亦為現代藝術傾向的骨子，此種傾向可視為逃遁物質的現實，而尋求灌注作家自我意識於作品中的方法。這樣的革新在中國藝術史上發生於第八世紀，當時有新作風的樹立。人們感覺到不滿於照相型的物質現實的重映。

另一同樣悠久的問題為：作家怎樣始能將其自我的情愫或反應輸入作品中，而不致流為怪誕的遊戲畫？這個問題在中國詩中早經解決。其改革為反對無意義的正確與瑣細匠人式的手藝。新作風與舊作風的對峙，有一有趣的故事，李思訓（六五一—七一六）與吳道子同爲盛唐名畫家，玄宗時奉命圖繪四川嘉陵江風景於大同殿壁上，李思訓爲北派大師，設色敷彩，金碧輝煌，一月而竇事；吳道子潑水墨圖嘉陵江三百餘里山水一日而竟。玄宗因說：「李思訓一月而竣，吳道子一日而成，各盡其妙。」

當此反對瑣細手藝之革新發生的時代，產生了一位天才大作家王維，他是一位第一流山水畫家，他將中國詩的精神與技巧灌注入畫法中，他用詩的印象主義、抒情性、氣韻的崇拜，與山川萬物皆爲靈秀所鍾的觀念來作畫。如是，此具有藝術真價值而享盛名的「南派畫宗」的開山大師，乃爲一中國詩的精神所養成的人物。

就年代順序言，其發展情形可概述如下。大概中國人的藝術天才之初次自覺的注意，約當第四、第五、第六世紀，彼時藝術批評與文學批評相當發達。王羲之以望族世家而擅長書法，有「書聖」之目。繼乎六世紀之後，佛教勢力頗形發達，遺傳給我們以著名之大同石刻與龍門碑志，其書體發展而盛行於北魏者，至今有碑搨存留，爲人所珍視，立下很高的書法藝術法則。據著者所見，魏碑實爲書法藝術史中最光輝的作品。魏碑之風格至爲偉大，它不獨爲美，而爲美、力、工一致融合的結晶。在這個時期，謝赫第一個表彰六法論，樹立了「氣韻生動」的原則。千四百年來，凡繪畫的創作與批評，未嘗越過他的範圍。

其後繼之以偉大的第八世紀，這一個時期爲中國歷史上創造最豐富的時代，在繪畫、在詩、在散文上，都有新的偉大的創造。其原由至少一部分是因爲前一世紀戰亂時代新血胤之混入。李白和王維都出生於西北，那裏種族的混合最爲活躍，不過吾們對此仍缺乏更適宜的系統論據耳。無論怎樣，人類性靈在這個時期變成活潑而富創造力。這個時代傳給吾們以李白、杜甫及其他第一流詩家，李思訓、吳道子、王維的繪畫，張旭的草書，顏魯公的正楷，韓愈的古文。王維生於六九九年，吳道子之出生，約當七〇〇年，李白七〇一年，顏魯公七〇八年，杜甫七一二年，韓愈七六八年，白居易七七二年，柳宗元七七三年，都是中國歷史上第一流人物。又適當這個時期，出了個絕代美人楊貴妃以伴天子，而奇才李白以增輝朝廷。惜乎好景不長，這個時代終究也不獲久享太平。

無論北派之盛如何，南派終於應運產生。而吾們對於中國繪畫所感之興趣實亦集中於南派。因其爲純粹中國所持有之作風，這一派後世稱之爲「士大夫畫」。到了十一世紀，在宋代學者像蘇東坡（一〇三六－一一〇一）、米芾（一〇五〇－一一〇七）及其子米友仁（一〇八五－一一六五）輩創導之下，技巧更趨簡單而主觀化。此派稱爲「文人畫」。蘇東坡嘗作墨竹，從地起一直至頂，觀者不解，問其何不逐節分。蘇東坡答曰：「竹生時何嘗逐節生。」運思清拔類如此。蘇東坡又爲書家及大詩人，長於畫竹，是以極愛竹。嘗云寧可食無肉，不可居無竹。他的畫竹喜用水墨潑成，不施彩色，而氣勢變化頗類醉書狂草。他的繪畫方法亦往往先酣酒暢飲，既醉且飽，當酒酣耳熱之際，受著酒性的刺激，用毛筆蘸飽水墨，乘意興之所至，或以作書，或以作畫，或以題詩，胸無定見，嬉笑怒罵，皆成文章。有一次在這樣意興之下，提起筆來在壁上題了一首詩，它的字句英氣自然，不易翻譯，詩云：「空腸得酒芒角出，肝肺槎牙生竹石；森然欲作不可留，寫向君家雪色壁。」那個時候，繪畫無復是繪畫，卻是像書法那樣在「寫」了。吳道子的繪畫也都乘著酒興，或當觀友人舞劍之後，舞劍的旋律，足資他的模擬而灌注於他的作品中。那很明白，在這樣暫時興奮下的作品，只能迅疾的寥寥數筆揮成，過了這個時刻，酒興的效力怕不早就煙消雲散了嗎？

在此一切酒興的背後，還有一種很優美的畫學哲理。中國精研畫學的學者，他們遺留給後世篇帙浩繁的藝術批評論著，很精細的分析「形」，即所繪物體的物質外貌：「理」，即物象內含的條理或精神；「意」，即作家自身的概念。「士大夫畫」爲一種反對「被役而非自主的象真」的抗議。這樣爲物象所奴役的手藝，自古迄今可資例證者很多。宋代文人特別著重「理」，物體內含的精神。無意義的外形之精細正確爲商業美術家的工作，繪畫之值得稱爲藝術者，其唯一目的爲把握住精神。固非是常人所見之無意義的醉態而已也。

所可注意者，此等繪畫，非爲專門美術家的作品，而爲文人學士消閒遊戲之作。此非專業的遊戲三昧的特性，使作者得抒其輕淡愉快的精神從事繪畫。當十一世紀之際，有所謂「士大夫畫」的勃興，這種士大夫畫稱爲「墨戲」。這是文人學士的一種消遣方法，出於遊戲性質，與作書吟詩無異，故沒有一些沉滯不活潑的神態。大概那輩文人學士在書法中已把毛筆運用熟了，洞悉筆性，乃出其充溢有餘的精力，發揮之於繪畫，以爲精神上愉快之調劑。書法與繪畫，其物質的設備是一樣的，同樣軸子，同樣毛筆，同樣水墨，這四五樣便是案桌上所有一切齊全的設備。米芾爲「士大夫畫」派的一大家，他的作畫可不用毛筆，有時用捲紙渲潑，有時甘蔗蓮梗揮抹。當興會已至，此輩文人腕下，簡直有一種魔力，無不可爲之事，因爲他們具有把握住基本韻律的本領，此外的一切，都爲氣韻的附庸。就是當代畫家中也有用手指作畫，有一人甚且能用舌捲動舐紙而作畫者。繪畫是以爲文人學士陶情遣性，修養身心的娛樂，雖至今猶然。

這種遊戲三昧的精神，即爲中國畫的一種特質，這個特質叫作「逸」。與逸字意義最相近的英文翻譯是fugitiveness這個字（英文原義為飄泊、放逐）——如果這個字能同時包括「浪漫」和「隱逸精神」兩種意義。這種不經心、無掛慮的性質正是李白詩的特色。這個逸，或是飄泊，或是幽隱的特性，被視爲文人畫最高的境界，而它是從遊戲精神來的。彷彿道家精神，它是人類想擺脫這個勞形役性的俗世，而獲得心情上的解放與自由的努力。

這種願望是容易瞭解的，只要吾們明白這些士大夫精神上所受道德的政治的何等樣束縛。他們只有從繪畫中尋求自由的恢復。元代大畫家倪雲林（一三〇一—一三七一）尤富於這種特性，他說：「僕之所謂畫者，不過逸筆，草草不求形似，聊以自娛耳。余之竹，聊以寫胸中逸氣耳，豈復較其似與非，葉之繁與疏，枝之斜與直哉？」

是以在南派的水墨山水和人物畫中，吾人必須認識其所受書法之影響。第一，你可以看出其敏捷有力而常含高度韻律的筆觸，從一枝松榦的皴法，你可以看出書法中旋曲線條的同樣原理。董其昌云：「畫樹之法，須專以轉折爲主，每一動筆，便想轉折處，如寫字之於轉筆。」而王羲之論書法則云：「每作一筆須有三頓折。」董其昌又說：「士人作畫，當以草隸奇字之法爲之。」你又可以從怪石的多孔而波浪形的皴法看出一種所謂「飛白」的書體，這種書體係用墨瀋較爲乾燥的毛筆寫的，筆畫中間露出許多空白間隙。又可以從纏繞虯曲的樹枝看出篆文扭動的線條。這是趙孟頫告訴我們的秘訣。更進一步，空白地位的藝術處置，亦爲一重要書法原理，因爲適宜的留白爲書法之第一要訣，如包慎伯所說：「章法爲一大事，疏處可使走馬，密處不令透風，常計白以當黑。」故章法適當，不在墨守左右均齊之形式，如今日于右任之書法可以見之。中國字體的左右不平衡，無關乎宏旨，而結體章法布置失當爲不可饒恕之過失，犯了這個毛病，便是充分證明他的書藝之未臻成熟。

從一幅簡單的圖稿，你又可以進而辨出駕馭毛筆的律動，稱爲「筆意」。意的意義爲藝術家心中的概念。作中國畫實不過爲寫出胸中的概念，故謂之「寫意」。筆墨尚未著紙之先，藝術家胸中已有一確定的概念，然後著手下筆，一路畫來。不過經由某些筆致寫出此概念。他不能容忍不相干的筆意參入，不欲添加一枝一葉以保存有機的調和，致犧牲胸中的主意；當他已經表達出心上的基本概念，那這幅繪畫的任務業已完成。他馬上擱筆而完稿。由此理由，可知畫面所以能生動，因其背後的概念是靈活的。那好像讀一篇優美精警的小詩，字句已經盡畢，可是韻味無窮，如繚繞於字裏行間。中國藝術家形容這種技巧叫作「意存筆先，畫盡意在」。因爲中國人是講究餘韻的大師，他們歇手於「恰到好處」。中國人歡喜啜上好香茗，又歡喜嚼橄欖，這給予他們一種「回味」。這種回味在喝嚼當時倒辨味不出，直等到喝完了香茗，吃完了橄欖，再隔個數分鐘，始使你感覺到。這種技巧在繪畫中的效果是一種特質，叫作「空靈」，它的意義是：極度生動而伴之以意象的經濟。

中國的詩，賦予繪畫以性靈，如上面講述詩的一節中說過，詩家往往兼爲畫家，畫家亦往往兼爲詩家。這種情形在歐美便沒有像中國那樣普遍。詩和畫出乎同一的人類性靈，自然其精神及本質上的技巧彼此相通。吾們知道了繪畫的怎樣影響詩的眼界，因爲詩人的眼即是畫家的眼。但是吾們也可以看出畫家的精神即詩人的精神；畫家顯出跟詩人同樣的印象，同樣的暗示技巧，同樣的馳想於不可解釋的宇宙，同樣以萬物皆靈的想像與自然相融合，這些特質本爲詩的特色，詩的心景就是畫境活現的一瞬，而藝術家的心景可以用詩的形式發表出來，稍事研習，也可以用畫面描寫出來。

所謂眼界，或許在歐美人聽來不甚清楚，讓吾們再來解釋一番，即中國的繪畫是假定在很高很高的山嶺寫作的。你倘使在很高的高度，例如從飛翔於離地面六千呎的飛機上所獲得的印象，他的眼界一定與處於尋常平面所獲得的眼界不同。當然，測視點的地位愈高，則幅合於中心點的線條愈稀。它又顯見地受了中國畫軸之長方形的影響，這種畫軸的式樣，需要離軸底的前景較遠的距離，以達至軸頂的天線。

無異於現代的歐美新派畫家，中國畫家之所欲描摹者非爲外表之現實，而爲其自己印象中之現實，因是他們的畫法是印象派的畫法。不過西洋印象派畫家的毛病，是他們似覺過於巧黠又過於邏輯。竭盡一切的機巧，中國畫家不能產生藝術的幻象足以驚駭庸俗者。他們的印象主義的基本，即爲前面所述「意存筆先」這一個原理。是以繪畫之要領非爲物質的現實，而爲藝術家由現實所反映之概念。他們不忘他們所繪畫者，乃爲貢獻給人類同儕而繪畫，是以他們的概念必須爲別人所能領悟者。他們受了中庸之道的約束，他們的印象主義是以爲人情的印象主義。中國畫家作一幅畫，他們的目的是在傳達統一的概念，這概念決定畫面上的布局，何者宜描繪，何者宜簡略，以達到空靈的美質。

因爲概念是繪畫的第一要義，他必須用最大之毅力使之涵蘊詩意的概念。當宋代中葉，政府有畫院之設立，四方之能畫者，得應政府之畫藝考試。從此等畫試的評判標準，吾們可以看出此詩意概念何等的超越其他要素而獨占重要地位。凡中式的繪畫，無一非爲表現最優之詩的意象者，而此最優的概念又無不賴乎暗示的方法。畫題的本身就已富含詩意，因為它們大都為一句或二句詩句。不過其機巧全賴乎最能用暗示的方法表達詩意者。舉一二個例子便能夠明瞭。宋徽宗時有一次考試的畫題為：

竹鎖橋邊賣酒家。

許多應試者，無不向酒家上著工夫，故酒店的店景占了全畫面的中心部分。一善畫者則但於橋頭竹外掛一酒帘，帘上寫一酒字，畫面上但見叢竹孤橋，並無酒家之痕跡，然酒家深藏於竹林之內，意已瞭然，於是此人被擢魁首，以其善體題中「鎖」字之意。又有一次考試，則其畫題係採用韋應物的詩句：

野渡無人舟自橫。

這首詩的作者早已運用著暗示的方法，傳達一種靜寂荒涼的氣氛，顯示一條孤舟無人管理，受著流水的沖盪而飄泊著；而作畫者更把這意思推進一層。那幅中魁首的畫，畫一隻鳥棲息於一條小船上，另一隻鳥則下飛作正將棲止之狀。這樣描寫幾隻鳥的接近船身，暗示這條船是被遺棄著，沒有人在近處，它就充分的表現了靜寂荒涼的意味。

又有一幅圖畫，乃在描寫富貴府邸的奢華景象。一位現代畫家，當他描繪現實弄得煩膩了的時候，或許也想用用暗示畫法。但是他的暗示或許將描繪一支薩克斯風的錯雜音波，幻覺的穿越一只香檳酒杯，這只酒杯擱在一個婦人的胸膛上，這個婦人半身隱掩於汽車裏面，這輛汽車正在輕輕掠過柯奈特號海船的煙囪等等情景。中國印象派畫家畫起來，背景上畫一殿廓，金碧輝耀，朱門半開；一宮女露半身於戶外，以箕貯果皮作擲棄狀，如鴨腳、荔枝、胡桃、榧栗、榛黃之屬，一一可辨，各不相因。這樣很詳細的依現實描寫出來，其屋內的奢華盛宴不見於畫面，但用這些賸餘的殘物傾倒於垃圾堆的情景來暗示。畫家的概念是以萬能的，技巧上的詩意的美質賴以表現。率直無含蓄的描繪是羞恥的。中國藝術家所時刻留心的是：含蓄一部分，讓人去辨味。

中國繪畫是否僅以善處概念而感到滿足？概念乃思惟之產物而爲性靈的產物，是以純粹的放縱意象，會碰到此路不通的一日，因爲藝術最主要的作用，應該迎合吾人的情感與意識，否則將退化成機械的奇形或爲邏輯的圖表，機械的智力技巧的概念倘它不能引起吾人情感的共鳴，從不能產生偉大藝術。這一點吾們在任何偉大作品中都能看得出來，不論是中國或歐洲的名畫。是以吾們不如說心景是萬能的。畫兩隻鳥棲息於一條船上，恰恰暗示其附近沒有舟子，而沒有舟子這種概念倘不能同時引起吾人感覺荒涼寂寞之共鳴，便了無意義。苟欲引起觀者的共鳴，怎的不畫一些湍流把那條船冲個橫擺呢？當我們觀著這幅畫而有一種感觸，覺得這條船倘不是被遺棄，它將不會被川流冲得這樣橫擺飄泊，而這種飄泊的景象引起吾人一種對於荒涼景色的回想，便深深打動吾們的心坎。這樣，這幅畫就是生動而有意義的了。一幅圖吾倘但憑畫著橋邊一家酒店隱於竹林中，不生什麼效用，直等到吾們被提示而引起回想，如見許多人民聚集於酒肆中，那兒迢迢永晝。光陰的過去似很覺遲鈍，而人民的生活是那麼安靜閒逸，他們或許在閒坐談天，消磨整個下午，談些漁翁的風濕病，以至皇后娘娘年輕時的風流史。是以心景之共鳴作用不論在畫中或在詩中是萬能的。這使吾人重視氣韻生動這個綱領，這是自從謝赫首先闡明六法論之後，千四百年來奉爲中國繪畫之最高理想，又爲其他畫家從而推敲討論之中心。

吾人必須肯定的記取，中國繪畫本不欲僅取細小部分之正確，蘇東坡有言：「論畫以形似，見與兒童鄰；爲詩必以詩，定知非詩人。詩畫本一律，天工與清新。」但是除開了形似，畫家還拿什麼來貢獻給吾們呢？繪畫的目的將是什麼呢？他的答語是：藝術家須傳達景物的神韻性靈而引起吾人的情感共鳴。這是最高目的而爲中國藝術的理想。吾人固猶憶中國畫家常喜歷訪名山以澄清思慮而培養精神。他攀登最高峰巒以取得精神與道德之提高，他凌冒烈風而淋清雨，以聽江海之濤聲。他冥坐荒原亂石堆中，或棲息竹林叢樹間數日不返，以攝取自然界的靈感。他既與自然界的靈感交通，乃以其所獲傳送與吾人，爲吾人創作一幅繪畫，充盈著真性情與靈感，其變幻靈活，無殊自然界本身。他將如米友仁，給我們一幅山水畫，層雲疊嶂，煙霧迷濛，縈繞山樹間，在這一幅畫面上，一切詳細物景都沉浸於此潤濕的大氣中。或如倪雲林，給吾們一幅秋景圖，帶著清涼的景色，間隔著一條露白的雲氣，如霧如煙，樹葉是那麼稀疏零落，予吾們一股荒涼凜冽的寒氣感覺。在這種氣氛與韻律之下，一切細節都將忘卻，而只賸留中心的一點性靈。這便是中國藝術的最高理想——氣韻生動。於是詩與畫又復相通。

這是中國藝術的使命，它教導我們以廣博的愛好自然之精神，因爲中國畫的最大成功，便是描寫自然的山水畫。西洋風景畫之最佳者，如柯羅（Corot）的作品，給我們同樣的自然氣氛的感覺。

所惜在人物畫方面，中國藝術是十分落後的，因為人體被當作自然界物體的點綴物。女性人體美的鑒賞，不可求之於中國繪畫。顧愷之、仇十洲的仕女畫所給予吾人的印象，不是她們肉體的美感，而只是線條波動的氣勢。照我看來，崇拜人體，尤其崇拜女性人體美是西洋藝術卓絕的特色。中西藝術最顯著的差異，在兩方靈感之不同，這就是東方感受自然之靈感而西洋感受女性人體美之靈感。今畫一個女性人體，而命一畫題曰沉思，或畫一個赤裸裸的浴女，以表現所謂人體美，將使中國人見之，為之驚呼卻步。至今許多中國人還是不明瞭西洋文化需要活的標本，所謂模特兒，剝得精光而放在眼前以供觀摩，每日以兩小時為度，然後開始學習基本繪畫。當然也有許多歐洲人歡喜把惠斯勒（Whistler）的名畫「我的母親」高掛壁上，資為範本，而不敢大膽把女性人體供作觀摩。今日猶有許多英美人士在房中掛了一幅法國畫，歉疚自愧地對人解釋：這間房間是租來的時候早就布置現成了的。倘有友人送了一幅威尼斯神女像的冬至禮，真叫他不知怎樣安排才好呢。他們在通常談話中絕口不把這些東西稱為藝術，而這種繪畫的作者一定是「瘋狂的藝術家」。話雖如此，正統的西洋畫，在其本質上及靈感上是戴奧尼索斯的。西洋畫家好像在裸體或近乎裸體的人像以外看不到什麼東西。春天，中國畫家以描畫一隻肥碩而美麗的鷓鴣來象徵，西洋畫家則以舞蹈的仙女和追逐在後的牧神。中國畫家頗感興味於蟬翼細緻的紋路或蟋蟀、蚱蜢和蟾蛙的整個肢體；中國的文人雅士會將此等繪畫懸掛壁上，興味無窮的朝夕欣賞之，西洋畫家則至少要有埃內爾（Henner）的Liseuse或Madeleine，否則不感滿足。

人體的探索，亦為今日歐洲文明對中國的最大影響，因為它改變了藝術靈感的源泉，亦從而改變了整個人生的觀念。追根究柢，它其實應稱為希臘的影響。與學識再生的文藝復興俱來的，是人體崇拜和衷心認定生命至美的文藝復興。中國的傳統原本就大部分都是十足的人文主義，其中並無任何希臘的影響，所怪者「人體是美麗的」這種說法竟始終付之闕如。吾們倘睜開眼睛，一審人體的美質，恐其印象不致輕易遺忘。這種人體美的發現和女性人體美的崇拜之所以為最大的影響力之一，是因為它跟人類最強烈的本能——性——有著密切的聯繫。由是觀之，我們可以說阿波羅的藝術地位已為戴奧尼索斯的藝術所奪取；宛如今日的中國畫在大多數學校中不列入課程，甚至多數美術學校亦然。他們從模特兒或從古典石膏像（**希臘的或羅馬的**），描摹著女性人體輪廓和解剖。此種對於裸體美之崇拜，實無須託辭乎柏拉圖的純潔審美主義，因為只有老朽的藝術家才把人體看作無情欲的崇拜對象，也只有老朽的藝術家才謹飭地替自己辯護。老老實實，崇拜人體是含有肉欲的意味的，他必須如此。真實的歐洲藝術家並不否認這些事實，且復公開地說明它。同樣的非難不能加諸中國藝術。可是不論吾人願意與否，這種勢力已侵入了我們的藝術界，其勢不可阻遏。

四 建築

「自然」永遠是美麗的，而人工的建築往往反是。因為建築不同於繪畫，它自始無意於模擬自然。建築的原始不過是石、磚、三合土的堆砌，所以供人遮蔽風雨。它的第一綱領，在乎效用，雖至今日，此旨不變。因是那些不調和的現代建築——工廠、學校、戲院、郵政局、火車站，和那些筆直的街道，它們的醜惡、鬱悶，使人往往感覺到有逃往鄉村的必要。因為自然與人工之最大差別，為自然的無限豐富與吾們的機巧之極端有限。最精敏的人類智力也不能發明什麼，左右不過是那些呆鈍的建築拘泥於有限的傳統模型，東一所圓頂、西一所三角頂的屋子。予人印象最深刻的王陵或紀念碑，尚不足與樹木的靈巧意象相比擬，就是吾們大道兩旁排列著的經斫削而消毒的樹木，也不足與之比擬。你看自然是何等大膽！假令這些樹木的粗厲表皮和不規律的形態移之於建築物，那吾們大概將這位建築師送入瘋人救濟院。自然甚至膽敢將樹木刷上綠色。吾們畏怕不規律，吾們甚至畏怕顏色，吾們於是發明了「灰黃色」這一詞來形容吾們的生活。

為什麼吾們竭盡了所有才力，仍不減少衚衕、新式人行道、直線市街的鬱悶，使吾們不斷的想逃避都市生活而尋求避暑勝地？效用便是答語。可是效用並非是藝術。現代的工業時代使這情形更趨惡劣，尤其因為發明了鋼骨混凝土以後，這是工業時代的一個信號，而且這情形將一直延續下去，直到現代的工業文明終止的時期才會轉變，多數水泥鋼骨建築甚至忘卻了裝配屋頂，因為據建築家告訴我們，這屋頂是根本沒有用途的。有幾位公然自稱他們從紐約的摩天建築物感到一種美，誠如所言，作者本人卻從未看出任何美。它們的美是黃金的美，它們的所以為美，因為它們顯示出千萬萬金元的魔力。它們表現著工業時代的精神。

但是因為吾們對於為了自己而建築的房屋，每日都要見面，吾們的日常生活又大都消磨在它們的裏頭，加以惡劣的建築會妨害吾們的生活典型，吾們有一個很近情理的要求，吾們要使它美觀。房屋的外觀很機敏地改變吾們城鎮的市容。一架屋頂並非單純爲蔽禦烈陽風雨的一架屋頂，卻是足以影響吾們對於家庭概念的一種東西。一扇門並非是僅僅供人出入，它是引導吾們跨入人類家庭生活之奧秘的鎖鑰。總之，吾們敲著一扇褐灰色的小屋門或敲著一扇裝著金黃獸環的朱漆大門，二者之間是有些差別的。

所困難者，吾人竟將怎樣砌石鋼筋之類賦具生命而說些美的語言。吾們竟將怎樣賦予它們一個精靈而使它們說些東西給吾們聽，好像歐洲的天主教徒常有一種精靈對他們說話，吾們能否也希望有這樣的精靈說無聲的語言，將最偉大的美麗與宏壯告訴吾們？且讓我們看中國的建築家怎樣解決這個難題。

中國建築術的發展，可以看出，是跟西洋建築沿著兩條路線前進的。它的主要傾向是企求與自然相調和。從許多方面看，它的這種企圖是成功的。它的成功，因爲它能夠攝取梅花嫩枝條的氣韻——首先轉化入書法的靈活生動的線條，然後轉化入建築的線條與形式，更補充以象徵的意象。經由迷信堪輿術的流行，羼入了萬象皆靈的基本概念，這使人被迫地審察四周的景色。它的基本精神是和平與知足的精神，產生優越的私人居宅與庭園。它的精神不像哥德式的尖塔，直指天空，而是覆抱著地面，且甚滿足於它的形式。哥德式天主教堂顯示崇高的精神，而中國式的廟宇宮殿顯示寧靜清朗的精神。

書法的影響竟會波及中國的建築，好像是不可置信的。這種影響可見之於雄勁的骨架結構，像柱子屋頂之屬，它憎惡挺直的死的線條，而善於處理斜傾的屋面，又可見之於它的宮殿廟宇所予人的嚴密、可愛、勻稱的印象。骨架結構的顯露和掩藏問題，等於繪畫中的筆觸問題。宛如中國繪畫，那簡略的筆法不是單純的用以描出物體的輪廓，卻是大膽的表現作者自己的意象，因是在中國建築中，牆壁間的柱子和屋頂下的棟樑椽桷，不是掩隱於無形，卻是坦直地表露出來，成爲建築物的結構形體之一部。在中國建築中，全部框架工程有意的顯露在外表。吾們真歡喜看此等構造的線條，它指示出建築物的基礎形式，好像吾們歡喜看繪畫底稿上有韻律的略圖，它是代表對象物體的內容而呈現給我們的。爲了這個理，木料的框架在牆壁間總是顯露著的，而棟樑和椽桷在屋宇的內面和外面都是看得出的。

這是導源於書法、人人皆知的原理：「間架」。一個字的各種筆畫中，吾們通常揀選其中的一筆橫畫或豎畫，或有時揀一個方框，作爲其餘筆畫的支柱，吾們必定使這一筆格外有力，或格外頎長一些，使它較其餘筆畫明顯突出。有了主要筆畫的支撐，其餘的筆畫便聚集於其周圍，或以它做中心向外散開。即使群眾建築物，設計上亦存有「軸線」原則，一如許多中國字都有軸線一般。北平整個舊城——世界上最美麗的城市之一——的設計，可大部分歸附在一條看不見的中軸線上，此軸線南北延展至數里之長，南起外前門，直接通過皇帝寶座，北抵煤山及後面的鼓樓。這樣的軸線可明顯地見之於「中」和「東」「束」「柬」「聿」「乘」等漢字當中。

或許比筆直的軸線原則更見重要者，爲與直線對比的曲線、波浪線，或不規則的韻律線條。這在中國建築的屋面上看得再清楚沒有。任何中國的廟宇、宮殿或宅邸等建築物，都是以柱子的豎線和屋面的曲線相結合或相對比爲基本原則。屋頂的本身，就含有屋脊的直線和其下方的凹陷線條的對比。這是因爲吾們練書法時，老師教導說：吾們寫了直線的主要筆畫，不論是豎的、橫的、或斜的，就得用曲線或柔軟的不連續線條在旁邊與之呼應對比。屋脊則僅用少許裝飾性物品來進一步打破其單調。只有運用這些線條加以對比，柱子和牆壁的直線始覺可以容忍。只要看到中國廟宇和住宅的一些最佳範例，就會注意到屋頂造成的裝飾效果，反而比柱子和牆壁（大都不在正面出現）更明顯——後者在比例上常較屋頂為小。

屋頂斜傾的由來，還不十分清楚，它可能是中國建築最出色而顯著的特性。有人想像它是跟吾們遊牧時代的帳幕形式有聯繫關係。其實它的理由在書法中可以明見，任何人能透徹明瞭中國書法原則者，無不能看出其可愛的疾掠線條的綱領。中國書法之最大困難，乃在使筆畫飽含筆力，於完全直線的筆畫中常尤為艱難。反之，向任何一面略作斜勢，立刻可顯出緊張的氣勢。只要看一看漢字部首優美的斜傾表象屋頂，當可見這不是純粹作者的幻想。

吾們愛好富含韻律的、或波浪形的、或斷續的線條，而憎惡呆直僵死的線條是很明顯的，只要你留意我們從未誤會像克麗奧佩特拉方尖碑（Cleopatra's Needle）那樣拙劣的東西。有幾個摩登中國建築師仿照了西式建築，搭了幾座燈塔模樣的東西，叫作西湖博覽會紀念館，它矗立於美麗的西湖景致中間，無異美麗的臉龐兒上留下一道瘡疤，使人諦視稍久，非引起刺目之感不可。

那很容易舉出幾個例子，說明吾們打破直線悶鬱的方法。最好的範本，莫如樹有欄杆的圓拱橋。圓拱橋的形式便能與自然相調和，因為它是弧形的，又因為它裝配有欄杆。它的穹窿不及布魯克林（Brooklyn）橋之長，它的欄杆不及布魯克林橋之有用，但無人能否認它顯出較少的人工機巧，卻是含有天然的美麗。又可以觀察塔，試想它的全部美觀，乃因其輪廓的單調被接續的突出簷層所打破，尤其那些弧形朝上翹的簷角，很像書法中的一捺。再看一看北平天安

鄭孝胥的書法（鄭孝胥為滿洲國總理，知名書法家）

「官」和「家」這兩個字的頂部「宀」，是漢字的部首，有「屋頂」的意思。注意其中間的凹陷，與得自中式屋頂的筆意。「令」字的頂部是一個「人」字，不過很像屋頂的外廓線。也請注意筆畫向下撇的氣勢和收尾時向上翹曲的樣子。

另外，包含和應用在中國建築中的結構原理也須加以注意。注意「官」字那挺直有力的豎線（即柱子），與之對比的是「屋頂」的曲線和搭附在柱子上的其他橫筆。注意「家」字中央的豎向曲線，其他筆畫全向它的頂點集中，彼此之間卻能巧妙地保持平衡。

門外特殊的一對大石柱——華表。它頂部的雲形弧線，極爲觸目，其意匠的大膽，就在中國藝術中也終鮮匹儔。不論它的名義是什麼，總之，石柱上有了波浪形的表面。據說這些波浪形是代表雲的，但這不過是藝術上的名稱，所以傳導神韻於石柱的表面。孔廟中也有石柱，則浮雕有圍繞的龍形波浪線條，因爲這種龍形的波浪線條有助於打破直線的單調，吾們覺得這龍形乃有其裝飾上的效用，不僅僅爲一種表象而已。

隨時隨地吾們盡力以攝取天然的神韻，模擬它的不規律的線條。其精神存在於一切意匠的背後者，仍爲書法的精靈思想的精神。吾們的打破窗框子直線的單調，係用竹形的綠色釉彩瓦管來裝飾。吾們甚至敢用圓形的、橢圓形的以及花瓶形的門檻子，以打破牆壁直線的單調。吾們的窗框子之形式，多如什錦餅乾的花樣，也有作芭蕉葉形的，也有作桃形的，也有作雙疊西瓜形的，也有作扇形的。李笠翁是詩人、劇作家，又爲享樂主義者，他爲竭力提倡鑲鏤窗欄及女牆隔屏者。窗的骨架通常是直線的，沿著這個骨架，李笠翁介紹一種雕鏤小格的鑲嵌方法，使其姿態生動。這個方法也應用於隔屏、床柱，及其他格子花樣的用器。最後，假山的堆砌殆爲吾們盡力想把自然的不規律線條介紹入建築術的最清楚例子。

換一句話說，中國建築隨時隨地設法模擬鳥獸草木的形態，以謀補救直線單調的弊病。這種企圖自然引起應用象徵主義的考慮。蝙蝠常常被用作裝飾的標本，因爲它的弧形的翼翅可以裝飾成多種不同的花樣，同時又因爲它的名稱跟「幸福」的福字諧音。這種象徵的用意是很幼稚的，卻是很容易明瞭，雖婦人稚子都能通曉。

但是象徵主義另有一種功用，它在幾種傳統的意匠中，包含著民族年齡與希望的思想。它激起了我們的幻想，引導我們走入緘默無言的思想境界，好像基督的十字架與蘇聯的鐮刀與槌。因爲這種民族的思想是太偉大，非言語所能傳達。一支中國式的柱子，挺直的上升，完全是一種單純的意匠，直等到它接達頂部之際，它驟然隱失於一群紛繁的意匠中間，那兒是橫支柱、簷板、短柵，吾們抬頭一望，可喜瞧見了生動的意匠，瞧見了一對鴛鴦，或是一隻草蟲，或是一支筆一錠墨。當我們仰望著一對鴛鴦，那是無時無刻不是成雙作對的，吾們的印象遂被導至婦人的愛情；當我們仰望著文房四寶，吾們想到書齋裏幽靜的書生。那兒描繪著金黃青綠的色彩的有蚱蜢，有蟋蟀，也有鴛鴦，它充滿了快樂，充滿了塵世間所能夢想得到的快樂。有時吾們描繪著風景，有時描繪著家庭快樂圖，這是中國彩描最常用的兩個畫題。

龍爲中國所最尊崇的動物，牠是象徵皇帝的一個標記。皇帝當然是無往而非幸福的。牠在裝飾繪畫上是最多被應用著的，一部分因爲牠盤繞的身體包含著很完美的韻律，優美而有力。我敢說吾們也可以把蛇用入裝飾意象中，倘非龍的用入裝飾意象中，除了牠的外形美，牠美觀的爪、角、鬚、鱗——那是很有用於打破單調的——牠還含蓄著深奧的意義這種特點。龍又代表另一種俗世的思想，那便是上面講過的逸的原理，牠代表道家思想的一大智慧，因爲牠往往隱匿於雲氣之間，不大肯顯露其全身。這樣才是中國的大人物，既挾有權勢，又復足智多謀，可是牠寧願隱藏而不顯。牠可以下沉於泥淖，上騰於天空。當其隱於深山大澤，不可見其痕跡，及其際會風雲，若諸葛亮者，則叱吒烜赫，震驚一世。大水災在中國也往往委諸於龍的行動，吾們有時還可以瞧見牠的上升，蓋當其雷電倏閃之際，一股雲氣直沖天空，時則狂風大作，廢屋蓋，拔樹根，吾們稱爲龍捲風。然則吾們爲何還不崇拜龍？牠是威力與智慧的實體。

那麼龍，不是純粹爲神話的或遠古的物體。由中國人的觀念，山川都有神靈，而從許多盤曲的山脊，吾們看出龍背，當山脈漸次下降而沒跡於平原或海，吾們看出龍尾。這是中國的泛神主義，是堪輿術的基礎。堪輿術雖爲不可信的迷信，它具有相當靈學上的和建築上的價值。這種迷信是這樣的，他們信仰：倘把祖先的塋墓安葬於優美的景地，從這個地點可以眺望或俯瞰那龍嶺獅峰，則可以延福及死者之子孫。倘令安葬的地點及其四周的風景確係卓越，例如五龍五虎聚集而歸宿於此塋墓，那塋他的子孫間必有一人登立帝統，至少爲當國宰相。

但是這個迷信的基礎是一個泛神的風景欣賞，而堪輿術使我們更銳敏的觀察美景。我們乃從山嶺的輪廓和一般的地形學上按索與動物形體一樣的韻律。無論向那一方面觀望，吾們覺得自然是真神靈的。它的氣脈自東往西的疾馳而同歸於一點。又似吾們在山川地形所觀得之美，不是靜止的勻稱的美，而是動態的美。一個弧形的所以可取，大半因其爲一個勁疾的姿勢，而非因其爲一個弧形，故雙曲線比之一個完全的圓圈來得受人歡迎。

堪輿術的審美觀念從廣義上講，是以很鄰近於中國的建築術。它迫使辨別地位與風景的優劣。著者有一個友人，他的祖墓旁邊有一口池。這口池是吉利的，因爲它被當作龍睛。只要等到這口池枯涸起來，這個家族的資產將遭傾覆。不過在事實上，這口池位於離墓穴不遠的一面而地勢略低，恰巧與墓穴的另一面保持很美觀的平衡，故構成全區風景的重要分子之一。它實在很像畫面上的最後一筆，畫龍點睛，頓使整幅畫面生動起來。雖然它是迷信，又往往引起家庭糾紛或氏族械鬥，因爲有人或建造了建築物妨礙另一人的祖墳或宗祠的風水，或有人掘了溝道，致破壞了龍的頸項，打消了家族興旺的全部希望——不管這一切，我不信堪輿術所貢獻於吾人愛美生活的豐富性，曾不足以蓋過阻礙地質學發展的罪惡。

中國建築的最後和最重要的原則永久是保持與自然的調和。地位的選擇，珍視過於拱璧。建築物倘其本身很完美而不夠與四周的風景相配，只覺令人不快，以其不和諧而粗魯固執，吾人稱之爲風味不佳。最優美的建築是以融合而混入自然風景中，成爲風景之一分子，亦即屬於風景而不可分離。這個原則控制所有的中國建築，自高拱橋樑以至寶塔、廟宇、池邊的涼亭。其輪廓宜柔和而不稜礫，它的屋面幽靜地挨近樹蔭的下面，讓它的柔嫩枝條輕拂簷際。中國式的屋面並沒有劍拔弩張的姿態，它涵養著和平的氣息，謙遜地對天空作揖。它是一個人類居住處所的標幟，它掩蓋吾們的居宅顯出相當程度的卑恭。因爲吾們總是不忘把屋面蓋上吾們一切居室，不讓它們無恥地裸露著仰望天空，像摩登的水泥鋼骨建築者。

最優良的建築應該是這樣，讓吾們居住在裏面，不會感覺到這一個處所天然景象消滅而人工機巧發端。爲了這個緣故，色彩的應用至關重要。中國廟宇的赤圬牆壁很和諧地與青山紫氣相糅和，而它的屋面塗上綠色的釉彩，或是深藍的，或是紫的，或是金黃的，與深秋的紅葉、明朗的青空相融合，給我們一個和諧的整景。吾們立於遙遠的處所而眺望之，不禁擊節歎曰：美哉！

第九章　生活的藝術

一　日常的娛樂

倘不知道人民日常的娛樂方法，便不能認識一個民族，好像對於個人，吾們倘非知道他怎樣消遣閒暇的方法，吾們便不算熟悉了這個人。當一個人不在辦理應該辦理的事務，而隨自己的意興無拘束的行動時，他的個性才顯露出來。當社會上的業務的壓迫解除，金錢、名譽、欲望的刺激消散，他的意思隨自己的所悅而行動時，吾們才認識了他的真面目。人生是殘酷，政治是污濁，而商業是卑鄙的，是以依著一個人的社會生活而下批評，往往是不公正的。正因爲如此，我察覺許多政治上的惡棍，倒是很可愛的人物，又察覺許多妄誇的大學校長，在家庭裏才是道地的好好先生。由此引伸之，我想中國人在玩耍尋樂的時候，比之幹正經事情的時候遠爲可愛。中國人上政治舞台，荒誕不經，進了社會，稚態可掬，空閒的時候，方是最純良的時候。他們有那麼許多空閒，又有那麼許多空閒的興致。這一章談論他們的生活的一段文字，是公開給一般想接近中國人或到中國社會裏去的人的。那兒，中國人是保持著真面目的中國人，而且是最純良愉快的時候，因為他們顯露著真實的個性。

有了極度閒暇，中國人還有什麼事情未曾幹過呢？他們會嚼蟹、啜茗、嘗醇泉、哼京調、放風箏、踢毽子、鬥雞、鬥草、鬥竹織、搓麻將、猜謎語、澆花、種蔬菜、接果枝、下棋、養鳥、煨人參、沖浴、午睡、玩嬉小孩、飽餐、猜拳、變戲法、看戲、打鑼鼓、吹笛、講狐狸精、練書法、咀嚼鴨腎肝、捏胡桃、放鷹、餵鴿子、拈香、遊廟、爬山、看賽船、鬥牛、服春藥、抽鴉片、街頭閒蕩、聚觀飛機、評論政治、讀佛經、練深呼吸、習靜坐、相面、嗑瓜子、賭月餅、賽燈、焚香、吃餛飩、射文虎、裝盆景、送壽禮、磕頭作揖、生兒子、睡覺。

因為中國人總是愉快，總是高興，總是韻味無窮而敏慧，大多數人仍是保持他們的和藹和興致，雖是智識新青年常是性急和悲觀，喪失了一切原來的真意味，仍有少數還時而顯見其風韻和敏慧。這是很自然的，因為風韻是跟遺性以俱來的。人們的愛美心理，不是受書本的教導，而是受社會行為之薰陶，因為他們生長於這個風韻雅致的社會裏。工業時代的人們的精神是醜惡的，而中國人要廢棄一切優美的社會遺傳法式，瘋狂樣的醉心歐化，卻是沒有歐美遺傳本質，那是更見醜惡。全上海的一切別墅和無數豪富家庭，只有一個純粹中國式的優美花園，而這個花園是一個猶太人的產業。所以中國人的花園都傾向歐洲式的設計，他們布置著網球草地，幾何式的花床，整齊的籬柵，修剪成完全圓形或圓錐形的樹木，把草花排成英文字母。上海不是中國，上海卻是一個摩登中國趨向的不祥之預兆。它在吾們的口腔裏留下惡劣氣味，好像中國人用豬油焙製的西式奶油餅乾。它刺激吾們的神經，有如中國樂隊在送葬儀仗隊中大奏其「Onward, Christian Sol-diers！」遺傳法式與審美趣味須經歷歲月以逐漸養成。

古代中國是有審美能力的，吾們可以從美觀的書本裝訂式，精雅的信箋，古代的瓷器，繪畫名作，以及其他未受西洋影響的古玩中看出來。一個人撫弄著優美的古裝書，或看見了文人的信箋，未有不能看出中國古人的精神對於色調之和諧有深切的瞭解者。只不過五六十年前，有一個時期，男人還穿著湖色長袍，婦女們穿著月白襖褲，那時縐紗還是純粹中國絲織的縐紗，而上等朱紅印泥還有銷場。現在全部絲廠業已瀕於崩潰，因為人造絲價格遠較為低賤，而且洗滌容易，而上等印泥價格三十二元一兩者已絕跡於市場，因為人們都用了橡皮圖章和紫羅蘭印油。

中國古人的雅韻，愉快的情緒，可見之於一般小品文，它是中國人的性靈當其閒暇娛樂時的產品。閒暇生活的消遣是它的基本題旨。主要的材料包括品茗的藝術，鐫刻印章，考究其刻藝和石章的品質，研究盆栽花草，培植蘭蕙，泛舟湖心，攀登名山，遊謁古墓，月下吟詩，高山賞潮——篇篇都具有一種閒適、親暱、柔和的風格，湖情周密有如至友的爐邊閒話，富含詩意而不求整律，有如隱士的衣服，一種風格令人讀之但覺其味銳酷而又醇熟，有如陳年好酒。字裏行間，瀰漫一種活現的性靈，樂天自足的氣氛，貧於財貨而富於情感，鑒識卓越，老練而充滿著現世的智慧，可是心地淳樸，滿腹熱情，卻也與世無爭，知足無為而具．雙伶俐的冷眼，愛好樸素而純潔的生活。這種愉快的精神最可見之於《水滸傳》的序文中——這篇序文依託《水滸傳》作者的名義，實際為十七世紀大批評家金聖嘆的手筆。這篇序文是中國小品文的一個出色模型，不論在其方法及材料方面，讀來大似一篇閒居雜說，未識何意，作者定要把它冒充小說的序文。

中國的人們都很知道生活的藝術。一個文化較晚進的民族，或許是熱中於企求進步，文化老大的民族，自然在人生歷程上長了許許多多見識，則但切心於求生活。如中國者，以其人文主義的精神——人文主義使人成為一切事物的中心，而人類幸福為一切智識的最終目的——側重於生活的藝術，沒有什麼不自然。即令沒有人文主義，老大文化一定有其不同的評價標準，因為只有古老的文化才知道「人生的持久快樂之道」。而所謂人生的快樂者不過為官覺、飲食、男女、園庭、友誼的問題。這就是人生本質的歸宿。這就是為何歷史悠久的城市像巴黎，像維也納，吾們便有好的廚師，好的酒，美貌的女人，優美的音樂。經過了相當階段，人們的智巧到了碰壁的一日，乃厭倦於問題的考究，走上奧瑪開儼的老路線，還是享享家園之樂吧。任何民族，倘不知道怎樣享口福，又不知道盡量圖人生之快樂像中國人一樣者，在我們看來，便算是拙笨不文明的民族。

十七世紀李笠翁的著作中，有一重要部分專事談論人生的娛樂方法，叫作《閒情偶寄》。這是中國人生活藝術的指南，自從居室以至庭園，舉凡內部裝飾，界壁分隔，婦女的妝閣，修容首飾，脂粉點染，飲饌調治，最後談到富人貧人的頤養方法，一年四季，怎樣排遣憂慮，節制性欲，卻病，療病，結束時尤別立蹊徑，把藥物分成三大動人的項目，叫作「本性酷好之藥」、「其人急需之藥」、「一心鍾愛之藥」。此最後一章，尤富人生智慧，他告訴人的醫藥智識勝過醫科大學的一個學程。這個享樂主義的劇作家又是幽默大詩人，講了他所知道的一切。他的對於生活藝術的透徹理解，可見於下面所摘的幾節文字，它充分顯出中國人的基本精神。

在他精細研究各種花卉竹木的種植和享樂方法的文字中，李笠翁便這樣談論「柳」：

柳貴乎垂，不垂則可無柳，柳條貴長，不長則無嬝娜之致，徒長無益也。此樹為納蟬之所，諸鳥亦集，長夏不寂寞，得時聞鼓吹者，是樹皆有功，而高柳為最。總之，種樹非止娛目，兼為悅耳。目有時而不娛，以在臥榻之上也，耳則無時不悅。鳥聲之最可愛者，不在人之坐時，而偏在睡時。鳥音宜曉聽，人皆知之，而其獨宜於曉之故，則人未之察也。鳥之防弋，無時不然。卯辰以後，是人皆起而鳥不自安矣。慮患之念一生，雖欲鳴而不得，鳴亦必無好音，此其不宜於晝也。曉則是人未起，即有起者，數亦寥寥，無防患之心，自能畢其能事。且捫舌一夜，技癢於心，至此皆思調弄，所謂不鳴則已，一鳴驚人者是也，此其獨宜於曉也。莊子非魚，能知魚之樂，笠翁非鳥，能識鳥之情，凡屬鳴禽，皆當呼予為知己。種樹之樂多端，而其不便於雅人者，亦有一節，枝葉繁冗，不漏月光，隔嬋娟而不使見者，此其無心之過，不足責也。然非樹木無心，人無心耳。使於種植之初，預防及此，留一線之餘天，以待月輪出沒，則晝夜均受其利矣。

——李笠翁《閒情偶寄》〈種植部〉

吾們又在他的談論婦女「衣衫」一節中，獲睹他的慧心觀察：

婦人之衣，不貴精而貴潔，不貴麗而貴雅，不貴與家相稱而貴與貌相宜。綺羅文繡之服，被垢蒙塵，反不若布服之鮮美，所謂貴潔不貴精也。紅紫深艷之色，違時失尚，反不若淺淡之合宜，所謂貴雅不貴麗也。貴人之婦，宜披文采，寒儉之家，當衣縞素，所謂與家相稱也。然人有生成之面，面有相配之衣，衣有相稱之色，皆一定而不可移者。今試取鮮衣一襲，令少數婦人先後服之，定有一二中看，一二不中看者，以其面色與衣色有相稱不相稱之別，非衣有公私向背於其間也。使貴人之婦之面色不宜文采而宜縞素，必欲去縞素而就文采，不幾與面為善乎？故曰不貴與家相稱而貴與面相宜。大約面色之最白最嫩與體態之最輕盈者，斯無往而不宜。色之淺者顯其淡，色之深者愈顯其淡，衣之精者形其嬌，衣之粗者愈形其嬌，此等即非國色，亦去夷光王嬙不遠矣。然當世有幾人哉？稍近中材者，即當相體裁衣，不得混施色相矣……

記予兒時所見，女子之少者，尚銀紅桃紅，稍長者尚月白。未幾而銀紅桃紅皆變大紅，月白變藍。再變出大紅變紫，藍變石青，迨鼎非以後，則石青與紫皆罕見，無論少長男婦皆衣玄矣。

——李笠翁《閒情偶寄》〈聲容部〉

於是李笠翁接著大事讚揚玄色之功用，因爲玄色是他所嗜愛的顏色，所以他說：玄之爲色，其妙多端，面白者衣之，其面愈白，面黑者衣之，其面亦不覺其黑；年少者衣之，其年愈少，年老者衣之，其年亦不覺甚老。貧賤者衣之，是爲貧賤之本節，富貴者衣之，又覺脫去繁華之習。又說此色以其極深，故能藏垢而不顯，使貧家衣此，可較耐穿。至富貴之家，凡有錦衣繡裳，皆可服之於內，風飄袂起，五色燦然，使一衣勝似一衣，非止不掩中藏，且莫能窮其底蘊。娓娓動聽，真是韻味無窮。

又在另一節中，他給我們講「睡眠」。這是談論午睡藝術的最美麗文字：

午睡之樂，倍於黃昏。三時皆所不宜而獨宜於長夏，非私之也。長夏之一日，可抵殘冬之一日，長夏之一夜，不敵殘冬之半夜。使止息於夜而不息於晝，是以一分之逸，敵四分之勞，精力幾何，其能堪此？況暑氣鑠金，當之未有不倦者。倦極而眠，猶饑之得食，渴之得飲，養生之計，未有善於此者。午餐之後，略踰寸晷，俟所食既消，而後徘徊近榻，又勿有心覓睡。覓睡得睡，其為睡也不甜。必先處於有事，事未畢而忽倦，睡鄉之民，自來招我。桃源天台諸妙境，原非有意造之，皆莫知其然而然者。予最愛舊詩中有「手捲拋書午夢長」一句。手書而眠，意不在睡，拋書而寢，則又意不在書。所謂莫知其然而然也。睡中三昧，惟此得之……

——李笠翁《閒情偶寄》〈頤養部〉

待人們懂得李笠翁所講的「睡眠」的藝術，那時人們才不愧以文明自負。

二　居室與庭園

中國建築的要領，前面「建築」的一節中已略有所論列。至中國式的居室與庭園，示人以更奧妙的神態，值得特別加以注意。這個與自然相調和的原則，更進一步。因為在中國人的概念中，居室與庭園不當作兩個分立的個體，卻視一整個組織的部分。一座住宅跟一座花園，倘是一座方形建築物而圍繞以平滑的網球草場，則永遠不會連結成一個整體。花園的「園」這個字，並不是草場或幾何形花床的含義，卻是指一塊土地，那裏可以種蔬菜、栽果木，又可以樹蔭之下閒坐坐。中國人對於「家宅」的概念是指一所住宅，那裏要有一口井，一片飼育家禽的場地，和幾株柿棗之屬的樹，要可以相當寬舒的互相配列著，因為要使地位寬舒，在中國古時以及現代的農村裏頭，房屋的本身在全部家宅庭園的配置裏，退處於比較次要的地位。

人類文明變遷得那麼厲害，致使地位這樣東西，不是普通人人所能有，亦非普通人人所能享。吾們的變遷已如此厲害，致一個人倘能享有一畝經整治的草地，在其中央，他得以掘一口五尺見方的小池，養數尾金魚，還堆一座假山，它的高度讓螞蟻費了五分鐘才爬到頂，則他將不勝自喜。這樣一來，全部變換了吾們對於家宅的概念。從此不復有飼育家禽的場地，不復有井，也沒有空隙的場地可讓小孩子捉蟋蟀致高興地弄髒了衣服。反之，吾們的家宅實質上變得像鴿棚一樣，而美其名曰公寓，而按鈕、開關、衣櫥、橡皮墊子、鑰匙孔、電線、防盜警報器這些東西的組合，吾們便稱之為家。沒有閣樓，沒有塵埃，也沒有蜘蛛。吾們對於理想家宅的曲解，程度嚴重，有些歐美人甚至還自鳴得意，因他所睡的床榻，白天竟是沙發椅背。他們以之誇示於親友，對現代的工藝文明又驚又佩。正如薩丕爾（Edward Sapir）所指出的，因為實質的家宅已經消失，所以現代的精神家宅也已四散解體。人們遷入了三房的公寓樓層，卻不瞭解他們的小孩子何以不好好待在家裏。

居住鄉村的中國一般貧苦民眾，自己所有的住所通常會比紐約的大學教授為大。可是中國人也有住在城市裏的，他們不可能人人都有寬大的花園。藝術在於僅利用一人手中之所有，仍可馳騁其人類的幻想，以打破四壁蕭然、小門窄院的單調乏味。沈復（十八世紀末）——《浮生六記》的作者——在他這本溫馨善感的小書裏，擬出草圖，反映中國文化最可貴的精神，讓窮書生也可以設法布置出一間美麗的住宅。運用我們自中國建築裏衍生出來的非正式規則，以人類奧妙的想像力，和或藏或露、欲擒故縱之理，便能夠海闊天空地去規畫富貴人家的鄉村別墅，也可以規畫貧寒書生的住所。《浮生六記》中，便有這個原理的重要記述。依照了他的計劃，據這位作者所說，可以使一個寒儒的居室布置得充分美觀。這個原理有一個公式可以表示出來，叫作「大中見小，小中見大。虛中有實，實中有虛」。且看沈復怎樣說：

若夫園亭樓閣，套室迴廊，疊石成山，栽花取勢，又在大中見小，小中見大，虛中有實，實中有虛，或藏或露，或淺或深，不僅在周圍曲折四字，又不在地廣石多，徒煩工費。或掘地堆土成山，間以塊石，雜以花草，籬用梅編，牆以藤引，則無山而成山矣。大中見小者，散漫處植易長之竹，編易茂之梅以屏之。小中見大者，窄院之牆，宜凹凸其形，飾以綠色，引以藤蔓，嵌大石鑿字作碑記形，推窗如臨石壁，便覺峻峭無窮。虛中有實者，或山窮水盡處，一折而豁然開朗，或軒閣設廚處，一開而可通別院。實中有虛者，開門於不通之院，映以竹石，如有實無也；設矮闌干牆頭，如上有月台而實虛也。貧士屋少人多，當仿吾鄉太平船後梢之位置，再加轉移其間，台級為林，前後借湊，可作三榻，間以板而裱以紙，則前後上下皆越絕。

譬之如行長路，即不覺其窄矣。余夫婦寓僑揚州時，曾仿此法，房僅兩椽，上下臥房，廚灶客座，皆越絕，而綽現有餘。芸曾笑曰：「位置雖精，終非富貴家氣象也。」是誠然與！

——沈復《浮生六記》〈閒情記趣〉

讓吾們往下再讀一段，看這兩個天真人物，一個是窮秀才，一個是他聰明的愛妻，看他們怎樣在貧愁的生活中享樂最後一點幸福，卻尚恐為造物所妒，致不克永享此幸福。

余掃墓山中，檢有巒紋可觀之石，歸與芸商曰：「用油灰疊宣州石於白石盆，取色勻也。本山黃石雖古樸，亦用油灰，則黃白相間，鑿痕畢露，將奈何？」芸曰：「擇石之頑劣者，搗末於灰痕處，乘濕糝之，乾或濕同也。」乃如其言，用宜興窯長方盆，疊起一峰，偏於左而凸於右，背作橫方紋，如雲林石法，巉巖凹凸，若臨江石磯狀。虛一角，用河泥種千瓣白萍，石上植蔦蘿——俗呼雲松——經營數日乃成。至深秋，蔦蘿蔓延滿山，如藤蘿之垂石壁，花開正紅色，白萍亦透水大放，紅白相間，神遊其中，如登蓬島，置之簷下，與芸品題：此處宜設水閣，此處宜立茅亭，此處宜鑿六字曰：「落花流水之間」。此可以居，此可以釣，此可以眺，胸中丘壑，若將移居者然。一夕，貓奴爭食，自簷而墮，連盆與架頃刻碎之。余歎曰：「即此小經營，尚干造物忌耶？」兩人不禁淚落。

——沈復《浮生六記》〈閒情記趣〉

私人居宅與公共建築物的區別，即在吾人所與之接近的感情，與吾們為它所費的時間與心思。家宅的設計與室內裝飾，不是吾們所能全然從建築師購買而得，也不能從百貨大公司購買而得，只有當心緒十分閒適，胸中自有溫情蜜意存在時，居家的生活才會成為一種藝術和樂趣。沈復和李笠翁二人，大家都具有溫情蜜意，不忽略生活中的細小瑣節，告訴我們許多巧妙方法，怎樣栽培花草，怎樣裝配盆景，怎樣利用庭院，怎樣薰陶粉澤；又告訴我們各色各樣別出心裁的設計；窗櫺之布置，使推窗一望，宏麗美景盡收眼底，宛如身入畫中，畫軸之懸掛，椅桌之陳設，務期清雅；李笠翁又發明一種暖椅之製，使下面烘以炭盆，俾在冬令保其肢體的溫暖。至於內部裝飾的一切詳細當為篇幅所限，不容畢敘，但可總說一句，一切庭院書齋、瓶花陳設，總以簡雅為基本標準。許多文人的書齋，面前總有一個清雅的小院子，它充滿著幽靜的氣氛。在這個小院子的中央，矗立著一二塊嶙峋有致的假山石，滿布著波浪形的紋理；或者幾塊古怪的木根，形如山石，叫作木假山，旁邊擠生一簇細竹，它們的線條是那麼精緻可愛，假設牆壁上的窗眼是開成扇形的，它的框子用瓦管做成竹竿的形式，暗示著外邊是一個農村的世界。

出奇制勝主義如沈復替貧士狹隘居室所擬的畫策，也可以拿來應用於富貴人家的花園設計。倘用英文的garden一字來譯中文的園字，那不啻賦予誤解的意義。因為garden所給人的印象，是一片草地，和各種各樣的花，它的形式總是太呆板、太整齊，不適合中國人的趣味。中文的園字所給人的印象，第一是一個遼廣的風景，它的人工的優美其部位的恰當或許超過天然的風景，但仍保持著天然的面目，也有樹，也有山，也有川、橋、划子、茶畦、果木和花卉。

分布在這個天然景色中，有人們的建築物，橋亭台榭，曲廊假山，那些建築物在流線型的屋頂那樣完美地融合於風景，彼此混成一體。沒有平整的籬柵，沒有圓形和圓錐形的樹木，沒有挺直的路徑——沒有這一切形式，這一切使凡爾賽弄成那麼笨拙，叫中國人看不上眼。在中國花園裏，隨時隨地吾們所看到的是彎曲、參差、掩藏、暗示。

沒有一所中國大宅邸的建築式樣，容許外邊人從大門看出屋前綿長的車道，因爲這樣將違反掩隱的原則。對準大門，吾們或許看見一方小的庭院，或許是一座假山，一些不使人想起其內部廣大的地位，把一個人逐步逐步的引導至更新穎更宏麗的景色，不斷地現出新奇而別出心裁的意匠。因爲吾們要由小以見大，由大以見小。很少能一覽而得一鳥瞰全景，倘一覽而盡全景，便沒有含蓄供人想像。中國花園的特點爲其精密的錯綜點綴之設計，這種錯綜的特性才引起「莫窮底蘊」的感覺，倘令人想像它的園景大過於它的實際。

至於飽學而富裕的文人，當其計劃自己的花園時，有些意境近乎宗教的熱情和祠神的虔誠。祁彪佳（一六〇二—一六四五）的記述很有趣的表顯這個精神。

卜築之初，僅欲三五楹而止，客有指點之者，某可亭，某可榭，予聽之漠然以為意不及此。及於徘徊數回，不覺向客之言耿耿胸次，某亭某榭果有不可無者。前役未罷，輒於胸懷所及，不覺領異拔新，迫之而出。每至路窮徑險，則極慮窮思，形諸夢寐。便有別闢之境地，若為天開。以故興愈鼓，趣亦愈濃，朝而出，暮而歸。偶有家冗，皆於燭下了之。枕上望晨光乍吐，即呼奚奴駕舟，三里之遙，恨不促之於跬步，奇寒盛暑，體粟汗浹，不以為苦。雖遇大風雨，舟未嘗一日不出。摸索床頭金盡，略有懊喪意。及於抵山盤旋，則購石庀材，猶怪其少。以故兩年以來，橐中如洗。予亦病而愈，愈而復病，此開園之癡癖也。

園盡有山之三面，其下平田十餘畝，水石半之，室廬與花木半之。為堂者二，為亭者三，為廊者四，為台與閣者二，為堤者三。其他軒與齋類而幽敞各極其致，居與庵類，而紆廣不一其形；室與山房類，而高下分標其勝。與夫為橋為榭為徑為峰，參差點綴，委折波漏，大抵虛者實之，實者虛之，聚者散之，散者聚之，險者夷之，夷者險之。如良醫之治病，攻補互投；如良將之用兵，奇正並用；若名手作畫，不使一筆不靈；若名流作文，不使一語不韻，此開園之營構也……

——祁世培《寓山志》

和諧、參差、新奇、掩藏、暗示——這些是中國園亭設計的幾個原則，亦爲別種中國藝術的一貫原則。

三 飲食

吾們所吃的是什麼？時常有人提出這麼一個問題。吾們將回答說，凡屬地球上可吃的東西，我們都吃。我們也吃蟹，出於愛好，我們也吃樹皮草根，出於必要。經濟上的必要乃爲吾們的新食品發明之母，吾們的人口太繁密，而饑荒太普遍，致令吾們不得不吃凡手指所能夾持的任何東西。這當然很合理，我們既積極的體驗一切可吃的東西，自可不期而獲得新的發現，一如多數科學上和醫藥上的偶然發現。有一件事情，我們發現了一種奇異的人參的滋補效力，它的效力著者願以自身證明，它的確爲人類所知的最能滋益精力的補劑，而它的刺激性能尤爲溫和。但是除了這種醫藥上的或烹調上的偶然發現，吾們實在爲地球上唯一無所不食的動物，只要吾們的牙齒健在，吾們將永遠保持這個地位。也許有一天牙醫學者會發覺吾們具有最優良的牙齒。吾們有這樣天賦的健全牙齒，而受著饑荒的驅迫，吾們爲什麼不會在吾們的民族生命中某種特殊時期，發現鹽炒甲蟲和油炸蜂蛹爲美味精品。其唯一食品爲吾人所未發現抑且不喜吃的爲乾酪。蒙古人無法勸吾們吃乾酪，歐洲人也未見較大功效。

我們的食品是無益於應用邏輯的理論的，那完全是由偏私來決定的。大西洋的兩岸，兩種介類是很普遍的，一種是軟殼蛤類Mya arenaria，另一種是淡菜類Mytilus edulis。這兩種軟體動物的種類在大西洋兩岸是一樣的。在歐洲吃淡菜很通行，但不通行吃蛤子。在美洲其情形恰恰相反，這是湯森博士（Dr. Charles W. Townsend）在《科學月刊》中所發表的著作所告訴吾們的。湯森又告訴我們，鰈魚在英格蘭和波士頓是以高價出售的，可是在紐芬蘭鄉村間，被視爲不配吃的東西。吾們吃著淡菜像歐洲人，吃著蛤子像美國人，但是吾們不生吃牡蠣像美國的吃法。你不必相信我說蛇肉之鮮不亞於嫩雞。我居住中國四十年，未曾一嘗此異味，亦未見親友中吃蛇肉者。談講吃蛇肉的故事，傳播比談吃雞來得迅速，其實吾們吃雞遠較白人爲多而且美，而吃蛇肉這種事情，跟西洋人一樣是很稀罕的。

惟吾人所可爲諸君告者，吾人對於滋味，全國有同嗜焉，而任何明理之論，苟從中國人食桌上取肴饌而食之，可無庸內疚於心。命運制於饑荒，非吾們人類所能自決。當其為饑餓所嚴重壓迫，尚有何物不可食者。非至明悉饑荒所加於人類之作用，應不配施人以非難。大饑荒之際，吾們中間有烹嬰孩而食者——雖如此情形，為仁慈所罕有——不過感謝上帝，吾們尚未將他生吃，像英國人吃牛肉者然。

人世間倘有任何事情值得吾人的慎重將事者，那不是宗教，也不是學問，而是「吃」。吾們曾公開宣稱「吃」為人生少數樂事之一。這個態度的問題頗關重要，因為吾們倘非竭誠注重食事，吾人將永不能把「吃」和烹調演成藝術。關於食物問題的態度，在歐洲可以英法兩國為代表。法國人的吃是熱烈地吃，而英國人的吃是歉疚地吃，中國人就其自謀口福而論，是天稟的傾向於法國人的態度的。

不把飲食鄭重將事而有退化為隨便瑣事的危險，可從英人的民族生活研習之。假令他們知道怎樣辨別食品的風味，他們的語言文字會表現這個意思。英國語言中沒有「烹飪」一語，但乾脆地叫它「燒」。他們沒有適當稱呼廚師的名稱，但老實叫他「火夫」。他們從不講起菜單，只是知道一般所稱的「盤碟」。他們沒有美味品評家的名稱，就用催眠曲裏的字叫他「貪吃星」。其實際是英國人不大理會「肚皮」，除非胃部有了病痛，尋常談話中不提起「肚皮」。其結果當法國人談論著他的廚師的烹調——從英國人的眼光看來——用著不知謙遜的態度，而英國人談到他的火夫的食品，總覺得難免損及其辭令的藻飾。當其受著法國主人緊緊逼迫，他將吞吞吐吐透出一句「這布丁非常好」，沒有旁的話可說。至於倘布丁而好，那一定有好的理由，但英國人殊不願於此多費腦筋，英國人所最注意者，為怎樣保持其身體的結實，以抵抗感冒的侵襲，俾節省醫藥費。

然而除非你好好的加以辨味，或改變對待食品的意見，殊不易發展一個通國的烹調藝術。學習怎樣吃法的第一個條件先談論它。只有在一個社會裏，那裏的文雅人士首先考究廚子的衛生而非寒暄天氣，始克發展烹飪的藝術。未吃之前，應先熱切切盼望著，東西端至己前，先蘸一些嘗嘗滋味，然後細細咀嚼，既食之後，大家批評著烹調的手法，非如此，不足以充分享受食物。教師應可在講台上大無畏的斥責滋味惡劣的肉排，而學者應可著述專談烹調術的論文。吾們在得到某種食品之前，老早就在想念著它，心上不住地迴轉著、盼望著，暗中有一種內心的愉快，懷著吾們將與一二知友分享的樂趣，因是寫三張邀客便條如下：「舍姪適自鎮江來，以上等清醋爲餽，並老尤家之真正南京板鴨一隻，想其風味必佳。」或者寫這樣一張「轉瞬六月將盡，及今而不來，將非俟明年五月，不獲得嘗鯡魚美味矣」。每歲未及秋月成鉤，風雅之士如李笠翁者，照他自己的所述，即將儲錢以待購蟹，選擇一古蹟名勝地點招二三友人在中秋月下持蟹對酌，或在菊叢中與知友談論怎樣取端方窖藏之酒，潛思冥想，有如英國人之潛思香檳票獎碼者。只有這種精神才能使飲饌口福達到藝術之水準。

吾人毫無愧色於饕餮。吾們有所謂「東坡肉」，又有「江公豆腐」。在英國，「華茲華斯肉排」或「高爾斯華綏炸肉片」，將爲不可思議。華茲華斯「高唱簡樸生活與高尚思想」，但他竟疏忽了精美食品，特別像新鮮竹筍和香蕈不失爲簡樸鄉村生活的一大樂事。中國詩人，具有較重功利主義的哲學思想，曾坦直地歌詠本鄉的「鱸膾蓴羹」。這種思想被認爲富含詩意，故官吏上表乞退時，常引「思吳中蓴羹」一語以爲最優雅之辭令。確實，吾們的愛戀鄉土大半爲兒童時代樂趣之回溯。許多美國人，當其遠客異國，常追慕故鄉的燻腿和甜番薯，但是他不承認這些使他興依戀鄉井之思，也不會把感想寫入詩中。吾們對於吃的鄭重，可從許多方面顯現出來。任何人翻開《紅樓夢》或其他中國小說，將深深感動於詳細的列敘菜單，何者爲黛玉之早餐，何者爲寶玉的夜點。鄭板橋致其介弟的家書中，有讚揚糊粥之語：

天寒冰凍時，窮親戚朋友到門，先泡一大碗炒米送手中，佐以醬薑一小碟，最是煖老溫貧之具。暇日嚥碎米餅，煮糊塗粥，雙手捧碗，縮頸而啜之，霜晨雪早，得此周身俱煖，嗟呼，嗟呼，吾其長為農夫以沒世乎！

中國人的優容食品一如他們的優容女色與生命。沒有英國大詩人或著作家肯折節自卑，寫一本烹調書，這種著作他們視爲文學境域以外的東西，沒有著作的價值。但是中國的偉大戲曲家李笠翁並不以爲有損身分，以寫菰蕈烹調方法以及其他蔬菜肉食的調治藝術，另一大詩人袁枚寫了一本專書論述烹調術，此外另有許多短篇散文談論及此。他的談論烹調術有如亨利·詹姆士（Henry James）的講英國皇家膳司，用一種專業的智識與莊嚴態度而著述之。但是威爾斯此人在英國人心目中最見有寫作飲食文章的傾向，可是實際到底不能寫，至於博學多識不及威爾斯者，將更無望了。法朗士那樣的作家，應該是可望其寫一些優美的烹飪文字的人物了，好像炸牛肝、炒冬菰的妙法，可在他致親密友人的私函中發現之；我卻很懷疑他是否遺留給我們認爲文學作品的一部。

中國烹飪別於歐洲式者有兩個原則。其一，吾們吃東西吃它的組織肌理，它所抵達於吾們牙齒上的鬆脆或彈性的感覺，並其味香色。李笠翁自稱他是蟹奴，因為蟹具味香色三者之至極。組織肌理的意思不大容易懂得，可是竹筍一物所以如此流行，即為其嫩筍所給予吾人牙齒上的精美的抵抗力。一般人之愛好竹筍，可為吾人善辨滋味的典型例證，它既不油膩，卻有一種不可言辭形容的肥美之質。不過其最重要者，為它倘與肉類共烹能增進肉類（尤其是豬肉）的滋味，而其本身又能攝取肉類的鮮味。這第二個原則，便是滋味的調和。中國的全部烹調藝術即依仗調和的手法。雖中國人也認為有許多東西，像魚，應該在它本身的原湯裏烹煮，大體上他們把各種滋味混合，遠甚於西式烹調。例如白菜必須與雞或肉類共烹才有好的滋味，那時雞肉的滋味滲入白菜，白菜的滋味滲入雞肉。從此調和原則引伸，可以製造出無限的精美混合法。像芹菜，可以單獨生吃，但當中國人在西餐中看見了菠菜蘿蔔分列烹煮，都與豬肉或燒鵝放入同一盤碟而食之，未免發笑，覺得這吃法是太野蠻了。

中國人，他們的恰到好處的感覺在繪畫與建築方面是那樣銳敏，可是在飲食方面卻好像完全喪失了它，中國人的對於飲食，當其圍桌而坐，無不盡量飽餐。凡屬重大菜肴，像全鴨，往往在上了十二三道別樣的菜以後，始姍姍上席，其實光是全鴨這一道菜，也就夠任何人吃個飽暢。這樣過豐盛的菜肴，是出於敬客的虛偽形式，也因為當一道一道上菜之際，是假定客人乘著酒興要玩種種餘興，或行酒令，或吟詩句，這自然需要時間的延長，乃容許胃腸以較充分的時間來消化。很可能，中國政府效率的所以低弱，直接導因於全體官僚大老爺個個須每晚應酬三四處的宴會。他們所餐的四分之一是在滋養他們，而四分之三乃在殘殺他們。這又為富人多病的原因，像肝病和腎病，這種病症又爲報紙上時常發現的名目，當政治陳情乞退，無不引爲現成的藉口。

雖說中國人在安排宴會時，食料的適量方面應該學學西式才好，但是他們也有許多擅長而出色的烹調法來教導教導西洋人。烹調普通的菜肴像青菜和雞肉，中國人有很豐富的秘訣可以教教西洋人，而西洋人也很可以服服貼貼學習一下。不過實際上這樣的情形不會實現，直要等吾們建造了強大砲艦而國力足以吞噬歐美，那時西洋人將認識中國人爲較優良的烹飪家，毫無問題。不過到了那個時期，不用再談烹調那樣的瑣事了。上海租界裏不知有幾千幾萬英國人，從未踏進中國的菜館子，而中國人又是低能的教師。吾們從未勉強那樣非自動來求教的人，況且吾們也沒有砲艦，就是有了，也不致駛入泰晤士河或密西西比河，施行砲艦政策以強制英美人的意志。

在飲料方面，吾們天生是很節省的，只有茶是例外。因爲比較的缺乏酒精類飲料，吾們在街道上是很少瞧見醉漢的。至於飲茶一道，其本身亦爲一種藝術。有些人竟至有崇拜的精神。吾們有專門談論品茗的著作，有如專事談論薰香、釀酒、假山石的著作。飲茶的通行，比之其他人類生活形態爲甚，致成爲全國人民日常生活的特色之一。於是各處茶寮林立，相彷於歐美的酒吧間以適應一般人民。吾們在家庭中喝茶，又上茶館去喝茶，或者獨個兒，或者結伴去，也有同業集會，也有吃講茶以解決紛爭的。未進早餐也喝茶，午夜三更也喝茶，捧了一把茶壺，中國人很快活的隨處走動。那是到處一樣的習慣，且喝茶不致有毒害的後果，除掉少數的例外，像作者的家鄉，有喝茶喝破了產的。不過喝茶喝破產只因爲他們喝那十分昂貴的茶葉，至於普通的茶是很低廉的，而且中國的普通茶就給王公飲飲也不致太跛腳。最好的茶是又醇厚又和順，喝了過一兩分鐘，當其發生化學作用而刺激唾液腺，會有一種回味升上來。這樣優美的茶，人人喝了都感愉快。我敢說茶之爲物既助消化，又能使人心氣平和，所以它實延長了中國人的壽命。

茶葉和泉水的選擇即爲一種藝術。這裏我引一段十七世紀初期的文人張岱的話以證我說。他寫他評選茶葉和泉水的藝術，而在當時，他實爲一位罕堪歇手的鑒識家。

周墨農向余道閔汶水茶不置口。戊寅九月至留都抵岸，即訪閔汶水於桃葉渡。日晡，汶水他出，遲其歸，乃婆娑一老。方敘語，遽起曰：「杖忘某所。」又久。余曰：「今日豈可空去。」遲之又久，汶水返。更定矣，睨余曰：「客尚在耶，客在奚為者？」余曰：「慕汶老久，今日不暢飲汶老茶，決不去！」汶水喜，自起當爐。茶旋煮，速如風雨。導至一室，明聰淨几，荊溪壺、成宜窯瓷甌十餘種皆精絕。燈下視茶色，與瓷甌無別而香氣逼人。余叫絕，問汶水曰：「此茶何產？」汶水曰：「閬苑茶也。」余再啜之，曰：「莫紿余，是閬苑製法而味不似。」汶水匿笑曰：「客知是何產？」余再啜之，曰：「何其似羅岕甚也！」汶水吐舌曰：「奇!奇!」余問：「水何水？」曰：「惠泉。」余又曰：「莫紿余，惠泉走千里，水勞而圭角不動何也？」汶水曰：「不復敢隱。其取惠水，必淘井，靜夜候新泉至，旋汲之，山石磊磊甕底，舟非風則勿行，故水不生磊，即尋常惠水猶遜一頭地，況他水耶！」又吐舌曰：「奇！奇！」言未畢，汶水去。少頃持一壺滿斟余曰：「客啜此！」余曰：「香撲烈，味甚渾厚，此春茶耶？向瀹者，的是秋採。」汶水大笑曰：「余年七十，精賞鑒者無客比。」遂定交。

——張岱《陶庵夢憶》

此種藝術，現在幾已完全消失了，除了少數老年的嗜茶鑒賞家。中國火車上很難得飲優良茶，就在頭等車中也是一樣，而卻是利普頓茶沖調牛奶和方糖而饗客，而利普頓茶對於我個人是最不配口味。當李頓爵士（Lytton）到上海，他受款待於一位著名的中國富豪家中。他要喝一杯中國茶，竟未達到目的。他被待以利普頓茶沖以牛奶方糖。

我想現在已充分講過了中國人當其神志清明之際，透徹地知道怎樣的生活法。生活的藝術對於他們是第二本能和宗教。誰說中國文明是精神文明便是撒謊。

四　人生的歸宿

既將中國人的藝術及其生活予以全盤的調查，吾人總將信服中國人確爲過去生活藝術的大家。中國人的生活，有一種集中現實的誠信，一種雋妙的風味，他們的生活比之西洋爲和悅爲切實而其熱情相等。在中國，精神的價值還沒有跟物質的價值分離，卻幫助人們更熱情的享樂各自本分中的生活。這就是我們的愉快而幽默的原因。一個非基督徒會具一種信仰現世人生的熱誠，而在一個眼界中同時包括精神的與物質的評價，這在基督徒是難以想像的。吾們同一個時間生活於感覺生活與精神生活，如覺並無不可避免的衝突。因爲人類精神乃用以美飾人生，俾襄助以克服吾們的感覺界所不可避免的醜惡與痛苦，但從不想逃免這個現世的生命而尋索未來生命的意義。孔子曾回答一個門人對於死的問題這樣說：「未知生，焉知死？」他在這幾句話中，表現其對於人生和知識問題的庸常的、非抽象的、切實的態度，這種態度構成吾們全國的生活與思想的特性。

這個見地建立了某種價值的標度。無論在智識或生活的任何方面，人生的標準即據此為基點。它說明吾們的喜悅與嫌惡心。人生的標準在吾們是一種種族的思想，無言辭可表，無庸予以定義，亦無庸申述理由。這個人生的標準本能地引導吾們懷疑都市文化而倡導鄉村文化，並將此種理想輸入藝術，生活的藝術與文化的藝術；使吾們嫌惡宗教，玩玩佛學而從不十分接受其邏輯的結論；使吾們憎厭機械天才。這種本能的信任生命，賦予吾們一種強有力的共通意識，以觀察人生千變萬化的變遷，與智識上的盈千累萬的困難問題，這些吾們粗魯地忽略過去了。它使吾們觀察人生沉著而完整，沒有過大的歪曲評價，它教導吾們幾種簡單的智慧，如尊敬長老，愛樂家庭生活，容忍性的束縛與憂愁生活。它使吾們著重幾種普通道德像忍耐、勤儉、謙恭、和平。它阻止狂想的過激學理的發展，而使人類不致為思想所奴役。它給我們價值的意識，而教導我們接受人生的物質與精神的優點。它告訴我們，無論人類在思想上行為上怎樣盡了力，一切智識的最終目的為人類的幸福。而吾們總想法使吾們在這個世界上的生活快樂，無論命運的變遷若何。

吾們是老大的民族。老年人的巨眼看盡了一切過去與一切現代生活的變遷，也有許多是淺薄的，也有許多對於吾們人生具有真理的意義的。吾們對於進步略有些取冷笑的態度，吾們又有些懦弱，原來吾們是老蒼蒼的人民了。吾們不喜在球場上奔馳突驟以爭逐一皮球，吾們卻歡喜閒步柳堤之上與鳴鳥遊魚爲伴。人生是多麼不確定，吾們倘知道了什麼足以滿足吾們，便緊緊把握住它，有如暴風雨的黑夜，慈母之緊緊抱住她的愛子。吾們實在並無探險北極或測量喜馬拉雅山的野心。當歐美人幹這些事業，吾們將發問：「吾們幹這些事情為的是什麼？是不是到南極去享快樂生活麼？」吾們上戲院或電影院，但是在我們的心底，吾們覺得一個真實小孩的笑容，跟銀幕上幻象的小孩笑容一樣給我們快樂。吾們把二者比較一下，於是吾們安安頓頓住在家裏。吾們不信擁吻自己的愛妻定然是淡而無味，而別人的妻子一定會更顯姣好，好像「家主婆是別人家的好」。當吾們泛舟湖心，則不畏爬山之苦，徘徊山麓，則不知越嶺之勞。吾們今朝有酒今朝醉，眼底有花莫掉頭。

人生譬如一齣滑稽劇。有時還是做一個旁觀者，靜觀而微笑，勝如自身參與一分子。像一個清醒了的幻夢者，吾們的觀察人生，不是戴上隔夜夢景中的幻想色彩，而是用較清明的眼力。吾們傾向於放棄不可捉摸的未來，而同時把握住少數確定的事物，吾們所知道可以給予幸福於吾人者。吾們常常返求之於自然，以自然爲真善美永久幸福的源泉。喪失了進步與國力，吾們還是很悠閒自得的生活著，軒窗敞啓，聽金蟬曼唱，微風落葉，愛籬菊之清芳，賞秋月之高朗，吾們便很感滿足。

因爲吾們的民族生命真已踏進了新秋時節。在吾們的生命中，民族的和個人的，臨到了一個時期，那時秋的景色已瀰漫籠罩了吾們的生命，青綠混合了金黃的顏色，憂鬱混合了愉快的情緒，而希望混合著回想。在吾們的生命中臨到一個時期，那時春的爛漫已成過去的回憶，夏的茂盛已成消逝歌聲的餘音，只剩微弱的回響，當吾們向人生望出去，吾們的問題不是怎樣生長，卻是怎樣切實地生活；不是怎樣努力工作，而是怎樣享樂此寶貴的歡樂之一瞬；不是怎樣使用其精力，卻是怎樣保藏它以備即將來臨的冬季。一種意識似已達到了一個地點，似已決定並尋獲了我們所要的。一種意識似已成功了什麼，比之過去的茂盛，雖如小巫見大巫，但仍不失為一些東西，譬如秋天的林木，雖已剝落了盛夏的蔥鬱，然仍不失林木的本質而將永續無窮。

我愛好春，但是春太柔嫩，我愛好夏，但是夏太榮誇。因是我最愛好秋，因為它的葉子帶一些黃色，調子格外柔和，色彩格外濃郁，它又染上一些憂鬱的神采和死的預示。它的金黃濃郁，不是表現春的爛漫，不是表現夏的盛力，而是表現逼近老邁的圓熟與慈和的智慧。它知道人生的有限，故知足而樂天。從此「人生有限」的知識與豐富的經驗，出現一種色彩的交響曲，比一切都豐富，它的青表現生命與力，它的橘黃表現金玉的內容，紫表現消極與死亡。明月輝耀於它的上面，它的顏色好像為了悲愁的回憶而蒼白了，但是當落日餘暉接觸的時候，它仍能欣然而笑。一陣新秋的金風掠過，木葉愉快地飛舞而搖落，你真不知落葉的歌聲是歡笑的歌聲還是黯然銷魂的歌聲。這是早秋精神的歌聲，平靜、智慧、圓熟的精神，對於悲傷自身，它微笑；對於爽快的、尖刻的、冷靜的風度，它也讚賞——這種秋意，辛棄疾曾經表達得非常美妙：

少年不識愁滋味，愛上層樓，愛上層樓，

為賦新詞強說愁。
而今識盡愁滋味，欲說還休，欲說還休，
卻道：「天涼好個秋。」

林語堂作品精選：7

吾土與吾民【經典新版】

作者：林語堂
發行人：陳曉林
出版所：風雲時代出版股份有限公司
地址：10576台北市民生東路五段178號7樓之3
電話：(02) 2756-0949
傳真：(02) 2765-3799
執行主編：劉宇青
美術設計：吳宗潔
業務總監：張瑋鳳

初版三刷：2024年10月
ISBN：978-986-352-597-4

風雲書網：http://www.eastbooks.com.tw
官方部落格：http://eastbooks.pixnet.net/blog
Facebook：http://www.facebook.com/h7560949
E-mail：h7560949@ms15.hinet.net
劃撥帳號：12043291
戶名：風雲時代出版股份有限公司

風雲發行所：33373桃園市龜山區公西村2鄰復興街304巷96號
電話：(03) 318-1378
傳真：(03) 318-1378
法律顧問：永然法律事務所 李永然律師
北辰著作權事務所 蕭雄淋律師

行政院新聞局局版台業字第3595號 營利事業統一編號22759935

定價：290元

國家圖書館出版品預行編目資料

林語堂作品精選：7 吾土與吾民 經典新版 / 林語堂著.
-- 初版. -- 臺北市：風雲時代, 2018.05 面； 公分

ISBN 978-986-352-597-4（平裝）
1.中國文化

541.262 107004839